소셜 네트워크와 선거

Social Networks and Elections

이 도서의 국립중앙도서관 출판시도서목록(CIP)은 서지정보유통지원시스템 홈페이지(http://seoji.nl.go.kr)
와 국가자료공동목록시스템(http://www.nl.go.kr/kolisnet)에서 이용하실 수 있습니다. (CIP제어번호 : CIP
2013012144)

소셜 네트워크와 선거
Social Networks and Elections

조화순 엮음

한울
아카데미

프롤로그

소셜 네트워크의 발달이 추동하고 있는 정치변화에 관심을 가진 학자로서 2012년 대통령 선거와 총선을 통해 변화하고 있는 한국의 선거를 관찰할 수 있는 기회는 흥미로웠다. 새로운 커뮤니케이션 기제를 이용해 한국은 새로운 정치실험을 시도하고 있다. 아직 그 윤곽이 확연히 드러나지 않고 있지만, 소셜 네트워크는 한국뿐만 아니라 세계 각국에서의 시민들의 정치참여행태와 오랫동안 근대민주주의를 지탱해온 정부와 의회, 정당의 구조 및 행태를 변화시키고 있다. 소셜 네트워크의 분산적이고 다원적인 형태의 정보 공유 시스템은 사람들 사이의 대화방식에서부터 사람들 간의 사회적 관계를 형성하는 과정 전반에 영향을 미친다. 소통방식의 획기적인 변화로 인해 시민 개개인은 정보를 단순히 받아들이는 것이 아니라 능동적으로 재해석하고 사회적 의제를 설정하면서 여론 형성을 주도한다. 네트워크의 특성을 이용한 시민들의 정치참여 강화는 대의제 민주주의의 제도적 형태와 민주성에 의문을 가지게 한다.

대의민주주의의 핵심인 선거과정에서 나타나는 소셜 네트워크의 역할은

본 연구 프로젝트에 참여한 연구진이 주목하고 있는 부분이다. 네트워크 사회의 도래는 산업사회와 구분되는 새로운 민주주의 패러다임을 요구하며 소셜 네트워크는 기존의 권력관계에 새로운 도전을 예고한다. 블로그, 트위터, 페이스북 등의 매체는 웹을 단순한 검색 수단으로 보지 않는다. 웹은 그 자체로 개인의 자유로운 의사 표현, 정보의 공유, 확장된 상호 교류 등이 가능한 사회적 커뮤니케이션의 공간이 된다. 정보의 소비자 역할에만 만족했던 이전 시기의 유권자는 정보통신기술의 발달에 따라 정보의 생산자 기능까지 겸하는 프로슈머(prosumer)로 변화하고 있다. TV, 신문, 라디오 등 전통 미디어를 이용한 선거운동방식에서 유권자의 직접적 참여와 이슈 제기가 가능한 뉴미디어 매체를 이용하는 것은 선거캠페인 방식을 변화시키고 유권자와 후보자, 유권자와 정당 사이의 간극을 줄인다. 유권자들이 집단적 힘을 발현하고 온-오프라인 공간에서 공론을 점령할 때 대의민주주의의 핵심 주체인 행정부나 국회와의 갈등은 필연적이며, 이를 바탕으로 다양한 차원에서 민주주의 제도의 모색이 논의되고 있다.

물론 소셜 네트워크로 인한 변화의 미래가 긍정적인 것만은 아니다. 시민참여가 폭발하면서 여러 가지 후유증이 나타나고 있는 것도 사실이다. 2012년의 선거와 같이 소셜 네트워크에서 논쟁이 과열되면서 부정확한 정보들이 무책임하게 표출되고 특정 의견에로의 쏠림이 나타나며 선거결과에 영향을 미치고 있다. 인터넷 공간을 활용한 선거후보자의 네거티브 공방도 치열해졌고 그로 인한 부작용이 나타나기도 했다. 커뮤니케이션을 통해 진보와 보수의 이념적 간극이 줄어드는 것이 아니라 오히려 이념적 갈등을 극화시킬 수도 있다. 그뿐만 아니라 디지털 정보기기를 이용해 사회의 불평등이 해소되는 것이 아니라 계층 간의 정보 격차, 집단 간의 불평등이 확대될 수 있다. 바로 이러한 부작용의 가능성이 소셜 네트워크의 발달이 선거에 어떻게 활용되고, 어떠한 대안적 위치를 가지고 있으며, 민주주의에 가지는 함의가 무엇인지를 논의해야 하는 이유이다.

이 책은 그동안 도서출판 한울에서 나온 『집단지성의 정치경제』, 『소셜 네트워크와 정치변동』의 문제의식을 공유하는 세 번째의 기획으로, 네트워크 시대에 새롭게 등장한 소통기제의 구조와 성격이 선거에 미치는 영향과 함의를 분석하고 있다. 정치, 사회, 커뮤니케이션 전반에서 연구를 진행해온 전문가들이 디지털 매체를 활용한 커뮤니케이션 방식의 변화가 선거운동 과정과 정치변화에 추동하는 변화를 추적하고 토론한 결과이다.

이 책을 준비하면서 여러 분들의 도움이 있었다. 이 책은 한국연구재단의 사회과학연구지원사업(Social Science Korea: SSK)하에 '네트워크 시대 정치커뮤니케이션과 한국 민주주의의 미래'라는 과제를 수행하는 과정에서 국내의 우수한 연구진들과 연구주제를 공유한 결과이다. 한국연구재단의 사회과학연구지원 프로그램에 감사를 표한다. 자료를 정리하고 교정을 봐준 연구조교들 조은일, 손연우, 장시영, 김배중 조교에게 고마움을 전하고 싶다. 끝으로 출판에 도움을 준 한울의 김종수 사장, 윤순현 과장, 염정원 씨에게 감사한 마음을 전하고 싶다.

2013년 7월

조 화 순

소셜 네트워크와 선거, 정치변화

조화순

인터넷이나 소셜 네트워크 서비스(Social Network Service, 이하 SNS)는 선거운동과 정치변화의 중심에 있다. 2000년대 들어와 한국을 비롯한 여러 나라에서 치러진 선거에서의 캠페인과 대중동원의 중심에 SNS가 새롭게 대두되고 있다는 것을 실감하게 된다. 예를 들어, 2012년 양대 정당의 대통령 후보였던 박근혜 후보나 문재인 후보는 자신의 이미지를 홍보하는 데 카카오톡과 트위터를 이용하고, 문자메시지를 전송하며, UCC와 블로그를 통해 자신의 일상과 정치활동을 소개했다. 심지어 디지털 미디어와 문자메시지 연락을 통해 예정하지 않았던 대대적인 오프라인 집회를 광화문에서 개최할 수도 있었다. 디지털 미디어를 활용하는 선거캠페인이 새로운 선거운동방식으로 자리잡고 있어 두 후보를 지지하는 소규모 인터넷 모임이 조직되었고 그것은 대중의 지지를 확대하기 위한 전략의 전초기지로 활용되었다.

뉴미디어를 활용하는 선거는 홍보, 대중동원, 선거조직 운영에서 과거와 현저한 차이를 보인다. 뉴미디어를 이용하면 편리하고 저렴한 비용으로 자신의 정책을 홍보하고 대중을 동원할 수 있다. 물론 과거에도 정당정치가 민심을 제대로 반영하지 못할 때 시민세력이 중심이 된 소위 '운동의 정치'가 나타나곤 했다. 과거 권위주의 정부하에서도 시민단체나 재야세력이 제도권 정치를 비판하며 등장했었다. 그러나 근래에는 시민사회를 기반으로 한 정치세력이 제도권 정치를 비판하는 보완재의 역할뿐 아니라 기성 정당의 대체재로 부상하며 선거에서 승리했다는 점에 주목할 필요가 있다. 예를 들어, 2011년 서울시장 보궐선거에서 제도권 정치의 외부에 있던 박원순 후보가 서울시장으로 선출되고 안철수 후보가 시민세력을 자처하며 대선후보가 되는 과정에서 소셜 네트워크는 강력한 영향력을 행사하며 선거에서의 변화를 극명하게 보여주었다. 물론 이러한 새로운 매체를 활용한 시민의 참여는 한국 사회의 지역갈등, 양극화, 세대갈등의 문제와 같이 제도권 정치가 해결하지 못하는 사회적 문제에 대한 변화와 대안에 대한 열망을 담고 있다. 그런데 주목할 점은 이러한 변화의 기저에 네트워크화된 사회에서 변화하고 있는 커뮤니케이션 방식이 있다는 것이다. 정치변화의 열망은 소셜 네트워크와 상승작용을 일으키며 근대 이후 인류가 발달시켜 온 민주주의 제도, 특히 선거방식과 정치캠페인 방식을 변화시키고 그 효율성에 의문을 제기하고 있다.

소셜 네트워크가 더욱더 근본적인 선거와 정치변화의 서막을 열고 있는 현재 시점에서 선거운동의 방식이 어떻게 변화하고 있는지는 우리의 호기심을 자극한다. 과거와 비교하여 정당과 후보자의 정치캠페인, 유권자가 정보를 획득하는 방식, 정치자금을 모집하고 공론을 형성하는 방식은 어떻게 달라지고 있는가? 이러한 변화들은 시민 개개인의 참여를 독려하고 공정한 여론 형성을 통해 민주주의를 꽃피우게 하는 통로가 될 수 있는 것인가? 혹자는 디지털 매체를 활용한 커뮤니케이션의 발달이 후보자나 유권자를 연결하고 있지만 기존의 제도권 정치는 철옹성을 쌓고 구세대의 한계를 그대로 답습하고 있다고 비판한다. 그렇다면 먼저, 새로운 커뮤니케이션 매체인 소셜 네트워크가 과거 선거운동의 방식과 어떤 차이를 보이고 있는지 파악할 필요가 있다.

뉴미디어의 선거 틀짓기

참여의 아키텍처(architecture of participation)라 불리는 개방, 공유, 참여의 웹2.0 기술의 등장과 스마트폰의 발달은 다양한 선거운동방식을 발전시키고, 쌍방향적 소통의 기회와 가능성을 확장시킨다. 아울러 정보 기술의 활용은 전통 미디어가 그동안 제공해주지 못했던 방식, 즉 시민들이 주체가 되어 의견을 제기하고 정보를 공유하게 하는 방법으로 다양성과 개방성의 활로를 마련해주었다. 일찍이 맥루한(McLuhan, 1994)은 언어가 나름의 문법과 구조를 지니고 있는 것처럼 미디어 역시 미디어마다 다른 구조를 갖고 있어서 단순히 콘텐츠를 전달하는 것 이상으로 미디어의 구조나 속성 자체를 전달하며 영향을 미칠 수 있다고 보았다. 매체에 따라 상이한 커뮤니케이션 기술을 가지고 있고, 동일한 콘텐츠가 다른 영향을 미칠 수 있다. 대개 일상생활에서 쌍방향적 소통을 더욱 증가시키는 미디어 환경의 이용자들은 기술에 걸맞은 행동양식을 표출하기 때문이다.

커뮤니케이션 매체에 관한 틀짓기(framing) 이론에 의하면 매체의 구성적이고 내용적인 특성은 특정한 프레임을 가지고 유권자가 정보를 이해하는 데 영향을 미칠 수 있다.[1] 정보의 구성에 따라 중요한 의제가 무엇인지, 어떤 관점이 논의될 수 있는지가 달라질 수 있으며, 이에 따라 유권자의 판단과 선택이 다르게 나타날 수 있다(Entman, 1993). 미디어에서 정보의 배치, 강조와 배제, 상징의 사용에 의해 사회의 상징적 현실이 새롭게 재구성되기 때문이다. 매체의 차이는 또한 스토리 구성에도 차이를 부여한다. 매체가 정보 유통의 신속성을 제공할 수 있는 운영 시스템을 갖고 있다면 특정 이슈가 논의되는 시점을 촉진한다. 형식적 차원에서 커뮤니케이션의 주제(theme), 구조(structure), 형식(form) 등의 차이 역시 사회적 의제설정에 영향을 미친다. 소셜 네트워크의 표현방식, 즉 사진이나 음악, 태그 사용 등 콘텐츠를 게시하는 것이 편리하다면 정보 생산자는 정보 제공을 활발하게 할 가능성이 높다. 특정 이슈에 대해 긍정적이거나 부정적인 정보의 논조 역시 의제설정에 영향을 미친다. 특히 정치화된 이슈를 전달하는 논조는 유권자들의 판단에 영향을 미친다. 단적으로 소셜 네트워크의 매체적 특성은 유권자들의 사고방식에 영향을 미치기 때문에 커뮤니케이션 과정에서 어떠한 매체를 통해 메시지가 전달되느냐는 중요하다.

미디어 플랫폼의 진화는 정치사회적 의제를 형성하고 견인하는데 매체별로 고유한 특성을 반영하면서 발전하고 있으며, 더욱 개방적이고 수평적인 개인 매체인 소셜 네트워크의 발달은 이슈의 창출과 파급행위 측면에서 집단적 움직임을 신속하게 이끌어낸다. 사용자 중심 미디어로 발전하는 웹 2.0 플랫폼의 진화는 정당이나 후보가 선거운동을 이끄는 방식과 유권자가

....

1 이와 관련한 논의는 조화순·김정연(2012)의 논문을 토대로 수정되었음.

선거 관련 정보를 습득하거나 선거에 참여하는 방식을 변화시키고 있다.

소셜 네트워크의 대표적 서비스인 블로그와 트위터는 매체 특성에 기인하는 구조적 차이가 있다. 블로그는 태그(tag)나 트랙백(track-back)과 같은 참여의 구조를 토대로 개인과 개인, 개인과 집단, 혹은 집단과 집단 사이의 정보의 교류와 소통을 증진시키고 있다. 트위터는 보다 전문적인 마이크로 블로깅 서비스로 스토리텔링이 아닌 가볍고 손쉬운 커뮤니케이션 양식을 제공해 이용자들이 자신의 의견을 지인 및 대중과 소통하게 한다.

새로운 소통의 매체는 시민들의 일상적인 소통기제로 사용되고 있을 뿐만 아니라 사회 각 분야에서 네트워킹의 핵심적인 역할을 담당하고 있다. 먼저 블로그가 컴퓨터를 주요 기반으로 운영되었다면, 트위터는 모바일의 기동성이 더해진 형태로 신속하게 정보를 전달한다. 블로그는 자신의 글을 자유롭게 게시함으로써 자아표출의 기능을 담당함과 동시에 상호작용성을 바탕으로 대인 커뮤니케이션 매체로서의 역할도 수행하고 있다. 블로그는 사진, 영상, 게임 등의 엔터테인먼트의 기능을 수행하며, 각종 정보의 장이 되고 있기도 하다. 모바일 기반의 트위터는 기존의 웹 기반 블로그와 달리 단순성, 속보성, 단방향성 등에서 차이가 있다. 트위터가 가장 강점을 지니는 부분은 정보 생산과 전달의 단순성으로 정리할 수 있다. 트위터의 140자라는 구조적 제약이 오히려 정보의 전달을 자극한다. 즉 단순한 텍스트 메시지를 올릴 수 있는 트위터는 게시판, 이미지, 댓글, 검색, 광고, 방명록이라는 구조적인 특성을 가진 블로그와 구별된다.

소셜 미디어의 매체적 특성은 선거이슈의 전파와 시민의 동원에 영향을 미치고 있다. 예를 들어 트위터는 팔로잉(following)과 리트윗이라는 독특한 연결방법을 통해 유권자 간 네트워크를 쉽게 구성할 수 있다. 트위터는 팔로우(follow) 관계를 형성하는데 서로 간의 동의가 필요치 않아 다른 매체보다 더 많은 수의 허브를 가질 수 있다. 그뿐만 아니라 트위터의 리트윗 기능은 자신이 팔로우하는 사용자의 트윗을 자신의 팔로어들에게 재전송하는 일을 매우 용이하게 하며, 이는 트위터에서 정보 확산의 범위와 속도를 비약적으로 확대시킨다. 트위터의 네트워크 개방과 공유, 단방향적 팔로우 관계와 같은 특징은 정보를 더욱 빠르게 확산시키며 행동과 동원을 촉구해 단시간에 선거와 사회적 이슈를 파급하는 데 효율적이다. 이것은 과거 면대면의 전통적 방식이 일대일 관계 내지, 일대다(多)의 관계를 바탕으로 하고 있어 관계 형성과 정보 전달의 범위가 제한적이었던 점과 차이를 보인다. TV, 신문, 라디오 등의 기존 매체들은 정보 제공자와 수용자 사이의 쌍방향 소통이 아니라 정보 제공자가 일방적으로 메시지를 전달하는 방식을 취해왔다. 그러나 온라인 환경에서 개인화된 트위터의 구조적 특성은 이용자의 개인화 양상을 촉진하고 개인과 소셜 네트워크 사이트 간의 경계를 붕괴시킨다. 이는 유권자에게 제공하는 정보가 기존 미디어보다 용이하게 파급될 수 있고, 유권자의 관심을 자극하는 주제가 집단적 관심을 일으키는 데 효과적임을 의미한다. 바로 이 때문에 소셜 네트워크는 정치 캠페인의 유용한 도구로 주목받고 있는 것이다.

소셜 네트워크 시대의 개인은 특정 사이트에서 정체성을 형성하기보다 다양한 사이트를 활용하여 자신의 영역을 넓히는 더욱더 적극적인 이슈 생산자로 존재한다. 전통 미디어의 영향력은 이슈의 선점 여부로 알 수 있는 반면, 소셜 네트워크에서는 개인 간의 상호작용성이 가장 중요한 요소가 된다. 개인들이 네트워크에 연결된 개인들과 협력적으로 대화하고 토론한 결과 이슈가 생산되는 방식은 정보의 전파에 엄청난 영향을 미친다. 시민 개인이나 어떤 집단 속에 위치하는 시민이 뉴스와 정보의 수집에서 전파 과정까지 적극적인 역할을 수행하는 것이다.

소셜 네트워크 시대에는 유권자들이 정보에 대한 의견 제시(commentary)와 분석을 할 수 있기 때문에 정보의 소비행태도 달라진다. 유권자들은 이슈를 스스로 편집할 수 있는데, 특히 블로그가 정보를 제공하는 방식에서 그 역할을 확인할 수 있다. 소셜 미디어의 뉴스 생산 방식은 대화적이다. 신문 매체는 뉴스를 인쇄하고 방송하는 형식으로 정보를 필터링(filtering)하는 과정을 거친다. 그러나 대화의 과정에서는 시민 개개인이 참여자나 중재자, 혹은 사회자의 역할을 수행하면서 역동적이고 호혜적인 커뮤니케이션을 통해 진화된다. 온라인에서의 이러한 현상은 그동안 제도화된 미디어가 엘리트 이데올로기의 표상으로 정보를 생산하고 있다는 지적에서 시작된 것이기도 하다. 선동 미디어는 정책결정자와 엘리트 혹은 파워엘리트의 정보를 전달하거나 광고의 수주 여하에 따라 일방향적으로 전달하던 방식이었다. 자발적인 시민 중심의 정보 생산은 전통 미디어에 대한 대안에서 출발했다고 볼 수 있다. 주류 미디어가 선정적인 이슈에 천착해 있는 것에 지친 소비자들은 독립적인 뉴스를 다루는 블로그에 집중하게 되었다(Kenix, 2009). 이제 시민들은 스스로 미디어의 역할을 수행할 수 있다. 그동안 정치영역에서의 감시와 견제 역할을 전통 미디어가 담당해왔다면, 이제 시민 개인이 직접 정치인의 과실을 지적하고 선거의 당락에 영향을 미칠 수 있게 되었다. 또한 정당과 정치인의 직무수행을 평가하고 무능함을 밝혀낼 뿐만 아니라, 이를 전통 미디어에서 적절하게 보도하고 있는지도 감시하는 역할을 수행하고 있다.

선거캠페인의 진화

소셜 미디어의 발달로 인한 가장 두드러진 변화는 커뮤니케이션의 쌍방향성과 동시성이 증가하고, 비용이 저렴해져 정보 제공이 활발하게 일어나고 있다는 것이다. 가장 기본적으로 활용되고 있는 선거캠페인은 후보자가 유권자들에게 인터넷이나 모바일을 이용해 후보자의 정보를 공개하고 정책을 홍보하는 것이다. 유권자들은 지방선거, 총선, 대선 등 각종 선거 때마다 중앙선거관리위원회 홈페이지나 인터넷 포털, 스마트폰을 통해 후보자에 대한 기본적인 정보 제공 서비스를 받을 수 있다.

후보자들도 적극적으로 저렴한 통신기술을 활용해왔는데, 인터넷 이용 초기에는 단문메시지(SMS)와 음성메시지 및 이메일 활용이 정치캠페인에 활발하게 이용되어 정치인과 유권자 사이의 연계와 참여정치를 촉진해왔다. 단문메시지 캠페인의 경우 모바일의 문자메시지를 활용해 선거정보를 발송하고, 음성메시지 캠페인의 경우 선거운동원들이 해당 유권자들을 대상으로 후보자를 홍보하거나, 후보자의 음성을 녹음하여 유권자들에게 유포하는 방식으로 이루어졌다. 이메일도 많이 활용되었는데, 이메일로 후보에 대한 선거홍보물을 발송해 지지를 호소하는 선거운동 전략이었다.

UCC(User Created Contents)와 같은 동영상도 새로운 정치캠페인 방식으로 활발히 이용되어왔다. UCC는 후보자들이 유권자들에게 감동과 재미를 자극하는 동영상으로 지지를 확보하는 데 용이하다. 물론 그동안 선거에 활용되었던 대부분의 동영상은 유권자가 자발적으로 제작한 콘텐츠라기보다 특정 후보 캠프나 특정한 후보를 지지하는 팬클럽에 의해 의도적으로 제작되었던 것이 많았다. 동영상이 가진 강력한 메시지 전달력이 많은 주목을 받았던 2000년대 중반 각 정당은 후보 홍보 동영상을 공모하는 방법을 선거캠페인에 활용하기도 했다. 예를 들어, 2007년 8월 한나라당이 당시 대선 후보였던 이명박 후보를 홍보하기 위해 UCC를 공모했는데 유권자들이 상당한 관심을 보여 200여 건의 UCC가 모였다.

소셜 네트워크의 발달은 정치캠페인의 방식을 더욱더 진화시켰다. 초창기는 PC를 활용한 인터넷 정치캠페인 방식이 주를 이루었다면, 모바일 환경의 발달과 더불어 트위터, 페이스북, 유튜브 등의 이용이 활발해지면서 정치캠페인 방식으로도 활용되고 있다. 그러나 단순히 인프라만 발전해온 것은 아니다. 같은 플랫폼에서도 이를 활용하는 기법이 점차 고도화되고 있다. 소셜 네트워크를 활용한 정치캠페인이 매우 큰 효과를 본 사례로 2008년 미국 대선에서 버락 오바마(Barak Obama) 후보 진영의 승리를 들 수 있다. 오바마는 일명 '마이보(MYBO)'라는 애칭으로 불리는 '마이버락오바마닷컴(http://MyBarackObama.com)'을 활용하여 대선 승리를 견인한 정치캠페인을 전개했다. 마이보는 오바마 지지자들이 사이버 공간에서 서로를 확인하고 선거활동을 적극적으로 공유할 수 있도록 해준 '소셜 네트워크의 장(場)'으로, 이를 주도한 핵심 인물은 페이스북의 공동 설립자 중 한 사람인 크리스 휴즈(Chris Huges)였다. 오바마 캠프는 이 마이보를 활용하여 20만 번에 이르는 이벤트를 개최했고, 선거 전까지 2년 동안 300만 명의 지지자들로부터 약 7억 5,000만 달러에 해당하는 후원금을 모집했다. 당시 대선에서 공화당의 후보였던 매케인과 비교했을 때, 오바마는 온라인 활동가 10배, 웹사이트 방문자 트래픽 2배, 유튜브 시청자 수 4배, 페이스북 친구 5배 등 압도적인 우세를 지속했다 하니 소셜 네트워크를 활용한 캠페인의 성공 가능성을 짐작할 수 있다(Edelman, 2009).

2012년 재선에서도 오바마는 디지털 캠페인을 활발하게 사용한다. 오바마는 2008년 대선 이후 재선을 위한 준비의 일환으로 시카고의 비밀 사무실에서 빅데이터를 전담하는 '비밀동굴팀(The Cave)'을 조직했다. 이 비밀동굴팀은 2008년에 오바마 캠프에서 사용한 데이터를 처음부터 재점검했고, 오바마를 지지하는 유권자들의 페이스북과 인터넷 사용기록을 추적하여 그들의 성향, 그들이 어울리는 사람들을 분석하기 시작했다. 유권자에 대한 방대한 자료의 축적은 오바마 측의 소셜 미디어 전략 중 '그룹별 타깃팅' 방식을 가능하게 했다. 오바마는 웹사이트에서 흑인, 여성, 레즈비언, 라틴계, 저소득층 노인, 젊은 층 등 총 18개로 나눈 커뮤니티를 통해 유권자와 소통하는 방식을 취했다. 즉 유권자들에 대한 세세하고 입체적인 정보를 수집한 오바마 캠프에서는 선거기간 동안 그들의 지지자와 유권자들에게 개인 맞춤형 홍보 메일을 발송했다. 결과적으로 오바마는 2012년의 미대선에서도 롬니와 큰 차이를 보여주었다. 오바마 캠프는 롬니 캠프에 비해 약 4배 이상의 콘텐츠를 온라인을 통해 생산했으며, 두 배 가까이 많은 플랫폼을 이용한 것으로 나타났다. 오바마 캠프는 하루 평균 29개의 트위터 메시지를 작성한 반면, 롬니 캠프는 하루 약 1개 정도의 메시지를 작성한 꼴이다.

CNN, ≪타임≫, ≪뉴욕타임스≫와 같은 미국의 주요 언론에서는 오바마의 재선 비결로 '마이크로 타켓팅(Micro-targeting)' 방식을 꼽고 있다. 이는 두 후보의 트위터 팔로어 수를 비교한 훗스위트(hootsuite)와 월러우 미디어의 분석결과를 통해서도 드러난다. 훗스위트에서 발표한 2012년 미국 대선 분석자료에 따르면 대선 캠페인 마지막 주를 기준으로 페이스북 '좋아요' 클릭 수와 트위터 팔로어 수에 있어 오바마가 롬니에 비해 몇 배나 높게 나왔으며, 월러우 미디어의 분석결과에서는 트위터상에서 하루 당 평균 팔로어 증가 수는 오바마가 16.6명, 롬니가 2명인 것으로 나타났다(유재형, 2012). 오바마 대선 캠프의 디지털 전략을 분석한 보고서 「인사이드 더 케이브(Inside the Cave)」에 따르면, 오바마 재선의 원인은 "정치가가 아닌 기술전문가 진용 구축", "분석데이터에 대한 신뢰", "빠르고 민첩했던 소셜 미디어 전략", "온라인 기부 캠페인 성공"으로 분석되고 있다. 오바마 캠프는 기술전문가들을 선거에 많이 활용했는데, 최고기술책임자(CTO)였던 하퍼 리드는 온라인 T셔츠 기업의 CEO였고, 데이터 분석을 담당했던 레이드 가니도 액센추어 출신이었다. 심지어 오바마의 선임 데이터 분석가 미켈란젤로 아고스티노는 핵물리학자였다. 이들은 대형 캠프를 마치 '벤처기업'처럼 만들고 100여 명의 자원봉사자를 모집해 각종 앱 개발 등을 추진했다. 그중 유권자들과 접촉했던 데이터를 기반으로 대중의 심리변화를 알아내는 '동적 모델링'은 매일 밤 6만 6,000번의 시뮬레이션 프로그램을 돌려 지지율 추이를 확인했고, 막바지 시뮬레이션은 실제 개표결과와의 오차가 0.2%에 불과했다(유효정, 2012).

한국의 소셜 네트워크 정치캠페인은 주로 각 후보들이 트위터를 통해 유권자들과 서로 메시지를 교환하고 공유하는 방식과 유권자들이 트위터에 정당 후보자에 대한 지지와 반대 의사를 표명하고 이를 확산하는 방식 등으로 이루어졌다. 디지털 정치캠페인의 측면에서 보면 한국의 대선 캠페인은 초기 단계이다. 18대 대선의 선거운동 당시 문재인 캠프에서 내놓은 장애인 정책 "장애인이 문재인에게 묻습니다", "문재인이 장애인에게 답합니다"가 장애인들을 대상으로 한 맞춤형 정책으로써 '마이크로 타겟팅'의 일환으로 소개되었다. 하지만 미국에서 구사한 전략에 비하면 유권자들의 호응도나 조직화 면에서 제한적이었다.

소셜 네트워크를 활용한 정치캠페인의 동원 가능성을 한국에서 보여준 것은 2011년 10월 26일에 있었던 서울시장 보궐선거였다. 박원순 후보가 선거캠페인을 시작하던 초기 지지율은 5%에 불과했다. 그런데 소셜 네트워크상에서 박원순 후보에 대한 활발한 담론을 토대로 지지율은 50%로 뛰어올랐고 서울시장으로 당선될 수 있었다. 물론 이 과정에서 파워 트위터리언이라고 불리는 사람들이 트위터 내에서 큰 영향력을 행사했다. 이러한 정치캠페인이 과거 전통 미디어나 권력집단의 우월적 선거자원 활용과 크게 다른 점이 있는지는 논란의 여지가 있다. 소셜 미디어가 기득권의 권력이나 우세한 입장을 더욱 공고히 하는 데 활용될 수 있다는 강화이론과 소셜 미디어 이용의 저렴한 비용이 새로운 후보자나 소수 정당에 유리하게 쓰일 수 있다는 동원이론이 팽팽히 맞서고 있는 이유이다.

유권자와의 타운홀 미팅 역시 주목받고 있다. '문재인의 동행' 타운홀 미팅은 유권자와 직접 소통하려는 차원에서 열린 것으로 국민의 직접적인 정책제안을 반영하기 위해 정책제안 사이트 '국민명령1호(www.peopleorder.net)'와 함께 마련되었다. 정책 제안자들은 직접 후보와 의견을 교환했으며, 이 사이트에는 국민 누구나 접속해서 자신이 바라는 정책을 제안할 수 있었다. 그간의 선거가 각 후보가 전문가 의견을 물어 정책안을 내놓으면 그 공약을 보고 유권자가 선택하는 일방향 방식이었다면 이제는 양방향 소통이 가능해진 것이다. 그뿐만 아니라 유권자와의 소통이 생중계될 수도 있다는 점에서 생동적이다. 문재인의 타운홀 미팅은 온라인 스트리밍 서비스인 곰TV, 유스트림, 아프리카TV, 오마이TV 등에서 중계되었다. 휴대와 이동이 편리한 스마트폰을 대부분 소지하게 되면서 유권자 개개인이 후보의 정책을 전파하는 플랫폼이 될 수 있기를 후보자들은 기대하고 있다.

소셜 네트워크를 활용한 정치풍자 역시 새로운 선거캠페인 기법이다. 2008년 미국 대선에서 나타난 SNS 정치캠페인이 이를 통해 후보자를 홍보하고 유권자와 소통을 하는 등의 단순한 활용에 그쳤다면, 2012년 미국 대선에서 나타난 SNS 정치캠페인은 SNS에 대한 단순한 활용뿐만 아니라 사람들의 흥미와 관심을 끄는 놀이의 장으로 만들기 위한 방안들이 고안되었다. 2012년 미국 대통령 선거에서 오바마와 롬니 후보는 소셜 네트워크에 사진이나 비디오 등 감각적인 콘텐츠를 게재해 후보의 인간적이고 친근한 이미지를 강조하는 한편, 상대방의 정책을 비판하기 위해 풍자와 해학이 담긴 만화와 애니메이션으로 화제를 만들었다. 단, 이러한 새로운 방식의 캠페인이 선거결과에 효과가 있었는지, 유권자들이 투표라는 행위로 연결을 시켰는지에 대해서는 아직 입증된 바가 없다.

선거조직과 선거자금의 진화

소셜 미디어의 발달은 선거조직의 운영과 자금 모집을 용이하게 한다. 먼저, 소셜 미디어는 매우 개인적인 매체이지만 '카카오톡'의 그룹 채팅처럼 집단적인 커뮤니케이션과 상시적인 조직 유지를 용이하게 한다. 전통적으로 선거조직은 선거가 끝나면 지지하던 후보자가 이기든 지든 바람처럼 흩어지기 마련이다. 그런데 소셜 네트워크를 이용하면 지지집단 내에서 친밀감을 유지하는 커뮤니케이션과 정보의 네트워크를 통해 집단의 유지가 가능하다. 가장 널리 알려진 사례로 16대 대선 당시 노무현 후보의 대통령 당선에 가장 큰 공을 세운 것으로 알려진 '노사모(노무현을사랑하는모임)'가 있다. 노무현이라는 특정 정치인을 지지하는 일종의 팬클럽으로 시작했던 노사모는 주로 인터넷 카페를 통해 지지집단의 활동을 알리고 선거작전을 협의하면서 당시 노무현 후보의 대선 승리에까지 기여했다. 인터넷의 동원 효과를 입증한 노사모의 활동은 이후 각종 선거에서 후보들이 자신의 인터넷 팬클럽을 만들고 선거캠프로 활용하려는 움직임을 자극해왔다.

뉴미디어를 활용해 효과적으로 선거조직을 유지하고 운영한 예로 2012년 재선에 성공한 오바마 대통령을 들 수 있다. 2008년 당선 직후 오바마는 그의 선거조직을 재정비해 '미국을 위한 조직(Organization for America)'을 만들어 민주당 전국위원회하에서 활동하게 했다. 이 조직은 오바마의 의료개혁안 등 여러 가지 정책의 대중적 지지를 확보하는 창구로 활용되기도 했다. 이 조직은 재선을 위한 선거캠프조직인 '미국을 위한 오바마(Obama for America: OFA)'로 승계되어 오바마의 승리에 기여했다. 다시 이 조직은 '행동을 위한 조직(Organizing for Action: OFA)'으로 모습을 바꾸어 민주당 조직과는 별개인 비영리단체로 운영되고 있으며 빌 클린턴 전 대통령이 퇴임 후에 만든 '클린턴 글로벌 이니셔티브(Clinton for Global Initiative)'처럼 오바마의 퇴임 후 활동을 위한 그룹으로 활용될 것으로 기대되고 있다.

뉴미디어의 발달은 새로운 방식의 선거자금 모집을 가능하게 한다. 과거 선거는 지출한 선거비용에 비례해 당선이 확정된다고 할 만큼 엄청난 자본을 필요로 하는 것이었다. 그런데 온라인을 활용한 모금은 인터넷을 통해 선거자금을 모으고 내역을 공개하는 양상으로 전개되고 있다. 예를 들어, 2012년 미국 대선에서 재선에 성공한 오바마의 모금액 10억 달러 중 70% (약 6억 9,000만 달러)가 온라인 기부를 통한 방식이었다(≪연합뉴스≫ 2012년 11월 18일자). 온라인을 활용한 모금은 선거의 흥행뿐만 아니라 후보자의 당선에도 적지 않은 영향을 미칠 수 있다. 이는 그동안 선거의 문제점으로 지적되어 온 고비용의 정치, 금권정치의 문제점을 개선하고 투명성을 회복할 수 있는 방안으로 기대되고 있는데, 다수의 유권자가 기부하는 선거자금은 정치신인들이 열세를 극복할 자원으로 활용될 수 있다.

그동안 한국에서는 온라인 모금보다 펀드 형태의 상품으로 선거운동비용을 충당하는 방식이 많이 활용되었다. 펀드는 후보자가 펀드 방식의 상품을 출시하여 사전에 부족한 선거운동비용을 상품 판매를 통해 충당하고 선거 이후 일정 비율의 이자를 붙여 갚는 방식인데, 가입은 주로 온라인상에서 이루어졌다. 2010년 지방자치단체장 선거 당시의 '유시민 펀드'를 시작으로 각 후보들의 재원 마련 수단으로 펀드의 활용이 증가했다. 펀드 형식의 선거자금을 모집하는 캠페인은 직접적인 정치캠페인 수단은 아니지만, 뉴스 헤드라인을 장식하는 회젯거리로 홍보 수단이 될 수 있기 때문에 정치캠페인 이상의 파급효과를 가진다.

18대 대선 당시에도 문재인 후보자의 펀드 상품인 '담쟁이 펀드'가 출시 56시간 만에 목표 금액 200억 원을 달성하면서 화제가 되었다. 유권자가 문재인 펀드 홈페이지(www.moonfund.co.kr)에 접속해 투표참여 약속과 투표참여를 독려할 주변 지인을 약정하고 '2gether(투게더) 약속증서'를 받는 디지털 정치캠페인이었다. 2012년 11월 28일 출시된 담쟁이 펀드 시즌 2도 22시간 만에 목표액인 100억을 달성했다. '펀드(Fund)'라는 용어를 사용하고 있지만 선거자금을 유치하는 개념이 아닌 투표참여와 투표독려를 약속하는 새로운 방식의 정치캠페인이었던 것이다. 여기에는 소위 '크라우드 펀딩' 방식이 활용되었는데, 이는 스타트업 업계에서 초기 창업자금을 조달받거나 새롭게 등장한 기부, 모임 사이트에서 주로 사용하는 자금조달방식으로, 유권자들의 지원에 의해 선거에 출마한 후보가 15% 이상 득표하면 선거비가 국고에서 보전되기 때문에 전액 돌려받을 수 있게 만든 방식이다. 이러한 펀딩 방식은 새로운 투표참여를 독려하는 정치캠페인으로 앞으로도 주목을 받을 것이다.

유권자의 진화

소셜 미디어를 이용하면 정보의 제공자나 수용자에게 정보를 제공하는데 큰 부담이 없기 때문에 더욱 개방적이고 수평화된 정보의 네트워크를 구성할 수 있다. 제도화된 전문 언론기관에서 소속 기자들이 객관성과 정확성을 담보한 뉴스를 생산해내는 전통 미디어와 비교하면, 소셜 네트워크는 언론사의 보도에 대한 개인의 선택이 중요시된다. 1인 미디어를 소유한 개인은 어떠한 정보를 생산, 공유, 확산시킬지를 스스로 선택하기 때문이다. 소셜 네트워크를 통해 정보를 제공하고 소비한다는 것의 의미는 위계적인 방식이 아닌 시민 스스로가 정보를 통제할 수 있다는 것을 의미한다(Meraz, 2009). 소셜 네트워크 시대의 시민들은 사적 공간과 공적 공간을 명확히 구별 짓지 않고 사적 이슈의 사회화, 사회적 이슈의 개인화를 이루어낸다(조화순, 2012). 여러 선거에서 유권자들은 인터넷 블로그와 유튜브, 페이스북, 트위터 등의 미디어를 활용하여 다양한 정보를 생산하고, 정치적 주장을 개진하고 있다. 개인은 이제 프로슈머로서 선거정보를 생산하는 동시에 소비하는 주체이다. 유권자들은 소셜 네트워크 서비스 계정에 투표인증샷을 게시하는 방식으로 투표참여를 독려하기도 한다.

유권자들은 정치사회적인 입장을 표명하는 데도 자유로워 유권자 스스로 여론을 주도하며 대안적인 공론장을 발전시키고 있다. 인터넷이 등장한 초기에는 포털사이트의 카페나 게시판에서 정치와 사회적 이슈에 대한 토론장이 폭발적으로 생성되었다. 그동안 시사적인 문제에 대한 토론은 네이버 토론방, 다음 아고라 등 포털사이트를 중심으로 이루어졌다. 포털사이트는 본래 검색엔진 서비스에서 시작했지만 인터넷 카페 커뮤니티, 토론방 등의 영역을 확장시켜 독자적인 뉴스 토론 커뮤니티를 발전시켰다. 또한 인터넷 미디어 매체가 제공하는 토론참여 공간도 여론에 심대한 영향을 미쳤다. 오마이뉴스나 프레시안과 같은 매체는 뉴스를 제공하면서 동시에 댓글을 활용하여 공공의제를 형성하는 시민참여 공론장의 전형이었다. 기존 신문사와 방송국 역시 자사 홈페이지에서 기사에 대한 반응을 수집하는 방식의 의사소통구조를 만들었다. 그런데 소셜 네트워크는 다양한 네트워크를 공유할 수 있도록 한다는 점에서 소통의 도구이면서 동시에 사회적 공론과 자본 축적의 도구가 될 수 있다. 개인은 소셜 네트워크를 통해 지속적인 연결망을 형성하고 더욱 적극적으로 사회적 의제 형성의 기능을 수행할 수 있다.

예를 들어, 2012년 한국 대선에서는 여당과 야당이 모두 대학생들의 등록금을 인하하겠다고 공약하는 현상이 나타났는데, 이것은 반값등록금이 대학생 유권자들의 초미의 관심사가 되고 있었기 때문이었다. 반값등록금 이슈 논쟁을 사회적인 문제로 전환시키고 관련 이해 당사자들을 결집시켜 사회적 관심을 가시화하는 데 블로그와 트위터 같은 소셜 미디어가 기여했다. 소셜 미디어는 블로그를 중심으로 객관적 자료에 기반을 둔 진보적 성향의 글들이 공유되고 전통적 매체의 대안적 여론 형성의 장으로 자리매김했다. 트위터에서는 등록금 투쟁 후원 공식 계좌가 개설되고 이슈와 관련된 즉각적이고 즉시적인 행동을 촉구하는 메시지가 다수 유통되었다. 시위 기간에 연예인이 사회를 보거나 1인 시위를 하고, 일부 가수들이 미니 콘서트를 여는 등 연예인들의 집회참여가 소셜 미디어상에서 부각되며 일반 시민의 관심을 받게 되었다. 트위터상에서 이루어진 반값등록금 운동 지지 발언은 오프라인의 언론의 보도와 상호작용하면서 이슈가 사회적인 관심을 받는 데 기여했다.

시민참여의 확대는 선거를 통해 정치적 효능감(political efficacy)을 촉진하는 기제가 될 수 있고, 이 과정에서 유권자들은 정치에 적극적으로 참여하는 시민으로 성장하고 있다(Bandura, 1997). 시민들은 참여 면에서 매우 편리한 미디어를 이용해 능동적으로 정치에 참여하면서 스스로 정치과정 변화의 진원지가 되어가는 것이다. 저렴한 거래비용은 참여의 방식을 쉽게 선택할 수 있도록 돕고, 온라인 참여가 가진 개방적인 특징은 유권자들에게 심리적이고 실적적인 편의감을 제공하고 있는 것이다.

이 책의 구성

제1부에서는 소셜 네트워크 시대의 선거캠페인을 살펴본다. 금혜성은 소셜 네트워크 시대의 선거캠페인의 변화를 살펴본다. 소셜 미디어의 등장과 발전이 인간이 타인과 소통하고 관계를 맺는 방식에 근본적인 변화를 가져왔다는 주장을 통해 정보통신기술의 발달 과정에 따라 선거캠페인이 진화되어가는 과정을 설명한다. 소셜 네트워크 서비스는 개인적인 관계와 미디어적 속성을 기반으로 하고 있기 때문에 이를 통한 정치인과 대중의 만남은 더욱 수월하고 빈번하게 생성된다. 이러한 관계의 변화는 선거후보자와

유권자 간의 정치참여 형태를 바꾸며 선거캠페인 전반에 영향을 미치고 있다. 금혜성은 온라인 선거운동을 태동기, 발전기, 성숙기의 세 시기로 구분한 후 각 시기별 정치 커뮤니케이션 매체를 설명하고 이를 활용한 한국과 미국의 선거사례를 살펴본다.

이소영은 소셜 네트워크라는 새로운 플랫폼에서 소통되는 정치정보의 성격을 다루고 있다. 소셜 네트워크 공간에서의 정치정보 유통방식이 오프라인과 어떻게 다른지, 소셜 네트워크의 정치정보가 흔히 우려하는 것처럼 질이 낮은 정보들인지, 소셜 네트워크의 정치정보들이 사실을 왜곡하면서 사용자들의 객관적 정보 습득을 방해하는지, 그리고 정보의 편중성 때문에 오프라인의 여론과 괴리되어 있는지 등의 문제들을 구체적으로 짚어본다. 이소영은 18대 대선 관련 유권자 조사자료를 분석하여 한국의 소셜 네트워크 공간이 가진 특징과 유통되는 정보의 질적 문제를 실증적으로 살펴보고 있다. 이소영의 연구는 많은 사람들의 우려와 달리 소셜 네트워크가 한국 사회 유권자들의 선거과정에 대한 인지도와 관심도를 높이는 데 긍정적인 역할을 하고 있다고 평가한다.

한정택은 인터넷과 소셜 네트워크로 대변되는 뉴미디어의 등장이 네거티브캠페인에 미친 영향을 분석하고 있다. TV나 신문과 같은 올드미디어와 비교하여 열린, 탈집중화된, 그리고 양방향의 정보 흐름이 가능한 뉴미디어는 후보자와 유권자의 교류방식, 유권자의 정치적 지식수준 및 태도, 그리고 투표행태에 미친 영향에 대해 살펴본다. 한국데이터센터와 한국정치학회가 공동으로 참여한 유권자 의식조사결과에 기초하여 18대 대선에서 소셜 네트워크를 통한 네거티브캠페인의 효용성을 알아보고 있다. 그는 소셜 네트워크 서비스를 통해 소통의 증대가 이뤄지고 있으며, 이를 통해 유권자들의 정치적 관심과 효능감을 제고할 수 있음을 주장하고 있다.

제2부에서는 소셜 네트워크 시대 선거변화의 정치적 측면을 살펴본다. 장우영은 19대 총선 트위터 캠페인을 통해 온라인 액티비스트 집단의 특성을 분석한다. 소셜 네트워크를 매개한 유권자의 정치참여는 2010년 제5회 지방선거에서부터 현재에 이르기까지 지속적으로 확대되고 있으며, 트위터의 경우 후보자의 트윗 활동 기간과 유권자의 리트윗 빈도가 선거결과에 미치는 영향이 유의미하게 나타나고 있다. 장우영은 액티비스트 집단의 이념 및 인구사회학적 분포를 알아보고 그들이 맺는 연결망의 특징과 액티비스트 집단의 전략적 리트윗 행위와 그 이슈 파급 효과의 상관관계를 분석한다.

한규섭과 이혜림은 소셜 미디어가 정치 커뮤니케이션 방식에 미치는 영향에 주목하고 트위터의 정치적 미디어로서의 가능성을 탐색한다. 트위터의 등장을 통해 한국에서 실험적으로 시작된 소셜 미디어 정치의 특징은 어떠한가? 특히 트위터 공간 내에 진보적 성향의 집단이 우세하여 진보 편향적 메시지만 지배하는 공간이 되었다는 '진보 편향' 가설과 개인 이용자의 선호에 기초한 선택적 정보이용기제가 불균형적인 정보소비를 초래하여 트위터 공간이 각 이념별로 양극화되어가고 있다는 '양극화' 가설을 중심으로 살펴본다. 이를 통해 트위터가 정보의 노출뿐만 아니라 정치소통에 기여하는 범위와 정도를 고찰하고 있다.

윤성이는 소셜 미디어가 정치참여의 행태를 어떻게 변화시키고 있는지 살펴본다. 소셜 미디어의 확산으로 인해 개인이 자신의 정치적 의견을 표출하고 정치적 행동을 주도할 수 있는 기회가 많아졌다. 무엇보다 정치적 무관심층으로 분류되던 젊은 층의 정치참여가 활성화되었다. 소셜 미디어로 연결된 개인들이 만들어가는 롱테일 정치의 등장은 정치참여의 주체를 네트워크화된 개인으로 바꾸는 동시에, 정당과 같은 정치적 매개집단의 영향력을 약화시키고 있다. 이로 인해 공동체의 최종적인 의사결정이 도출되는 과정에서 발생하는 거래비용보다 의사결정결과에 대한 구성원들의 동의를 구하는 데 소요되는 순응비용이 더욱 증가하고 있다. 이는 네트워크 개인들의 적극적인 정치참여가 확산되면서 나타나는 필연적 결과이다. 이러한 현실을 반영하여 윤성이는 정치엘리트가 국민을 대표하는 대의민주주의는 구조적으로 한계에 부딪힐 수밖에 없으며, 결과적으로 대의민주주의 모델의 적실성에 대한 근본적 의문이 제기될 수밖에 없는 현실이라는 점을 지적한다.

조화순과 김정연은 '소셜 네트워크 시대의 여론 형성'이라는 제목으로 미디어 매체 발달로 변화하는 여론 형성 과정에 대해 고찰한다. 일반 대중이 타인으로부터 어떻게 영향을 받는지에 대한 대인 커뮤니케이션 과정과 그 안에 삽입되는 미디어의 역할에 관한 일반론을 제시하면서, 매스미디어가 촉발하는 여론 형성에의 효과성을 언급한다. 그리고 소셜 네트워크로 매체 기술이 진화하면서 이전과 달라진 정치정보의 생산과 유통구조의 변화에 대한 흐름을 정리하고, 소셜 네트워크 서비스 내에서 이루어지는 여론 구성의 특징을 설명한다. 또한 의제설정과 여론 구축 과정에서 특별한 영향력을 발휘하며 온라인 정치여론 형성을 주도하는 '신 여론 형성자'가 누구인지 살펴본다. 이를 통해 주요한 정치사회 이슈를 설정하는 인터넷 포털의 지위와 그 안에서 소비되는 정보의 질을 지적하고, 트위터와 블로그에서 담론을 생성하는 파워 유저들의 쏠림 현상과 선거과정에서의 영향력을 알아본다. 끝으로 소셜 네트워크를 통해 다양한 선거캠페인이 이루어지고 여론이 형성되는 변환의 시기에 민주주의의 발전을 위해서 보완되어야 할 것은 무엇인지 살펴보고 있다.

제1부
소셜 네트워크 시대 선거 캠페인의 변화

chapter 1

소셜 네트워크 시대의 선거캠페인

금혜성

고대 그리스 시대의 초기 민주정으로부터 로마의 공화정을 거쳐 근현대의 보편적 형태인 대의민주주의까지 민주주의는 국가의 통치이념이자 통치체제로써 다양한 모습을 거치며 변화해왔다. 특히 대의민주주의 제도는 국민국가의 등장 이래 영토의 확장과 그에 비례하여 급증하는 인구, 그리고 사회가 복잡해짐에 따라 다원화, 세분화되는 이익집단 간의 조율 등에 있어 현실적으로 가장 효율적인 통치체제로 인정받고 있다. 대의민주주의가 현대사회의 최적화된 이념이자 체제로 인정받아온 이유는 그것이 가지는 두 가지 특징인 책임성(responsibility)과 반응성(reaction)으로 요약될 수 있다. 흔히 대의민주주의는 국민이 선거를 통해 자신의 선호를 대변할 대리자를 선출하고 이들에게 제한된 기간 동안 국가의 통치권을 위임하는 방식으로 정의된다. 유권자는 자신의 정치의사를 대표자를 통해 간접적으로 표현하고 대표자는 유권자의 선호를 반영하여 정책결정과정에 참여하게 된다. 이때 중요한 것은 대표자가 얼마나 유권자의 선호를 정확하게 파악하고 이를 정책에 잘 반영하느냐이며, 대표자가 반응의 의무를 게을리했을 때 유권자는 선거를 통해 대표자를 교체함으로써 그 책임을 묻게 된다. 이것이 바로 대의민주주의를 지탱하는 유권자에 대한 대표자의 반응성의 의무와 정치적 책임성이다.

그러나 전후의 급격한 사회경제적 변화로 포괄정당(catch-all-party)이 확산되면서 정당과 유권자 사이의 이념적 유대가 약화되고 정당의 기능은 대표(representation)보다 통치(ruling)로 무게중심이 옮겨갔다. 또한 매스미디어의 발달로 정치인들이 미디어를 통해 반영되는 자신들의 이미지를 중요하게 여기게 되면서 점차 대표자와 유권자 사이의 소통은 우선적 지위를 상실해갔다. 이러한 일련의 정치환경의 변화들은 대의민주주의를 가장 훌륭한 통치체제로 인식하게 했던 장점을 약화시키고 있으며, 국민의 권리와 행복을 보장하기 위한 새로운 정치질서에 대한 요구를 강화하고 있다.

이런 가운데 빠른 속도로 진화하고 있는 기술적 진보는 커뮤니케이션을 위한 다양한 플랫폼을 마련하면서 정치문화적인 변화를 주도하고 있으며, 최근에는 모바일을 기반으로 하는 개인 미디어, 특히 소셜 네트워크 서비스(SNS)가 대두되면서 대의민주주의를 보완할 수 있는 새로운 정치체제에 대한 기대를 높이고 있다.

그렇다면 SNS는 왜 정치영역에서 주목받고 있는가. 소셜 미디어의 등장과 발전은 인간이 타인과 소통하고 관계를 맺는 방식에 근본적인 변화를 가져왔으며, 이는 커뮤니케이션 기술과 사회변화와 관련한 두 가지 대립적 관점에 대한 논란을 다시 부각시키고 있다. 그중에서 기술결정론적 관점은 소셜 미디어의 네트워크적 속성과 소통의 기능이 시민들의 정치활동에도 변화를 가져올 것이며 이는 정치사회적으로 긍정적인 효과가 있다고 보는 주장이다. SNS는 지극히 개인적인 관계와 미디어적 속성을 기반으로 하고 있기 때문에 이를 통한 정치인과 대중의 만남이 더욱 수월하고 빈번하게 생성될 수 있으며, 이와 같은 온라인에서의 대면 현상이 다양한 형태로 긍정적인 정치적 효과를 수반한다는 것이다. 일부에서 SNS의 정치적 효과를 좀 더 제한적으로 고찰해야 한다는 주장이 없는 것은 아니나 이들 역시 정보 공유와 확산, 정치참여행태의 변화 등을 가져오는 SNS의 가치를 부인하지는 않는다.

이렇게 볼 때, 소셜 미디어의 정치적 기능은 네 가지로 요약될 수 있다. 첫째, 정치 관련 정보를 공유함으로써 의제설정의 권리와 여론의 민주화를 도모하고 둘째, 대화를 통해 유사한 정치적 지향성을 가진 사람들의 연계와 집합을 촉매하고 셋째, 정치학습의 매개로 활용되며 넷째, 투명성, 신속성, 관계성을 바탕으로 다양한 수준의 정치참여를 활성화하는 것이다.

SNS로 대표되는 개인 미디어의 발달은 지인뿐 아니라 불특정 다수와의 커뮤니케이션을 촉진하고, 정치운동의 방법론적 다양성을 제시하면서 정치참여와 정치행태에 있어 새로운 현상들을 창출해나가고 있다. 이러한 현상들은 정치색채가 가장 두드러지게 나타나는 선거기간에 쉽게 관찰되는데, 이는 선거야말로 다양한 정치행위자들에 의한 적극적인 정치적 행동들이 크게 제약받지 않고 표출될 수 있는 이벤트이기 때문이다. 실제로 SNS가 선거에서 본격적인 선거캠페인 기제로 사용된 후부터 후보자와 유권자의 정치참여는 다양한 수준에서 더욱 적극적으로 행해졌으며, 미국 오바마 대통령의 2008년, 2012년 선거, 한국의 10.26 서울시장 선거나 18대 대선 등이 이를 증명하고 있다.

따라서 이 글에서는 SNS가 출현하기까지 정보통신기술의 발전이 정치행위자의 정치행동 표출에 어떤 영향을 끼쳤는지를 알아보기 위해 국내외 사례를 통해 정보통신기술의 발전과 선거캠페인의 변화를 살펴보고자 한다.

정보통신기술의 정치사회적 해석

정보통신기술(Information & Communication Technologies: ICT)과 정치참여의 관계를 살펴보기 위해서는 우선 간략하게나마 정보 사회를 바라보는 대표적인 두 가지 관점에 대한 이해가 필요하다. 하나는 기술결정론적 관점이고, 또 하나는 사회구조론적 관점이다. 먼저 기술결정론적 관점은 현대의 정치사회적 변화와 발전, 그리고 그 성격과 방향 등은 정보통신기술의 발전에서 기인했으며, 기술의 사용과 그것을 소유하는 사람의 성향에 따라 정치와 사회가 받는 혜택의 수준과 범위가 결정된다고 주장하는 관점이다.

이와 같은 기술결정론적 관점은 다시 낙관론과 비관론으로 나뉘는데, 낙관론적 기술결정론은 정보통신기술의 발전으로 기존에 접근이 제한되어 있던 막대한 양의 정보에 관한 접근이 용이해지고 정보 활용이 다양해짐으로써 오랫동안 지속되어오던 사회체제의 권력구조가 평등하게 변화될 수 있는 가능성이 있다고 주장한다. 즉, 정보통신기술의 발전에 따른 정보의 공유는 중앙집권적 권위에 의한 지배와 사회적 위계질서에 의한 권력의 횡포를 감소시키고 분산시켜 권력의 탈집중화나 직접민주주의의 가능성을 증가시킨다는 관점이다. 이에 대해 노리스(Norris)는 실제로 정보화의 진전에 따라 정보의 생산, 유통과 관련된 거래비용이 감소하고, 다양한 온라인 플랫폼을 통한 정치적 토론과 숙의의 가능성이 증대되었으며, 정보 유통의 자유를 억압하던 기제로부터 해방되어 정보의 투명성 확보와 권력에 대한 감시가 용이해졌다고 말하고 있다.

이러한 낙관론에 비해 비관론적 기술결정론은 18세기 이후 지속적으로 발달해온 과학과 커뮤니케이션 기술이 해방과 평등을 가져오기보다는 또 다른 권력으로 변종됨으로써 새로운 형태의 권위주의 체제와 인간성이 상실된 사회 창출을 촉진했다고 토로한다. 다시 말해 허버트 실러(Herbert I. Schiller)의 말처럼 정보화는 거대한 권력의 집중을 생성하고 권력으로부터 배제된 이들의 희생을 강요하여 사회적 불평등을 지속시키고, 나아가 사회적 약자들의 정보 접근을 원천적으로 차단함으로써 불평등을 영속화하게 된다는 것이다. 그러나 낙관론이든 비관론이든 기술결정론적 관점은 기술이 사회를 근본적으로 결정하는 힘이며 사회변동의 원동력임을 인정하고 있다. 구텐베르크의 인쇄술이 르네상스를 창출했고, 통신의 발달이 국가의 경계를 허물고 다문화세계를 촉진했음은 사실이라는 것이다.

두 번째로 사회구조론적 관점은 기술발전 과정에서 개입되는 정치적·경제적·사회적·문화적·조직적인 요소 등 다양한 현상들을 분석함으로써, 궁극적으로 기술이란 단순히 기술적 판단만이 아니라 기술을 고안하고 사용하는 자들의 더 넓은 사회적 가치와 이해관계를 구현하기 위한 구조적 결과물이자 사회적 구성물에 불과하다는 주장이다. 따라서 로빈스와 웹스터(Robins & Webster, 1986)는 어떤 기술이 개발되고 그로부터 누가 이득을 얻을 것인가는 기술 그 자체의 힘과 발전에 의해서라기보다 그것을 만들어내고 운용하는 사회집단과 그들의 문화적 선호 및 경제력 또는 정치권력의 분포에 의해 결정된다고 본다. 다시 말해 사회를 구성하는 다양한 요소들이 작용한 결과로 기술이 생성, 발달하는 것이며, 사회가 능동적으로 기술의 발달과 이용에 개입한다고 보는 견해이다. 이와 같은 사회구조론적 관점은 탈집중화된 정보 기술이 이른바 소통이 단절된 대의민주주의제를 보완하고 직접민주주의의 가능성을 높인다는 낙관론적 기술결정론을 비판한다. 그 이유는 새로운 정보통신기술이 끊임없이 나타나고 진화한다 할지라도 이들은 결국 그것이 생성된 사회구조의 틀 내에서 존재하기 때문에 태생적인 특성과 한계를 벗어나기 힘들기 때문이라는 것이다. 따라서 기술발전이 수반하는 탈집중화나 권력의 분산이라는 현상은 사회구조를 근본적으로 변화시키기보다 체제 유지와 운영의 유연성을 증대하고 불필요한 사회적 마찰을 감소시켜나가는 과정에서 나타나는 과정적 현상일 뿐이라는 것이다. 결국 정보통신기술의 생성과 활용은 행위 주체자들이 어떤 담론을 형성하느냐에 달려 있다는 것이다.

이러한 두 관점은 정보통신기술이 선거캠페인의 성격을 어떻게 형성하고 작동시키느냐를 이해하는 데 유용하게 쓰이고 있다. 정보통신기술을 선거캠페인에 활용하는 사용 주체에 따라 그리고 시대에 따라 기술결정론이 우선적으로 적용되기도, 사회구조론이 근본적으로 주장되기도 했다.

정보통신기술의 발전과 선거캠페인의 변화

정보통신기술의 발전은 거시적으로는 사회문화 전반에 걸쳐 삶의 양식과 행태에 큰 전환점이 되었고 미시적으로는 가장 핵심적인 정치이벤트인 선거운동방식에도 변화를 가져왔다. 1933~1945년 미국 대통령을 연임했던 프랭클린 루즈벨트(Franklin D. Roosevelt)의 경우, 라디오의 파급효과를 알아보고 이를 이용해 캠페인 같은 정치적 사안에 관해서뿐만 아니라 사적으로도 자국민들과 소통했고, 1960년대 존 F. 케네디(John F. Kennedy)가 절대적인 열세를 극복하고 라이벌이었던 리처드 닉슨(Richard Nixon) 전 부통령에 승리, 대통령에 당선된 것도 텔레비전 토론의 영향이 컸다. 이처럼 유권자와의 커뮤니케이션을 위한 수단인 미디어의 발전은 유권자의 소통욕구와 참여의지를 자극하고 정치인은 이를 이용하여 유권자와의 적극적인 소통을 추구한다. 그리고 이와 같은 정치인의 적극적 소통의지가 가장 극명하게 드러나는 때가 바로 선거이다. 선거란 국정의 의무를 대신하고자 하는 정치 입후보자가 자신의 정책과 노선에 동조하는 유권자의 지지를 통해 국정 운영의 권리와 자격을 획득하는 것을 말한다. 따라서 이 과정에서 후보는 유권자의 지지를 얻기 위해 그들과 적극적인 커뮤니케이션을 직간접적인 방법을 통해 행하고자 노력한다. 또한 이를 성공적으로 수행하여 정치대리인이 되기 위해 작동하는 일련의 전략과 운동 방법을 선거캠페인이라 말할 수 있다.

정보통신기술의 도움을 받아 진화하는 커뮤니케이션 방법, 즉 미디어의 변화와 발전은 당연하게도 선거캠페인 과정에 적용되었고, 미디어의 변화에 따라 캠페인의 성격과 성과는 물론 유권자의 정치참여 경향과 방식 역시 변화했다. 특히, 인터넷이 등장한 이후 정보의 독점화 현상이 파괴되면서 정치정보 역시 유권자들에게 적극적으로 수집·공유되었다. 선거에서도 마찬가지여서 유권자로부터 지지를 얻기 위해서는 투명하고 공정한 규칙(rule)에 따라 가능한 한 구체적이고 다양한 정보를 제공해야 했다. 이때 정보의 구체적 제공은 정당과 정치인이 세우는 전략에 따라 선거캠페인의 유형을 결정하는데, 선거캠페인의 이니셔티브가 기존과 같이 정당에 귀속되는지 아니면 유권자들에게로 이양되는 과정에 있는지가 관심의 관건이

〈표 1-1〉 정보통신기술(ICTs) 환경과 선거캠페인 중심 기제의 변화

구분	ICTs 환경	웹 패러다임	시기	주요 기제	주요 선거
태동기	홈페이지	웹1.0	~2002년	이메일 인터넷 동호회 팬덤커뮤니티	미국 - 벤추라의 주지사 선거(1998) 한국 - 16대 대선(2002)
발전기	웹로그	웹2.0	~2007년	카페 UCC 블로그 포털 토론장	미국 - 하워드 딘의 대선(2004) 한국 - 17대 대선 캠페인(2007)
성숙기	스마트-소셜 네트워크	융복합 스마트-소셜	~현재	트위터 페이스북 스마트폰	미국 - 오바마의 대선(2008, 2012) 한국 - 5회 지방선거(2010), 4.27 및 10.26 재보궐선거(2011), 19대 총선 및 18대 대선(2012)

된다. 이에 대한 결정에 따라 정치정보의 공급자 중심의 탑다운(top down) 전략, 혹은 수요자 중심의 버텀업(bottom up) 전략을 선택하게 되는 것이다. 정보통신기술의 발날에 따른 미디어와 그에 적응하는 선거캠페인의 변화를 살펴보면 〈표 1-1〉과 같다.

온라인 선거운동의 태동기(1996~2002): 홈페이지와 팬클럽 중심

매스미디어의 등장은 정보를 다수에게 전달할 수 있다는 점과 이미지화가 가능하다는 이점을 바탕으로 정치와 밀접한 밀월관계를 형성해왔다. 이와 같은 관계는 효율적인 정치를 위해 정치인들이 매스미디어를 활용하거나 미디어에 적합한 인물이 정치적 인물로 부상하는 경우를 보면 쉽게 증명된다. 그러나 매스미디어는 이를 활용하는 정치인의 의도에 따라 편집된 내용만을 유권자에게 전달함으로써 이미지를 조작, 정치인의 상품화를 촉진하고 이미지 정치전략의 활성화를 통해 유권자의 판단과 선택에 유효한

영향을 미친다는 비판을 받아왔다. 또한 매스미디어가 가지는 의제설정과 정보 전달의 일방향성으로 인해 유권자와의 커뮤니케이션은 사실상 요원한 일이 되어버렸다. 이처럼 심화되고 있는 대의민주주의의 정당성 훼손은 소수 정치인 집단에 집중되어 있는 정치정보와 이에 대한 유권자의 접근이 거의 완벽하게 차단되어 두 집단 간의 소통이 부재하는 데서 비롯되었다. 그러나 인터넷의 등장은 이와 같은 정치인과 유권자 간의 정치적 소통의 단절과 괴리 현상을 점차 희석시키기 시작했다.

웹 공간은 현실공간에서의 사회적 지위나 이념적 차이에 구애받지 않고 다양하고 풍부한 정보에 대한 접근과 교환을 허용하기 때문에 개인의 의견 표출과 참여욕구를 촉진했다. 특히 1990년대 후반 초고속통신의 보급이 확대됨에 따라 PC를 매개체로 하여 다양한 취미와 관심, 이슈를 중심으로 온라인 동호회가 결성되고, 회원 간의 네트워크가 형성되면서 구성원 간의 사회적 연대와 그룹 유지를 위한 질서를 자율적으로 조직화해나갔다. 또한 클래스메이트닷컴(classmates.com)이나 아이러브스쿨(iloveschool)과 같이 오프라인에서의 관계를 온라인으로 끌어들여 다소 폐쇄적이기는 하나 네트워크를 확대해나가는 것 역시 일반적인 현상으로 나타났다.

이처럼 정보통신기술의 발전으로 인해 환경의 변화가 일어나면서 시민 사회에 대응하는 정당과 정치인의 인식에도 변화가 일어났다. 잘 알려진 것처럼 매스미디어와 달리 인터넷은 시공간의 제약으로부터 이용이 자유롭고, 정보나 견해의 쌍방향적 소통이 즉각적으로 일어나며, 접근과 이용에 있어 지위, 연령, 교육수준 등 사회적 요소의 제약이 미미하다. 이러한 인터넷의 탈경계성, 상호작용성, 실시간성 등 매스미디어와는 대조적인 의사소통구조로 인해 유권자의 참여의지가 증대되었을 뿐 아니라 정당과 정치인에게도 시민사회와의 접촉을 위한 새로운 길이 제시된 것이다. 정당과 정치인들은 매스미디어를 통한 일방향적 커뮤니케이션과 독점적 정보를 간헐적으로 공개하는 정도로는 더 이상 유권자들을 설득하거나 그들의 지지를 얻는 것이 쉽지 않음을 인식하고 인터넷을 통한 정당과 시민사회 간의 쌍방향적 접촉을 전면화하기 시작했다. 그리고 정당은 선거를 중심으로 이러한 새로운 전략을 적극적으로 표명하기 시작했다.

이 시기 선거캠페인의 특징은 홈페이지를 통한 홍보와 인맥과 이슈를 중심으로 집결된 온라인 동호회를 동원하는 데 있었다. 미국은 한국보다 앞선 1996년 대통령 선거에서 후보자 웹사이트가 처음으로 개설되면서 온라인 선거운동의 시작을 알렸다. 그러나 이때 개설된 후보자 웹사이트는 인터넷 사용이 활성화되기 시작하던 때여서 큰 호응을 얻지는 못했다. 본격적으로 선거캠페인에 인터넷이 활용된 것은 2년 뒤인 1998년 미네소타 주지사 선거에서 프로레슬러 출신의 제시 벤추라(Jesse Ventura)가 제3당의 후보로 참여하면서 시작되었다. 거대 정당의 후원을 기대할 수 없었던 상황에서 벤추라는 당시 빠르게 확산되고 있던 인터넷 사용에 주목하고, '제시네트(JesseNet)'라는 홈페이지를 개설하여 이를 통해 지지자와 의견을 교환하고 자신의 정책과 비전을 홍보했다. 그와 동시에 이메일 클럽을 통해 8,000여 명의 자원봉사자를 모집하여 공식적인 선거조직 없이 인터넷 선거운동을 펼쳤으며 3,000여 명의 이메일 주소를 이용하여 자신의 정책을 대화형으로 홍보하여 당선되었다. 즉, 민원청취, 정책개발 등에 자원봉사자들이 적극 참여하고, 이메일을 통해 차별적으로 정책을 홍보하고 지지자 간의 연대를 강화하며, 친구에게 추천하기를 통해 지지자의 수적 증대를 성취한 것이다. 특히 홈페이지 관리비용으로 약 600달러만을 지출하여 저비용 고효율 선거운동의 성공적 사례로 평가됨과 동시에 당시 중간선거의 최대 이변으로 부상했다. 벤추라의 인터넷 선거운동은 이후의 선거캠페인 방식에 지대한 영향을 미치면서 인터넷 선거캠페인의 보편화를 이끌어내는 성과를 거두었다. 실제로 2000년 대통령 선거에서는 스티브 포브스(Steve Forbes)가 최초로 온라인을 통해 출마를 선언했으며, 또 다른 후보자였던 존 맥케인(John McCain)은 유세 과정을 온라인으로 중계하고, 온라인을 통한 적극적인 모금운동 등을 펼치기도 했다.

그러나 무엇보다 가장 성공적이고 드라마틱한 인터넷 선거캠페인은 2002년 한국 대선에서 노무현 후보가 대통령으로 당선된 사례라 할 수 있다. 기존 정치인들과는 차별적인 행보를 거듭하면서 그의 정치적 색깔과 이념적 노선을 지지하는 정치팬클럽 '노사모'가 결성된 것은 전례 없는 대단히 획기적인 일이었다. 물론 초고속인터넷의 확산 시기와 맞물려 인터넷 이용자의 수가 기하급수적으로 증가한 것도 있겠으나, 정치인에 대한 적극적 지지를 유권자가 자발적으로 그리고 공개적으로 드러낸 것은 유권자들의 정치개혁에 대한 관심과 참여에 대한 새로운 관점을 보인 것이라 평가할 수 있다. 무엇보다도 지역감정의 극복이라는 노 후보의 목표와 당시 여론을 주도하던 보수언론에 대한 반발로 결성된 '노사모'의 활약은 16대 대선 직전에 최고조에 달했다. 그들은 노 후보에 대한 보수언론의 보도를 비판하고 그것을 다른 사이트로 배포했으며, 거주지역에 따라 노사모 회원들의 오프라인 모임을 결성하여 온라인과 오프라인을 연결하는 조직을 형성하며 활발한 활동을 주도했다. 특히 대선 당일에 벌어진 문자메시지와 이메일을 통한 투표독려는 이회창 후보와의 근소한 차이를 뒤집고 노무현 후보를 당선시키는 데 크게 기여했다. 이처럼 특정 정치인을 지지하는 온라인 팬클럽을 결성하여 벌인 정치적인 활동은 일반 시민들의 정치참여가 오 프라인에 한정되었던 기존의 한계를 극복하고, 온라인과 오프라인을 연결 하는 다양한 활동을 통해 일반 시민들의 정치참여를 다각화했으며, 참여자 들의 정치적 효능감을 높이는 등 정치활동의 새로운 패러다임을 형성했다 고 볼 수 있다.

홈페이지, 이메일, 팬클럽 등을 중점적으로 활용한 초기의 선거캠페인은 첫째, 유권자들의 정치의식과 참여욕구를 자극하여 유권자의 정치참여 성 격을 수동적 반응형에서 적극적 참여형으로 전환하는 계기를 마련했다는 데 그 특징이 있다. 이전의 선거에서 유권자가 얻을 수 있는 정치정보는 유 세 과정에서 정치인들이 쏟아내는 연설과 매스미디어를 통해 전달되는 편 집된 뉴스 등이 주를 이루어 유권자가 선거과정에 개입할 수 있는 여지가 별로 없었고 유권자는 그저 선거결과를 수용해야 하는 수동적 입장이었다. 그러나 홈페이지나 이메일 등은 홍보적 측면이 강하기는 했으나 다양한 형 태로 선거과정에 참여할 수 있는 기회를 마련해주었다. 주로 한국보다 미 국에서 활성화되기는 했으나, 홈페이지를 통한 정치자금 모금이나 이메일 클럽, 유권자 간의 이메일 및 게시판을 통한 의견 교환, 그리고 동영상의 활 용 등은 정책홍보뿐 아니라 자원봉사자, 유권자가 선거운동의 중요 행위자 로 부각되는 데 큰 힘을 발휘했다.

둘째, 이 시기의 인터넷 선거캠페인이 인터넷의 활용가치를 표를 획득하 기 위한 주요 수단이라기보다 정당이나 후보의 정책홍보를 더 유연하게 하 고, 유권자 간에 소통의 기회를 마련해준다는 보완적 수단의 의미만을 갖 는다는 데에 있다. 특히 한국의 경우, 정당의 홈페이지는 선거정보 제공에 주력한 공급자 중심의 성격이 강했으며, 그 밖에 유권자의 참여나 동원의 측면에서도 주도적이기보다 유권자의 적극성에 반응하는 정도에 그치고 있었다.

온라인 선거운동의 개화기(~2007): 개인 미디어와 네트워크 운동의 시작

이 시기에는 다양한 개인 미디어의 출현 및 활용과 더불어 게시판에서의 토론 등을 통한 집단행동화가 본격화되었다. 인터넷이 막 등장했을 때보다 질적인 변화가 진행되어 다양한 온라인 서비스가 등장했으며, 특히 블로그를 통해 심도 있게 정치적 견해를 피력하고 현실정치의 부정적 측면을 날카롭게 비판하는 전문 블로거들이 등장하면서 온라인에서 시민들의 정치토론과 참여가 급격히 증대하기도 했다. 개인 미디어를 통한 정치논객의 급격한 증가와 함께 눈에 띄는 점은 2005년에 서비스를 시작한 유튜브를 정치적으로 활용하기 시작한 것이다. 유튜브는 주로 일반인들이 문화콘텐츠를 재편집하여 자신의 기호에 맞게 새로운 콘텐츠를 생성, 온라인에서 유통시키는 동영상서비스로 대부분 엔터테인먼트 분야에 집중되어 있었으나, 2006년 미국의 중간선거를 기점으로 정치콘텐츠의 생성이 폭발적으로 늘어나기 시작했다. 또한 온라인 커뮤니티를 통해 구현되는 사회적 유대관계(social networking)를 선거운동에서 적극적으로 활용함으로써 선거에서의 네트워킹의 중요성 및 선거캠페인 기제로서의 온라인의 활용가치가 적극적으로 수용, 인정받게 되는 시기이기도 하다.

2004년 미국 대선에 출마했던 하워드 딘(Howard Dean)의 선거운동은 이시기 온라인 선거캠페인의 특징을 종합적으로 보여주고 있다. 하워드 딘의 선거본부는 오프라인에서의 수적 열세를 극복하고 지지그룹의 결속과 연계를 최대한 확장하기 위해 온라인을 선거운동의 중심 기제로 활용했다. 이미 버몬트 주지사로 재직할 당시부터 온라인의 영향력을 인지하고 있던 하워드 딘은 온라인 커뮤니티 서비스인 '미트업닷컴(MeetUp.com)'을 적극 활용하여 출마 선언 당시 1만 명이 채 안 되는 소규모 지지 집단만 존재했던 열세 상황에서 60만 명의 대규모 열성 지지 그룹을 조직해내는 등 유권자 포섭에 성공했다. 또한 홈페이지와 '미트업' 서비스를 통해 선거운동 모금액의 25%가량을 소액 다수 기부로 충당하여 인터넷에서의 정치적 파워를 보여줌과 동시에 벤추라가 보여줬던 저비용 고효율 정치의 가능성을 재확인하기도 했다.

하워드 딘의 선거캠페인이 갖는 또 다른 특징은 네트워크 선거의 효시 역할을 했다는 점이다. 2008년 오바마 캠프에서 실행하여 큰 성과를 거두었던 지역 우편번호의 온라인 등록을 통한 지역 주민 연계와 지역 기반 사원봉사자들의 점조직화는 그보다 4년 전인 하워드 딘의 캠프에서 먼저 시작했던 일이었다. 지역 단위의 네트워크화를 시도하고 자원봉사자의 역할을 강화하며, 홈페이지와 외부에서 활동하는 주요 블로거들을 연계함으로써 시민에게 정치정보를 신속하게 전달하고, 이와 함께 정책토론을 위한 기회를 상시적으로 마련하기도 했다. 또한 유세현장을 촬영한 동영상을 편집하지 않은 채로 홈페이지에 게시함으로써 유권자에게 선거의 현장성과 정보 유통의 투명성을 전달하고자 했다.

이렇듯 선거운동에서 다양한 온라인 기제를 적극적으로 활용하여 그 효과를 증명했음에도 하워드 딘은 오프라인에서의 열세를 극복하지 못하고 중도 사퇴를 선택했다. 일각에서는 하워드 딘의 온라인 선거캠페인은 그를 적극적으로 지지하는 유권자들 간의 결속과 연대를 강화하는 데는 성공했으나 새로운 지지세력의 포섭에는 실패한, 전략적인 결함이 있었다고 지적하기도 한다.

하워드 딘의 선거캠페인 이후 미국에서의 온라인 선거운동은 시민들의 적극적인 참여를 중심으로 블로거들의 전방위적인 정치정보 전달과 UCC를 통한 시민토론회, 선거유세의 동시간 중계 등이 보편화되었다.

반면, 같은 기간 한국에서 나타난 온라인 선거캠페인의 특징은 다양한 개인 미디어를 통한 정치정보 전달과 홍보가 이루어진 것 외에, 보수진영에서의 적극적인 온라인 공간 진입과 온라인 선거운동의 영향력 약화를 꼽을 수 있다. 2002년 노무현 대통령 당선 과정에서 온라인 팬덤과 네트워킹 효과를 경험한 보수진영은 한나라당과 박근혜를 지지하는 '박근혜를 사랑하는 사람들의 모임(박사모)'을 중심으로 온라인에서의 보수층 집결과 이의 전략적 활용을 추진했다. 한나라당의 UCC 대책반 결성, 포털과 정당 홈페이지의 보수 작업, 정당 외부에 블로그 마련, 보수적 성향을 띤 블로거 결집 등을 통해 정당을 홍보하고, 온라인에서 진보세력에 적극적으로 대응하는 등 정당 수준에서의 온라인 선거운동을 상시적으로 전개했다. 그러나 보수진영의 적극적인 온라인 선거운동전략은 그것이 가지는 태생적 성격, 즉 쌍방향 소통을 진작하여 정보와 정치적 견해의 자유로운 유통을 추구하는 것이 아니라 웹 공간을 정당의 일방적인 홍보의 공간으로 전락시켜 그 본질적 의미가 퇴색했음은 물론 이전 시기에 비해 그 효과도 약화되기에 이르렀다.

미국과 한국에서의 온라인 선거운동 경향이 다소 차이를 보이기는 하지만, 이 시기의 온라인 선거캠페인의 특징을 정리하면 다음과 같다. 첫째, 사회적 유대감을 자극한 네트워킹 선거운동이 시작되었다는 것이다. 온라인 커뮤니티 서비스와 홈페이지를 연계하여 유권자들이 자발적으로 정치정보를 공유하고 선거운동에 동참하게 함으로써 수동적 동원이 아닌 능동적·연계적 참여의 가능성을 높였다. 둘째 특징은 블로그, UCC 등 개인 미디어 사용이 현격하게 증가하면서 개인의 다양성을 선거운동에 반영했으며, 유권자들은 선거캠페인 과정에의 적극적인 개입을 통한 제도적 정치참여뿐 아니라 일상생활 속에서 개인 미디어를 통해 토론, 집단행동, 캠페인 등을 하는 등 비제도적 정치참여를 주도적으로 해나갔다.

온라인 선거운동의 성숙기(~현재): SNS와 모바일의 확산

2007년까지의 온라인 선거운동이 비교적 행위자 개인의 행태와 수단으로서의 기술적 특징에 주목했다면, 2008년 이후 현재까지의 선거운동의 특징은 행위자나 기술적 수단의 관계가 중시되는 네트워크 구조화가 확립되었다는 점이다. 또한 매체의 활용을 통해 목적을 실현해나가는 경험이 축적됨에 따라 다양한 콘텐츠 융합능력이 향상되고, 정치정체성의 내재화 경향이 뚜렷해졌다는 것도 특징이라 할 수 있다.

이 시기의 선거운동방식에 변화를 가져온 가장 큰 매체적 요인은 아무래도 SNS와 모바일의 발달이라고 할 수 있다. 이전보다 훨씬 다양해진 SNS는 정치영역에서 더욱 적극적으로 활용되기 시작했다. 이는 정치콘텐츠의 적극적인 생산과 교환을 통해 쌍방향 소통을 본격화했고, 모바일로 인한 유동성의 향상은 선거와 정치정보에 대한 접근의 시공간적 한계를 탈피하게 한 것이다. 여기에 텍스트, 이미지, 동영상 등 다양한 형태를 가진 콘텐츠의 생산과 융합은 정치콘텐츠의 재미와 관심을 배가시켜 선거와 정치정보에 대한 사용자의 심리적 거부감을 상당한 수준으로 끌어내렸다.

미국의 2008/2012 대통령 선거

2008년 미국의 대통령 선거는 SNS를 선거캠페인 전략의 전면에 내세운 첫 번째 선거이다. 민주당 후보였던 버락 오바마는 대통령 후보 출마를 선언함과 동시에 '마이보'를 개설했다. 정치에 대한 시민들의 조밀한 관심과 능동적인 참여가 웹2.0의 정신을 강조한 온라인 미디어의 발달로 뒷받침되면서 이전과는 다른 형태인 시민의 네트워크적 참여가 확대될 것을 예상한 미래적 행보였다. 블루스테이트디지털(Blue State Digital: BSD)과 페이스북의 공동 설립자 휴즈가 각각 뉴미디어팀과 정보기술팀으로 나뉘어 총괄한 '마이보'는 오바마 지지자들이 서로 소통하고 이들을 연계하는 역할을 함으로써 오바마와 지지자, 그리고 지지자들 간의 관계를 긴밀히 하고 유권자의 자발적인 지지가 형성되도록 했다. '마이보'는 크고 작은 소셜 네트워크 서비스들을 연계한 허브 사이트(hub site)로 정책홍보, 정책평가, 비전 제시, 선거정보, 유권자들의 지지 동향, 선거기금 모금 등 다양한 기능을 갖추었으며, 2012년 선거에도 이어져 오바마 온라인 선거캠페인의 핵심 역할을 했다.

'진실 알기(Get the Facts)'와 '최근 소식 듣기(Get the Latest)'에서는 오바마의 철학, 정책, 선거전략, 그의 정치행보 및 선거와 관련한 최신 뉴스를 거의 실시간으로 제공했다. 또한 '동참하기(Get Involved)' 페이지를 통해 지역번호를 매개로 지역 내 선거운동본부와 자원봉사 모임, 그리고 지지자들이 연계·소통할 수 있게 했는데, 하워드 딘의 방식에서 한발 더 나아가 지역적 범위를 8마일 내로 좁혀 자원봉사자들이나 지지자들이 오프라인에서 지역 기반의 지지 그룹을 결성하는 것을 용이하게 했다. 특히 오바마의 당선에 직접적인 영향을 미친 것으로 알려진 중요한 세 가지 기능을 꼽을 수 있는데, 첫째는 '전화하기(Make Calls)'라는 기능으로 지지자들은 자발적으로 등록된 전화번호를 데이터베이스로부터 다운받아 경선기간 중에 지인들에게 오바마 지지를 호소하는 전화를 수만 건이나 돌려 투표율을 고조시키는 데 한몫을 했다. 둘째는 풀뿌리 기부금 마련(Grassroots Fundraising)의 성공이었는데, '마이보' 메인 화면의 '기부' 버튼을 통해 자발적으로 기부한 시민이 300만 명 이상으로 2008년에는 6억 6,000만 달러를, 2012년에는 약 7억 달러의 선거자금을 모금했다. 총선거자금의 50% 이상을 '마이보'의 소액기부를 통해 마련하여 오바마는 선거모금의 투명성을 담보함과 동시에 재정적 부담에서 벗어날 수 있었다. 셋째는 트루스팀(Truth Team)의 활약이었는데, 선거기간 동안 난무하는 흑색선전과 상대 후보로부터의 비방에 대해 오바마 캠프는 물론 지지자들이 동참하여 사실에 기반을 둔 진실을 적극적으로 규명하고, 나아가 상대 후보나 정책에 대해 공격을 해나감으로써 오바마에 대한 네거티브 여론을 차단했다. 특히 2012년에는 사용자들이 알기 쉽게 다양한 인포그래픽(infographic)을 사용하고, 참여자들이 내용을 수정하기 쉽게 소스를 공개하여 큰 반향을 불러일으켰다. 이 모든 기능과 역할들은 SNS를 통해 구체화되고 행동화되어 오바마에 대한 지지력을 한층 강화·확대했다.

2012년에는 또 한 가지 특색을 보여주었는데, 바로 유권자의 정보를 세심하게 분석하여 맞춤형 선거홍보를 통해 지지를 유도했다는 것이다. 2008년부터 축적된 지지자들뿐 아니라 다양한 기록에 남겨진 유권자들에 대한 세심한 분석을 통해 오바마의 잠재적 지지층을 그룹화하여 이들의 인구학적 및 정치적 성향에 따라 지지를 호소하는 이메일을 보내 상당한 호응을 끌어냈다. 이것이 2012년 미 대선을 빅데이터(big data) 선거라고 평가하는 데에 조금도 부족함이 없는 이유이다.

한국의 2010~2012년 선거들

오바마의 SNS전략이 성공한 이후 국내외에서 전개된 많은 선거에서 SNS는 투표율 상승과 후보의 선거운동기제로 빠짐없이 등장했다. 한국에서는 2010년 6.2지방선거부터 SNS가 선거에 활용되기 시작했으며, 2011년 10.26 서울시장 재보궐선거에서 그 영향력을 인정받았다. 2010년 6.2지방선거는 천안함 사건이 터지면서 남북한 간의 긴장이 고조되고 이명박 대통령에 대한 중간평가의 성격을 띠면서 많은 관심이 집중되었다. 오바마의 대선과 함께 2010년 지방선거 직전에 치러졌던 영국 총선에서 또다시 SNS가 큰 영향력을 행사했다는 평가가 알려지자, 한국도 트위터를 중심으로 정부에 대한 비판과 후보들에 대한 검증작업이 활발하게 이루어졌다. 특히 투표 당일에 '트위터 인증샷'이 유행처럼 퍼지면서 투표라는 정치적 행위가 갖고 있던 딱딱하고 무거운 이미지를 지워내고, 선거가 놀이처럼 모두 함께 즐길 수 있는 이벤트로 전환되는 계기도 마련되었다.

2011년 4.27지방선거와 10.26 서울시장 재보궐선거는 SNS가 선거를 긍정적, 참여적 이미지로 전환시켰을 뿐 아니라 선거결과에도 영향을 미치는 큰 변수임을 알렸다. 무소속 박원순 후보는 선거 직전에 출마를 결정하여 낮은 인지도와 정당의 후원을 바랄 수 없었던 점, 그리고 무엇보다 정치적 경험의 부족이라는 약점들을 지닌 상태로 한나라당 나경원 후보와 경쟁을 하게 되어 그의 승리를 기대하는 사람들은 별로 많지 않았다. 그러나 많은 국민의 지지를 받았던 안철수의 적극적인 지지 표명과 한나라당에 대한 실망감 등이 박 후보에게 유리하게 작용하면서, SNS에서 박 후보에 대한 일방적 지원이 불붙기 시작했다. 결국 트위터로 시작된 나 후보에 대한 네거티브 전략은 여타의 SNS와 블로그, 포털, 그리고 언론에까지 확산되면서 박 후보의 승리로 끝이 났다. 선거기간 동안 SNS는 시민들 간의 정치적 논쟁을 포함한 다양한 정치콘텐츠를 생산·유통했고, 선거 당일에는 모바일을 통해 실시간으로 투표현장 분위기를 알리면서 저조했던 투표율을 끌어올려 2000년 이후 치러진 재보궐선거 중 가장 높은 투표율을 기록하는 데 일조하기도 했다. 그러나 SNS가 대체로 진보 경향이 강하고 젊은 층의 점유율이 높아 진정한 의미의 공론장 역할을 했느냐에 대해서는 의문을 남기기도 했다.

10.26 재보궐선기에서의 SNS 열기는 2012년 총선과 대선으로 이어졌다. 한나라당(이후 새누리당)은 10.26 재보궐선거에서의 패배를 교훈 삼아 소속 의원들에게 젊은 세대들과의 소통을 진작하고, 그들의 지지와 참여를 촉진하기 위해 SNS의 사용을 적극 권장했을 뿐 아니라 나아가 'SNS 역량지수'를 만들어 반강제적으로 사용을 독려했다. 또한 의원들에게 스마트폰을 일괄 지급하여 SNS를 상시적으로 이용하게끔 했고, 의원당 3~4개의 SNS 계정을 가지도록 했으며, 대부분의 의원들은 온라인 담당 보좌관을 따로 두기도 했다. 18대 대선 과정에서 두 대선 후보는 모두 지난 총선보다 SNS와 모바일 플랫폼(mobile platform)을 공격적으로 활용했다. 다양한 채널과 콘텐츠를 만들어 유권자와의 소통의 장을 만들고, 온라인을 통해 각각 200억이 넘는 대규모 펀드를 단시일 내에 조성했으며, 정책블로그와 홈페이지를 통해 국민들로부터 직접 정책제안을 받는 등 선거과정에서 SNS가 차지하는 부

분은 상당했다. 그러나 오바마 캠프에서 선보인 투명한 정보 공개와 자세한 설명을 통한 정책개방 및 상대 후보와의 정책 차별성 강조를 통해 경쟁 구도를 유지하여 선거전의 재미를 선사하거나 유권자와의 소통을 늘리고, 네거티브 여론과 공격에 대해 유권자 스스로 사실 검증과 논박을 통해 지지 후보를 방어하고 적극적으로 상대를 공격하는 등의 수준 있고 세련된 온라인 전략은 두 후보 모두에게서 관찰되지 않았다. 후보 간의 경쟁적인 뉴미디어 사용이 보여주기 식으로 표면적인 기능 제공에 머문 점은 아쉬운 일이다. 중도 사퇴한 안 후보 캠프에서만 페이스북을 통해 사실 검증과 반박 코너를 마련했으나 이마저도 관리 소홀로 흐지부지되었던 점 역시 매우 아쉽다.

이 시기 온라인 선거운동의 특징을 정리해보면 첫째, 다양한 SNS와 모바일의 활용이 정치영역에서 본격화되면서 행위자관계에 중점을 둔 선거캠페인의 네트워크화가 더욱 적극적으로 진행되었다는 점이다. 지인뿐 아니라 정치적·이념적 성향에서 유사성을 찾을 수 있는 불특정 다수에 대한 무한 연계와 유동성이 극대화되어 정치정보 콘텐츠의 생산, 유통 및 접근에 대한 물리적·환경적 한계를 상당 부분 해소했다. SNS는 정치적 공론의 장을 마련하여 시민들이 다양한 정보를 빠르게 획득하고 자신의 정치소신을 자유롭게 개진·교환할 수 있도록 했으며 논의를 파편화하지 않고 집결시킬 수 있는 사회적 의지와 행동을 집합화하게 했다. 둘째, 콘텐츠의 융합과 다양성이 촉진되면서 정치정보에 대한 접근성이 강화되고 정치참여의 적극성이 가시화되었다는 점이다. 보도를 통해 전해진 선거이슈나 사건에 대해 페이스북, 트위터, 유튜브 등 다양한 SNS 플랫폼에서 심도 있는 논쟁이 벌어지거나, 반대로 잘 알려지지 않았던 정보가 SNS를 통해 확산되어 후보자의 정당성과 자질, 공약 등이 검증되는 등 SNS가 선거에 대한 관심과 참여 촉진에 직접적인 영향력을 발휘했으며, 이는 이전의 홈페이지나 블로그의 그것보다 훨씬 강력해졌다.

그러나 19대 총선과 18대 대선에서 연이어 보수당인 새누리당의 승리가 이어지자 선거운동기제로서의 SNS에 대한 영향력과 효과에 대한 지적이 나오고 있다. 변화의 가능성을 거론하기는 하지만 여전히 SNS는 20~30대 젊은 층을 중심으로 진보적 경향이 강세를 이루고 있고, 이제까지 마땅히 정치참여의 기회가 없었던 그들이 SNS를 통해 다양한 의견 교환과 논쟁을 벌이며 정치경험을 축적해나가면서 과거와는 달리 적극적인 정치의사 표명을 했음에도 기대와 다른 결과가 나온 것은 결국 SNS의 정치적 영향력이 미미하지 않느냐는 것이다. 그렇다면 SNS나 모바일의 정치적 효과를 어떻게 평가할 수 있을까.

SNS/모빌리티의 정치적 효과

위에서 살펴본 것처럼 SNS는 정치영역에서도 활발하게 사용되고 있으며, SNS로 연결된 네트워크 공간의 영향력이 증가하고 있다는 사실도 별다른 이견 없이 수용되고 있다. 네트워크에 연결된 다수의 사람이 많은 이슈에 대해 수없이 다양한 방법으로 참여를 경험하고 있는 것이다. 요차이 벤클러(Yochai Benkler)에 따르면, 온라인 공간에서 사람들의 정치참여가 증가하고 있는 이유는 공간의 특성상 참여의 규모가 커지더라도 비용이 추가되지 않고 참여자들 사이에 직접적인 상호작용이 가능해 질적인 측면에서도 크게 떨어지지 않기 때문이라는 것이다.

예를 들어, 블로그는 선택된 이슈에 대해 많은 사람이 참여하여 의견을 교환하고 논쟁하는 데 유용하고, 트위터와 같은 SNS는 플랫폼에 따라 수준은 다르지만 정치사회적 관심과 참여의 진작에 효과적이라는 것이다. 이미 대중들은 다양한 SNS를 사용하면서 정치정보를 습득하고, 네트워크를 형성하며, 다양한 수준의 정치참여를 체화하고 있다.

일반적으로 정치영역에서의 뉴미디어 활용에 대해 상대적인 거부감을 갖는 보수적인 정치성향을 가진 사람들 역시 SNS가 정당이나 정치인과 국민 간의 양방향 소통을 촉진시키는 데 도움을 주는 매체이며, 정당이나 정치인들이 국민의 민심을 효과적으로 파악할 수 있는 매체라고 인식하고 있다. 특히 잘 알려진 것처럼 SNS의 주 사용자층이 30대 이하의 젊은 층임을 고려하면, 정치에 대한 불신과 냉소가 짙은 젊은 유권자들의 생활정치화와 선거에 대한 관심 증대 및 참여지향성을 증진시키는 데 SNS가 많은 역할을 한다고 볼 수 있다. 많은 젊은이들이 SNS를 비롯한 인터넷상에서 서로의 정치적 성향을 논하는 일이 비일비재한 것만 봐도 이들의 정치적 관심은 SNS를 통해 수직 상승했다.

게다가 2010년부터는 스마트폰 사용자가 본격적으로 확대되면서 스마트폰에 탑재되어 있는 페이스북, 트위터 등의 SNS와 카카오톡, 마이피플, 라인, 구글토크 등 모바일 메신저의 사용률이 이전에 비해 급증했다. 특히 모바일 메신저의 경우, 모바일 환경에 최적화되어 서비스가 시작되었기 때문에 모바일 사용자가 어렵지 않게 사용할 수 있어 SNS에 익숙하지 않은 사용자층에게도 소구력이 높다. 또한 폭넓은 네트워크 형성에는 도움이 되지만 불특정 다수를 대상으로 한 개방형관계의 피로도가 높아지고 개인의 사생활 노출 위험이 높다는 인식이 형성되면서 SNS보다는 다소 폐쇄적인 모

〈표 1-2〉 연령별 역대 투표율 비교

(단위: %)

구분	16대 대선 (2002)	17대 총선 (2004)	17대 대선 (2007)	18대 총선 (2008)	19대 총선 (2012)	18대 대선 (2012)
20대 초반	57.9	46	51.1	32.9	45.4	65.2
20대 후반	55.2	43.3	42.9	24.2	37.9	
30대 초반	64.3	53.2	51.3	31	41.8	72.5
30대 후반	70.8	59.8	58.5	39.4	49.1	
40대	76.3	66	66.3	47.9	52.6	78.7
50대	83.7	74.8	76.6	60.3	62.4	89.9
60대 이상	78.7	71.5	76.3	65.5	68.6	78.8

바일 메신저의 사용자층이 두터워지고 있다. 18대 대선에서 기대 이상으로 강력한 힘을 발휘한 것 역시 모바일 메신저이다. 카카오톡을 중심으로 한 모바일 메신저는 50대 이상의 연령층도 활발히 사용했기 때문에 이들의 투표율을 끌어올리는 데 한몫을 했다는 평가를 받고 있다. 이번 대선에서 SNS와 모바일은 당락을 결정짓는 결정 요인은 아니었을지 모르나 끝까지 박빙의 경쟁 구도를 유지하던 상황에서 각 후보의 지지율을 높이고, 전체적인 투표율을 높였으며, 선거분위기를 긴장감 있게 고조시키는 데는 크게 기여했다고 평가할 수 있다.

이와 같이 사용자층의 선호에 따라 달라지겠지만, SNS와 모바일 메신저를 통해 확산되는 정치적 관심과 참여욕구는 정치적 무관심층을 관심층으로 변화시키고, 네트워크 공간을 통한 일상생활 속에서의 정치화를 이끌어 개인의 주체적인 정치판단력 및 참여의 질과 폭을 확대하는 데 긍정적인 역할을 한다고 볼 수 있다. 또한 소셜 미디어가 주는 개방성과 동시성, 상대적으로 저렴한 참여비용과 시공간적 제약을 극복한 환경 등은 이용자들의 사소한 일상생활이나 감정공유를 기반으로 하기 때문에 생활정치의 일상화를 꾀할 수 있어 거시담론뿐만 아니라 미시담론을 통한 숙의민주주의 (deliberative democracy)의 가능성을 높이고 더 나아가 직접민주주의적 요소를 가미함으로써 반(半)직접민주주의(semi-directive democracy)의 가능성을 촉진하는 데 기여하고 있다.

그러나 새로운 소통의 미디어로서 SNS나 모바일 등이 정치적으로 긍정적인 효과만 불러일으키는 것은 아니다. 그동안 정치영역의 범주 밖에 존재했던 다수의 대중이 단시간 내에 정치영역에 진입하여 셀 수 없이 많은 의제를 설정하고 가치를 논하며 기존 정책에 대한 비판을 쏟아내면서 공급과 수요의 균형을 맞추기가 어려워졌다. 다양한 가치와 문제들의 우선순위를 어떻게 정해야 하며, 어떻게 효율적으로 수행해나갈 것인가에 대한 선택과 정책결정의 효율성 문제가 크게 대두되었다. 또한 SNS나 모바일은 해당 미디어의 보유뿐 아니라 그것에 대한 지식과 활용 수준에 따라 가치가 달라진다. 새로운 미디어가 출현할 때마다 젊은 세대들에 비해 연령대가 높은 세대들은 미디어의 보유나 그것의 활용정도에서 큰 격차를 보일 것이다. 스마트폰 보급 전후의 온라인 공간은 성별, 연령별 사용자 구성에 있어 상당한 변화를 보이고 있다. 따라서 미디어의 발달에 적응하는 동안에는 세대별 정보 격차의 해소가 쉽지 않을 것이다. 이 밖에도 선거 때마다 불거져 나오는 정치정보 콘텐츠의 조작, SNS를 통한 여론의 왜곡, 확대 해석, 그리고 개인 정보 누출로 인한 피해들은 대안이 마땅치 않은 위험요소들이다.

chapter 2

소셜 네트워크와 정치정보*

이소영

소셜 네트워크 서비스(이하 SNS)는 단순히 개인 간 의사소통기제로서의 역할을 넘어 정보를 전달하고 그 정보에 대한 의견을 토론하며 공유하는 공적 영역으로서의 역할을 수행하고 있다. 특히 정치적 정보의 소통과 관련하여 SNS는 기존 언론매체들에서 주목하지 않거나 외면해온 다양한 정치정보를 기존 매체들과 전혀 다른 방식으로 소통시킴으로써 정치소통의 플랫폼을 획기적으로 확장하고 소통의 방식을 크게 바꾸고 있다.

SNS가 작동하는 복합 네트워크는 기존의 매체처럼 정보 제공자라는 중심 허브가 보내는 정보가 일방적으로 유통되는 방식이 아니라, 누구나 정보를 만들어내고 제공하고 유통하는 개방적이고 분산적인 소통방식을 그특징으로 한다. 이러한 점에서 SNS는 그 작동방식에서부터 기존의 소통방

....

* 이 장은 이소영·한정택의 논문인 「SNS 정치정보의 질적 수준에 대한 소고」, ≪동서연구≫ 25권 2호)의 분석을 인용했다.

식에 대한 대안적 성격을 가지고 있다. SNS의 대안적 성격은 상대적으로 도외시되어왔던 정보들을 관심의 중심으로 끌어내어 소통하는 경향이 있다는 점에서도 잘 나타나고 있다.

특히 한국에서 SNS는 기존 언론매체들이 보수편향적 성향을 보이는 데 대한 대안매체의 성격을 띠면서 진보 성향의 정보들이 중심적으로 소통되는 경향이 있다. 트위터는 이러한 경향이 극대화되고 있는 영역이다. 즉각적이고 신속한 정보 소통을 특징으로 하는 트위터는 기존 매체들에서 전달하지 않는 수많은 정보를 실시간으로 소통시키고 있다. 트위터가 핵심적 역할을 했었던 지난 2011년 10.26 서울시장 보궐선거는 물론이고 19대 국회의원 선거, 그리고 18대 대통령 선거에서도 트위터는 특히 진보 성향 유권자들의 정보 획득과 의견 형성에 지대한 영향을 미쳤다고 평가된다. 이렇게 한국 사회에서 SNS는 정보의 소통방식에서만이 아니라 소통되는 정보의 내용에 있어서도 기존 매체와 차이를 보이면서 우리 사회 정치적 균열의 한 축을 반영하고 있다고 할 수 있다.

현재 SNS 공간에서는 많은 한국인 사용자들이 정보를 공유하고 소통하고 있다. 본인 확인 절차를 필요로 하지 않는 트위터와 페이스북의 특성상 정확한 인적 정보를 알 수는 없지만 사용하는 언어 등으로 추정할 때 약 700~800만 명의 한국인이 트위터 계정을 가지고 있으며[세미오캐스트(Semiocast) 발표, 위키트리 2012.7.31], 약 830만 명의 한국인이 페이스북 계정을 가지고 있는 것으로 알려져 있다(소셜베이커스 발표). 물론 이들 중 정치 관련 내용을 공유하고 소통하는 사람들은 일부에 불과하겠지만 이제 한국 사회에서 SNS의 정치적 영향력을 부인하기는 쉽지 않다. 트위터를 예로 들자면, 18대 대선 캠페인이 본격화되었던 지난해 11월에는 정치 관련 트윗 수가 하루 평균 36만 건, 그리고 12월에는 하루 100만 건을 넘어섰다. 특히 3차 TV토론 후 관련 트윗은 127만여 건이었고 토론이 진행되었던 당시 1시간 30분 동안 집계된 트윗은 26만여 건에 이르는 것으로 나타났다(다음소프트 분석, 미디어오늘 2012.12.19). 본격적인 대선 경쟁을 앞두고 주요 후보들이 모두 트위터에서 가장 많은 수의 팔로어를 가지고 있는 이외수 작가에게 도움을 요청한 일은 SNS의 정치적 영향력에 대한 정치인들과 우리 사회의 인식을 단적으로 보여주는 예이다.

이렇게 우리 정치에서 SNS의 역할과 영향력이 커져가면서 우려의 목소리도 함께 높아지고 있다. 무엇보다도 SNS는 사용자가 주관적으로 정보를 선택하고 확산하는 방식으로 소통을 하기 때문에 다양한 시각의 정보에 노출되기보다 자신과 유사한 생각이나 이념을 가진 사람들과의 소통에 국한되는 경향이 있어 정보의 객관성이 떨어질 수 있다는 우려가 크다. 더불어 정보들이 사실에 대한 검증 여부와 관계없이 유통되고, 또 깊이 있는 토론 과정이 없다는 것도 SNS 정보의 질적 저하를 가져오는 요인으로 지적되고 있다.

그렇다면 SNS 공간에서 소통되는 정치정보들은 어떠한 성격을 지니고 있을까? 실제로 SNS의 정치적 정보들은 오프라인이나 기존 인터넷 매체를 통해 유통되는 정치적 정보들에 비해 질적으로 낮을까? 우리는 SNS를 사용함으로써 제대로 된 정치정보를 획득할 수 있을까?

이 장에서는 SNS에서 과연 어떤 성격의 정치정보가 유통되고 있는지를 이야기해보고자 한다. SNS 공간에서의 정치정보 유통방식은 오프라인과 어떻게 다른지, SNS상의 정치정보가 우려대로 과연 질이 낮은 정보들인지, SNS의 정치정보들은 사실에 대한 왜곡 등으로 사용자들의 객관적 정보 습득을 방해하는지, 그리고 정보의 편중성 때문에 SNS에서 소통되는 정보들과 여론은 오프라인의 여론과 괴리되어 있는지 등의 문제에 초점을 맞추어 SNS에서 유통되는 정보의 성격과 질을 논의해보기로 하겠다. SNS 정치정보의 전반적인 성격을 더욱 구체적인 예를 통해 논의하기 위해 특히 18대 대선 캠페인 과정에서의 SNS 사용을 중심으로 다루고자 한다.

SNS 공간에서 정치정보는 어떻게 유통되는가?

정치정보는 유권자들의 정치참여와 정치적 선택을 위해 필요한 민주주의 작동의 기본적 요소이다. 정치적 정보가 부족하면 유권자들은 정부와 정치인이 하는 일에 대해 알지 못하기 때문에 합리적으로 정치적 선택을 할 수가 없다. 대통령이나 국회의원 또는 지방 정치인을 선출할 때, 그리고 정부의 정책에 대해 찬반을 표명할 때 충분한 정보가 없으면 유권자들은 누가 더 나은 정치인인지, 어느 정책이 더 필요한 것인지 제대로 결정하기가 어렵다. 정치정보가 없으면 정치인을 선택할 때 정책을 보는 대신 생김새나 출신지역 등 정책 및 정치적 능력과 상관이 없는 요인들을 바탕으로 투표를 할 수밖에 없다. 유권자가 정책에 대해 알지 못하고 무관심하면 정치인들은 자신의 정책보다 정책 외적인 요인을 강조하면서 캠페인을 전개하게 된다. 그 결과 유권자들의 선택에서 정책적 요소는 사라져버린다(이소영, 2012a).

정치적 정보는 정치적 선택에만 영향을 미치는 것이 아니다. 많은 연구자들이 정치정보가 유권자들의 정치참여를 장려하는 요인이 된다는 사실도 밝혀왔다. 정치정보가 많은 사람들은 정치적 효능감이 높고, 정치에 대한 관심도 높으며, 뉴스도 많이 보면서 참여의식이 높아지게 된다. 정치참여는 대의민주주의에서 주권자인 국민이 자신의 권리를 행사할 수 있는 유일한 방법이라는 점에서 대의민주주의가 제대로 작동하기 위한 가장 중요한 요소이다. 따라서 시민들로 하여금 정치참여로 이끄는 역할을 하는 정치정보는 건전한 민주주의의 필수적인 조건이라 할 수 있겠다(이소영, 2012a).

정치정보는 어떻게 유통되어왔는가?

우리는 정치정보를 주로 대중매체를 통해 접해왔다. 매체들은 뉴스를 생산해내고 전달하며 일반인은 그 뉴스를 소비하는 소비자이다. 그런데 TV나 신문 등 뉴스를 만들고 정치정보를 유통하는 언론매체들은 지면과 시간의 제약상 모든 정치정보를 다 전달할 수는 없기 때문에 수많은 정치정보 중에서 뉴스거리가 될 만한 정보들을 선택해서 보도한다. 각 언론매체는 뉴스거리가 될 것인가에 대한 판단을 위해 나름대로의 객관적 기준을 가지고 있지만, 실제로 정치정보의 경우 정치권력이나 언론사주, 또는 편집인의 정치적 성향이 뉴스거리를 선택하는 데 큰 영향을 미치는 것이 사실이다. 이 정치적 성향은 뉴스의 내용에도 영향을 미쳐 매체들은 각각의 뉴스를 보도하는 데 있어서도 특정한 시각을 가지고 분석하고 보도하게 된다. 이렇게 선택적으로 뉴스거리를 찾고 특정한 시각을 통해 분석함으로써 언론매체는 수많은 의제들 중에서 중심적인 사회적 의제를 설정하고 여론을 형성하는 데 핵심적 기능을 한다. 뉴스매체는 이 의제설정이라는 배타적 권력을 종종 자신의 이념적 성향이나 이해관계에 부합하는 방향으로 여론을 오도하는 데 남용하기도 한다(임영호, 2012). 게다가 언론사는 공익 기관이면서 동시에 광고에 의존해 영리를 추구하는 기업이기도 하기 때문에 의제 선별 과정에서 어떠한 의제를 어떻게 보도해야 수용자의 관심을 끌 수 있을 것인가를 고려하기 마련이고, 따라서 대중의 통념에 영합하면서 소수의 입장과 의견은 배제해버리게 된다(임영호, 2012).

특히 한국의 정치정보 소통에 있어서 더욱 심각한 문제점은 대부분의 언론매체들이 유사한 정치적 시각을 가지고 뉴스거리를 선택하고 유사한 시각에서 보도하기 때문에 사실은 중요할 수 있는 많은 의제가 사회적 관심에서 배제되어 버린다는 점이다. 기존 언론매체들의 보수적·친권력적 성향으로 인해 우리 사회에서 다소 진보적이거나 대항적인 정보들은 외면당하는 경향이 있고, 이 때문에 이러한 정보들을 기존 매체를 통해 접할 기회는 매우 제한적이다. 매체들의 보수편향적 또는 권력지향적 태도하에서 사회적 문제에 관한 정보를 얻을 수 있는 대안적 채널이 없었기 때문에 일반시민들은 선택된 의제와 관련된, 그리고 그중에서도 특정한 시각에 입각한 정보에만 노출될 수밖에 없었다. 그러나 SNS의 등장은 한국 사회의 이러한 정치정보 유통환경에 많은 변화를 가져왔다.

SNS 공간에서 정치정보는 어떻게 유통되는가?

SNS가 기존 미디어와 가장 다른 점은 기존 미디어가 사용자들에게 일방적으로 정보를 제공하는 탑-다운방식의 폐쇄적 소통기제라면, SNS는 개인들이 수평적인 관계를 맺고 상호작용하면서 정보를 생산·공유하고 소비하는 개방적 소통기제라는 점이다. 선거과정을 예로 들자면, 인터넷이 활성화되기 전에 유권자들은 후보자나 정당이 직접 또는 대중매체를 통해 일방적으로 전달하는 정보에 바탕을 두고 캠페인에 대한 정보를 획득할 수밖에 없었다. 인터넷이 발달하고 카페나 블로그 사용자들의 활동이 빈번해지면서 양방향적 토론의 기회가 마련되었지만 파워블로거나 인터넷의 유력 정치논객 위주로 의견이 개진되는 경향이 강하고 관계망 또한 다차원적이지는 않아서 소통의 폐쇄성이 극복되기에는 한계가 있었다.

반면, SNS는 복합적인 관계망 속에서 정보의 제공자와 소비자, 그리고 유통자가 명확히 구분되지 않는다는 특성을 지닌다. 개인은 정치정보를 획득하여 소비만 하는 것이 아니라 획득한 정보를 자신과 관계를 맺고 있는 다른 사람들에게 전달한다. 이 전달의 과정에서 획득한 정보에 자신의 의견을 덧붙이거나 새로이 해석하고 수정하여 전달할 수 있기 때문에 개인은 정보의 전달자일 뿐 아니라 생산자 역할까지 하게 된다. 자신이 중요하지 않다고 여기는 정보는 더 이상 전달하지 않기 때문에 네트워크 내에서 동의를 얻지 못하는 정보는 유통을 멈추게 된다. 기존 미디어 시스템에서는 정보의 유통 여부를 미디어(소유주)가 결정했다면 SNS상에서는 개인들이 스스로 결정할 수 있게 된 것이다. 수많은 의제가 이제 검열의 과정을 거치지 않고 직접적으로 전달된다. 이렇게 정보의 생산과 소비, 공유, 확산 여부까지 개인이 결정한다는 점에서 SNS는 정보의 소통구조가 매우 개방적인 미디어라고 할 수 있다.

특히 한국인이 정치정보를 가장 빈번하게 소통하는 트위터는 이러한 개방성이 극대화된 SNS 플랫폼이라고 할 수 있다. 먼저 트위터는 140자 이내의 메시지로 소통하기 때문에 논객 형의 글이 필요하지 않으므로 정치평론가나 논객, 또는 유력자 외에 일반인들도 쉽게 참여할 수 있다는 특징을 가지고 있다. 또한 상대방의 동의가 없이도 관계를 맺을 수 있고 정보의 확산이 가능하다. 한 개인이 다른 개인의 트위터를 클릭 한 번으로 팔로우 하기만 하면 두 사람 간 관계가 형성된다. 이렇게 관계망이 쉽게 형성되고 또 그

관계망이 무한히 확장됨으로써 이 관계망을 통한 정보 역시 무한히 확장될 수 있는 가능성을 지니게 된다. 마지막으로, 다양한 디지털 미디어상에서 쉽게 구동될 수 있다는 점에서도 소통의 개방성이 뛰어난 플랫폼이다. 스마트폰의 확산으로 SNS 플랫폼들이 모바일 기기와 결합하게 되면서 140자의 단문으로 소통하는 트위터 사용에 대한 접근이 매우 용이해졌다.

그렇다면 SNS 공간에서 정치정보는 구체적으로 어떠한 과정을 거쳐 생성되고 전달·공유될까? 트위터상에서의 관계망 형성과 정보 공유 과정을 통해 살펴보기로 하자.

트위터를 포함한 SNS는 일반적으로 유력자를 중심으로 하는 관계망의 형성을 통해 정보를 소통한다. 특히 트위터는 페이스북과 달리 직접 관련이 없는 사람들과 관계를 맺고 자신의 기분을 전달하고 타인의 느낌을 공유하며 화학적 결합을 해나가는데(배영, 2012), 이 공유와 결합에서 유력자는 중요한 역할을 수행한다. 유력자는 일종의 여론 선도자로서, 트위터에서 정치정보는 이 유력자들을 중심으로 한 네트워크상의 커뮤니티 안에서 일차적으로 확산된다. 그러나 정보는 이 커뮤니티 내에서의 공유에 머무르는 것이 아니라 커뮤니티 내 개인들이 다른 커뮤니티의 개인들과 새로운 관계를 맺음으로써 더욱 확장된 네트워크로 확산된다. 대선을 두 달 여 앞둔 10월 11일 현재 정치적 이슈 중심의 트위터 유력자 순위는 〈표 2-1〉과 같다.

그런데 여기서 제기되는 문제는 유력자를 중심으로 한 정보의 공유와 확산이 위계적 중심 허브가 없는 분산된 소통을 특징으로 하는(김상배, 2010) SNS 공간의 성격과 어떻게 부합하는가 하는 점이다. 기존 매체에서는 오피니언 리더들이 의견을 지도하고 여론을 주도하는 위계적 위치에 놓여 있었

〈표 2-1〉 2012년 10월 11일 현재 정치적 이슈 관련 트위터 유력자(파워 트위터리언)*

영향력 순위	트위터리언	팔로어 수(명)
1	이외수(작가)	1,481,699
2	진중권(동양대 교수, 논객)	264,010
3	김용민(정치인, 〈나는 꼼수다〉 멤버)	358,121
4	허재현(≪한겨레≫ 기자)	103,808
5	독설닷컴(고재열, ≪시사인≫ 기자)	196,155
6	박원순(서울시장)	584,130
7	윤상현(19대 국회의원, 박근혜 후보 경선 캠프 공보단장)	15,773
8	백찬홍(씨알재단)	101,695
9	문재인(민주통합당 대통령 후보)	264,011
10	미디어몽구(일인 저널리스트)	108,535
11	조 국(서울대 교수)	371,909
12	공지영(작가)	482,637
13	박근혜(새누리당 대통령 후보)	225,030
14	탁현민(교수, 공연기획가)	141,397
15	최재천(19대 국회의원, 민주통합당)	127,542

주: 영향력은 팔로어 수, 리트윗, 멘션 등 다양한 영역을 포함하여 알고리즘에 의해 계산되었다.
자료: 한국트위터(koreantweeters.com), 류석진 외(2012)에서 재인용.

다면, SNS에서의 유력자는 수평적 관계 속에서 정보 전파자로서의 역할만 한다는 점에서 기존 매체의 오피니언 리더들과는 성격을 달리한다. 트위터의 유력자는 팔로어 수가 많은 연예인이나 정치인과 같은 유명 인물들보다 정보를 유통하고 확산하는 뉴스매체 기능을 수행하는 사람들이 대부분을 차지하는 것으로 조사되었다(이원태 외, 2011). 이 유력자를 중심으로 하는 커뮤니티 내에는 〈그림 2-1〉에서 보이듯이 유력자의 트윗을 가장 많이 리트윗 하는 '매개적 유력자'가 있어 유력자와 트위터 사용자들 간의 소통을 연결한다.

<그림 2-1> 트위터에서 유력자와 매개적 유력자 간의 리트윗 관계도

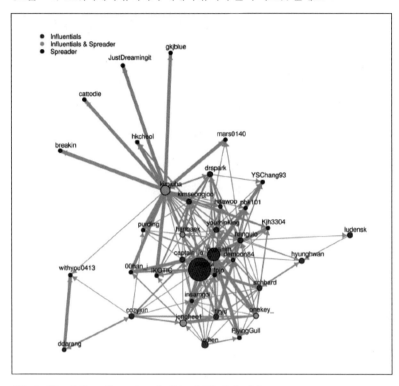

주: 1) 원(노드)의 크기는 그 노드가 받은 리트윗 수에 비례.
　　2) 화살표의 두께는 그 노드가 리트윗한 횟수에 비례.
자료: 이원태·차미영·양해륜(2011)에서 재인용.

〈그림 2-1〉에서 큰 원(노드)들인 dogsul, dosanim, kimjuha, jonghee1, when 등은 커뮤니티의 중심자 역할을 하는 유력자들이며, 작은 원들은 매개적 유력자들이다. 커뮤니티의 중심자 역할을 하는 유력자들은 주로 자신의 의견을 전달하고 토론을 유도하면서 의제를 설정하거나 사실 위주의 뉴스를 알리는 데 초점을 두는 반면, 매개적 유력자는 정보를 생산하기보다 유용한 정보를 전달하는 매개체로서의 역할을 수행한다(이원태 외, 2011). 이

과정에서 매개적 유력자는 평판과 명성을 획득하여 유력자가 될 수도 있고 의견 추종자에 불과하던 일반 개인들도 같은 방식으로 매개적 유력자 또는 유력자로 부상할 수 있다.

유력자를 중심으로 한 커뮤니티 내 개인들이 다른 유력자나 매개적 유력자, 또는 개인들과 관계를 맺음으로써 네트워크상의 관계가 확장되면 정보 또한 더욱 넓게 확산된다. 이 과정에서 개인은 자신에게 도달한 정보를 그대로 전달하거나, 자신의 찬반 의견 또는 다른 의견을 덧붙여 전달하거나, 더 이상 공유하지 않을 수 있다. 이 이슈에 공감하는 정도가 확장되면 이것이 SNS상에서의 여론이 된다. 이러한 과정을 통해 개인은 의제를 설정하고 여론을 주도하는 주체가 된다. 즉, 이슈가 유력자로부터 제시되고 시작되었다고 하더라도 그것이 의제로 만들어지고 여론화되는 것은 네트워크상의 개인의 참여에 달려 있다는 것이다.

그렇다면 대표적인 SNS 플랫폼인 트위터와 페이스북에서 개인의 참여를 통해 의제를 설정하고 여론을 형성할 수 있게 하는 주요 요소들은 무엇일까?

먼저, 트위터의 주요 요소에는 댓글, 멘션, 리트윗(RT), 해시태그(#), 하이퍼링크 등이 있다. 이 중에서도 트위터에서 신속한 정보 유통을 가능하게 하는 가장 대표적인 역할은 리트윗이다. 리트윗은 개인에게 도달한 정보를 그대로, 또는 의견을 덧붙여 자신의 팔로어들에게 전달하는 행위로써 단순한 정보의 전파 차원을 넘어 해당 정보에 대해 공감과 추천을 보여주는 네트워크 내 토론의 한 방법이라고 할 수 있다(이원태, 2012; 장덕진, 2012). 같은 관심사에 대한 주제어를 지정하여 하나의 창에서 볼 수 있도록 해주는 일종의 검색 기능인 해시태그 또한 특정 이슈에 대한 공감을 표시하는 것으로써, 중요한 정치적 의제에 대해 의견을 표출함으로써 여론을 확산시키는 효과가 있다(이원태, 2012). 하이퍼링크 또한 140자의 제약을 넘어 기사, 장문의 글, 이미지, 동영상 등에 대한 접근을 가능하게 함으로써 추가적인 정보를 제공하고 정보의 객관성과 심의성을 높이는 기능을 한다.

한편, 페이스북은 관계 맺기를 승인한 친구들과 시작글 및 댓글을 통해 토론을 전개한다. 기존의 인터넷 블로그나 카페와 비슷한 방식이지만 페이스북에서 맺은 관계들이 복잡한 친구관계를 통해 확장되면서 여론을 형성한다. 특히 비슷한 관심을 지닌 개인들끼리 토론방을 개설할 수 있어 더욱 심도 있는 토론이 가능하기 때문에 정치적 공론장으로서의 가능성에 기대를 모으고 있다. 그러나 지인들 위주로 친구관계를 맺고 있어, 정치적 관심이 없는 지인과 정치토론을 즐겨 하지 않는 한국인의 정서상 정치적 이슈보다는 일상적 주제를 중심으로 대화가 진행되는 경향이 있다.

SNS에서 유통되는 정치정보는 어떠한 성격을 가지는가?

앞에서 우리는 SNS라는 새로운 정보 소통 기제의 등장으로 정치정보의 소통방식이 과거와는 크게 달라지고 있음을 보았다. 언론매체가 뉴스를 만들어 수용자들에게 전달하던 과거와 달리 SNS의 등장으로 이용자들의 참여를 통해서 뉴스가 유통되고 있다. 개인은 이제 뉴스의 소비자일 뿐 아니라 생산자이면서 전달자 역할까지 담당하게 되었다. 이렇게 생산되고 전달되는 정보는 내용, 시간 및 장소의 제약이 대부분 사라진 가운데 개방성과 초속보성을 본질로 하게 되었다. 게다가 그간 언론매체가 독점했던 의제설정 기능까지 개인들이 나누어 가지게 되면서 의제설정의 권력이 분산되었다. 그 결과 언론매체들이 외면하던 많은 정치정보와 의제가 여론의 중심에 떠오르게 되었고 다양한 의제들이 경쟁할 수 있는 환경이 조성되고 있다. 하지만 이러한 긍정적 영향과 함께 부정적 측면에 대한 우려도 제기되고 있다. 무엇보다 검토와 여과의 과정 없이 생산되고 전달되는 '정보의 질'과 진보적 성향의 견해가 부각되어 소통되는 경향으로 인해 '정보의 대표성'에 문제가 제기되고 있다.

SNS에서 유통되는 정치정보는 질이 낮은가?

SNS에서 유통되는 정치정보가 오프라인이나 기존의 온라인 미디어를 통해 유통되는 정치정보에 비해 그 질이 낮은가에 대해 뚜렷한 답을 제시해 줄 수 있는 연구결과는 아직 없다. 그러나 SNS의 정치정보는 기존 매체의 정보에 비해 질이 낮을 것이라는 추측을 가능하게 하는 여러 가지 요인이 지적되고 있다.

무엇보다도 SNS에서 개인들은 자신이 원하는 정보들만 접하는 경향이 있다는 점이다. 다양한 정보에 노출되어야 정보에 대한 객관적 태도를 가질 수 있고 정보의 질에 대한 평가를 스스로 내릴 수 있는데, 자신의 현재 생각에 부합하는 정보만 접한다면 자신이 현재 가지고 있는 생각만을 더욱 확고히 할 뿐 정치적 관점의 스펙트럼을 확장하기 힘들다는 것이다. 한 연구에 의하면, 대다수의 트위터 사용자들은 '내가 좋아하는 사람'(77%)과 '나와 관심사가 비슷한 사람'(70%)을 팔로우하는 경향이 강하다. 더불어 '나와 가치관이 비슷한 사람'을 팔로우하는 경우도 45%에 이르렀다(장덕진, 2012). 친구 승인이 필요 없는 트위터에서조차 보이는 이러한 경향은 SNS 공간의 관계망이 비슷한 생각을 가진 사람을 중심으로 형성되는 경우가 많다는 것을 의미한다. 정보의 편향성은 앞서 언급했듯이 SNS뿐 아니라 기존의 정보유통구조에서도 심각한 문제로 지적되지만, 사용자 스스로가 선택해서 정보를 접하게 되는 SNS에서는 정보를 우연히 접할 기회가 기존 매체보다 드물다는 점이 이러한 편향성을 더욱 강화시킬 수 있다.

다음으로 SNS에서 유통되는 정치정보의 질에 대한 우려는 SNS 자체의 특성에서도 기인한다. SNS, 특히 트위터는 140자의 단문으로 생각을 간단히 정리해서 소통하기 때문에 신속한 소통은 가능하지만 깊이 있는 소통은 불가능하다. 이 때문에 SNS 공간에서는 현안이나 주요 이슈에 대한 심도 있는 논의가 있기 힘들다는 관점이다. 특히 과거 블로그나 카페 등에서 있었던 장문의 글을 통한 논쟁 및 토론과 비교해 SNS에서의 소통은 매우 단편적인 의견에만 머무르고 있다는 점에서 질 높은 정보를 공유하고 논의하는 공론장으로서의 가능성에 한계가 있다고 보고 있다.

이와 더불어 의제설정환경의 변화도 SNS의 질과 관련하여 우려를 낳고 있다. SNS의 발전으로 의제설정권력이 소수의 미디어 권력에 집중되지 않고 민주적 과정을 통해 분산되면서 수많은 의제가 의제로 설정되기를 바라며 경쟁을 벌이게 되었다. 그러나 이러한 의제설정의 민주화 추세는 수많은 경쟁자들이 의제를 두고 치열한 경쟁을 벌이게 만들었고, 이 때문에 때로는 질이 낮은 메시지가 선택될 가능성이 높아졌다(임영호, 2012).

특히 SNS 이용자들이 재미와 희화화를 추구한다는 점에서 질 낮은 메시지가 선택될 가능성이 더욱 커진다. SNS 공간에서는 누군가가 채택해주지 않는 메시지는 유통이 불가능하다. SNS 사용자들은 인터넷에서 뉴스를 보다가 흥미로운 기사를 발견하면 링크하거나 동영상 등을 첨부하여 다른 사람들과 공유하고자 한다. 이때 이렇게 기사나 동영상을 올리는 사람은 자신의 팔로어나 친구가 이 기사나 동영상에 흥미를 가질 것인가를 일차적으로 고려하기 때문에 '재미'있는 뉴스거리 위주로 소통하게 된다. SNS에서의 정치정보를 논의할 때 포퓰리즘이나 정보의 질이 항상 언급되는 것은 바로 이렇게 메시지의 재미가 선택의 일차적 요인이기 때문이다. 기존 미디어도 마찬가지로 수용자의 관심을 끌고자 하는 것이 일차적 목표이지만 사회적 책임성 문제도 중요하게 고려해야 하는 요인이다. 그러나 SNS에서의 소통은 개인의 의견에 기반을 두기 때문에 사회적 책임성 정도는 대중매체보다 낮을 수밖에 없다.

〈그림 2-2〉에서 첫 번째 패러디물은 각각 18대 대선 후보 1차 TV토론에서 통합진보당 이정희 후보의 새누리당 박근혜 후보에 대한 강한 공세와 민주통합당 문재인 후보의 공격적 토론의 부족을 희화화한 패러디물이다. 1차 TV토론 이후 SNS 공간에는 이런 식의 토론의 승패와 분위기에 대한 평가와 패러디물이 난무하면서 토론에서 제기된 정책적 내용은 관심 영역에서 벗어나 있었다.

두 번째 패러디물은 김문수 경기도지사가 119에 전화를 해 자신을 못 알아보는 119 공무원에게 관등성명을 요구한 사건을 패러디한 것이다. 이 사건 이후 수많은 패러디가 생산되었고, 이 패러디물들은 김문수 지사의 이미지를 부정적으로 정형화시키는 데 큰 역할을 했을 뿐 아니라 김 지사의 기타 활동을 묻어버리는 요인으로 작용했다.

마지막 그림은 대선을 앞두고 민주통합당에서 정치적 댓글 작업이 의심되는 국정원 여직원의 집을 방문했을 때 여직원이 문을 걸어 잠그고 나오지 않은 후 방문자들을 고소한 사건을 패러디한 패러디물로서, 이 외에도 각종 국정원 여직원 패러디가 SNS상에서 큰 호응을 얻으며 확산되었다. 이

〈그림 2-2〉 SNS에서 유통된 패러디물 예

| 18대 대선 후보 1차 TV토론 패러디물 | 김문수 경기도지사의 119 전화 패러디물 | 국정원 여직원 댓글 사건 패러디물 |

들 패러디물에서 공통적으로 발견되는 것은 패러디를 통해 특정 측면이 과대하게 강조되면서 그 사건의 중요한 다른 측면들은 관심에서 사라지게 된다는 점이다. 이렇게 희화화의 과정에서 나무 한 그루는 남지만 숲은 사라지고 마는 경향이 많이 나타난다는 점은 SNS 정보의 질을 이야기할 때 자주 언급되는 부분이다.

SNS 정치정보의 또 다른 문제는 SNS에서 유통되는 정보의 사실성과 신뢰성에 관련된 것이다. 물론 정보의 사실성과 객관성, 신뢰성 문제는 물론 기존 미디어에도 적용되는 의문점이다. 기존 미디어도 SNS와 마찬가지로 의제를 선택하고 의제의 프레임을 설정하는 과정에서 이념이나 한쪽의 이익에 편중된 태도를 보이는 특징을 지니고 있는 것이 사실이다. 그러나 기존의 미디어 뉴스들은 뉴스 생산과 유통 과정에서 흔히 게이트키핑(gate-keeping)이라고 불리는 여과 단계를 거치고 개인과 사회에 대한 책임성을 상대적으로 크게 가지기 때문에 SNS에서 유통되는 정보들보다는 사실에 근접할 가능성이 훨씬 크다. SNS에서 유통되는 정보들은 사실 검증 단계를 거치지 않고 직접 전달되며 그 전파의 속도가 빨라서 잘못된 정보가 신속히 유포될 가능성도 매우 크다. 이런 의미에서 혹자는 SNS가 사회적 위험 요소를 담은 과잉 커뮤니케이션 현상을 초래할 수 있다고 경고하고 있다(오택섭 외, 2012).

과연 SNS 공간에서 유통되는 정치정보는 오프라인에서 또는 기존 미디어를 통해서 유통되는 정치정보에 비해 질적으로 낮은 정보들일까?

대선 기간 동안 하루에 가장 많은 트윗 횟수는 3차 TV 토론일인 12월 16일에 기록한 1,275만여 건이었는데, 두 시간의 토론 시간 중 생성된 트윗만 해도 26만 건을 상회했다. 소셜 미디어 분석서비스 전문기업인 다음소프트에 의하면, 박근혜 후보가 '4대강 사업은 국가의 핵심사업'이라 언급했을 때 가장 높은 분당 트윗 수가 나왔고 '반값등록금' 토론 때도 관련 트윗이 4,000건 정도 생성되어 트위터리언들이 높은 관심을 보였음을 나타냈다. 그러나 개인의 이념적 성향이나 지지 후보에 따라 토론결과에 대해 트윗의 내용은 전혀 다른 반응을 보였다.

〈표 2-2〉는 12월 16일에 있었던 대선 후보 3차 토론 후 트윗 사례들이다. 여기서 가장 특징적으로 나타나는 사실은 박근혜 후보 지지자들과 문재인 후보 지지자들 간에 토론을 평가하는 주제와 관점이 전혀 다르다는 점이다. 박근혜 후보를 지지하는 트위터리언들은 박근혜 후보가 국정원 여직원 사건에서 여직원의 인권 문제를 지적한 점과 문재인 후보의 전교조 지지에 대해 비난했던 점에 주안점을 두고 주로 문재인 후보의 여직원 인권 유린과 전교조 지지에 대한 비판을 주제로 트윗을 하고 있다. 이러한 경향은 이 사례에 나와 있지 않은 대부분의 보수 성향 멘션들에서 공통적으로 나타나는 특징이다.

〈표 2-2〉 대선 후보 3차 토론 이후 트위터 멘션 사례

트위터 ID	보수 성향 사용자 트윗 내용	트위터 ID	진보 성향 사용자 트윗 내용
007chxxx	오늘의 트윗 〈베스트 오브 베스트〉 박근혜가 人權변호사 같고 문재인은 人權 유린 형사 같다!	Constantxxx	난 평상시에 두 후보의 대결이 "진보와 보수" 정도로 생각했었다. 근데 오늘 토론 이후에 생각이 바뀌었다. "상식과 무식"의 대결이었다...
yoonjuxxx	오늘 문재인 후보의 토론의 실점 포인트는 크게 3가지입니다. 전교조·조국정원 여직원 사건·과기부 문제...	woo_loxxx	박근혜는 대통령이 되면 하려고 아무 일도 하지 않고 기다렸습니다.
chamxxx	네거티브 안 하겠다는 문재인 후보 네거티브를 하게 된 TV토론 사람이 먼저다는 문재인 후보 피의자로 인권 유린 시킨 TV토론	unhxxx	근데... 박근혜 후보의 말 중에서 아직 이해가 안 가는 거. "불량식품"은 도대체 왜 나왔나요? 아무래도 뭘 잘못 읽으신 것 같은데...
yhk9xxx	딸을 가진 부모의 심적으로 챙긴다더니 남의 딸은 피의자다. 뭐 이런 황당한 인권 변호가 있어. 해상난동 중국선원은 또 변호했다며 앞으로 딸 가진 사람들 민통당에서 물으면 직업 가르게 말하면 피의자 됩니다.	thunxxx	판례에 의하면, 감금죄는 '사람이 특정한 구역에서 나가는 것을 불가능하게 하거나 또는 심히 곤란하게 하는 죄'입니다. 문을 열라고 하고, 나오라고 요구하는 것은 감금죄의 구성 요건에 해당하지 않습니다.
banxxx	27억 먹튀 평양여인. ㅋ 종북의 숙주가 누구인지 명확하게 보여줬다. 참으로 고마운 여인이다.	congxxx	선행학습 금지하는 법을 만들겠다? 이건 아니어도 넘~~~~우 아니다
gangyuxxx	문재인이 국정원 직원을 피의자라고 말하며 민주당의 책임을 회피하고 전교조에 대해서 과도하게 흥분하며 옹호하는 모습 보고 중도 우파 성향의 소극적 지지자들 중에 흔들리는 사람 많을 거야.	President V Sxxx	박근혜는 아침마다 화장실에 '감금'된단다. 불쌍해서 우짜노? ㅠㅠ 감금될 때마다 누가 활짝 좀 열어 줘라 고마.
chogapxxx	감금 피해자를 피의자로 몬 문재인은 이 말로 평생 고생할 것이다. 일제 말기 강압에 못 이겨 글 한 줄 남겼다가 평생 친일파로 몰린 이들은 동정할 수 있지만...	moviexxx	대선토론회를 봤다. 한 쪽의 수준이 차마 그 정도일 줄은 몰랐다. 서로가 생각하는 방향이 달랐을 뿐이지 양 쪽 다 일리가 있어서 유권자로서 고민하길 바랬었다. 한마디로 1, 3, 4, 5, 6, 7, 8, 9, 10이었다. 어? 2가 없다. 어이가 없었다.

  반면, 진보 성향 트윗들은 박근혜 후보의 토론능력이나 박 후보가 제시한 정책들의 비합리성 등에 초점을 맞추어 확산되었다. 특히 3차 토론에서는 박근혜 후보가 열세를 보이면서 야당 성향의 트윗이 대다수였던 것으로

나타나고 있다. 1·2차 토론에 이어 박근혜 후보가 정책에 대해 아는 것이 없지 않은가라는 문제제기가 특히 많았고, 박근혜 후보의 "그래서 제가 대통령이 되려는 거 아닙니까?"라는 답변의 패러디, 그리고 박 후보가 언급한 선행학습 금지, 불량식품 등의 발언을 희화화한 트윗들이 많이 생성되었다. 박 후보의 능력에 대한 문제제기를 언급한 트윗 중 〈표 2-2〉의 "어? 2가 없다"는 유명 배우의 트윗은 3,000회가 넘는 리트윗을 기록했다.

이러한 멘션들은 SNS에서 소통되는 정치정보의 질에 대한 우려가 어느 정도는 일리가 있다는 것을 보여준다. 후보자 토론을 평가하는 논의들을 보면 토론에서 언급되었던 정책에 대한 평가나 의견보다는 토론의 승패에 대한 평가나 특정 언급에 대한 집중적 공격에 그 초점이 맞추어지는 경향이 있었다. 1차 토론 직후에도 토론 분위기를 묘사한 "오늘 토론 요약…이정희: 나는 잃을 게 없다. 박근혜: 나는 읽을 게 없다. 문재인: 나는 낄 틈이 없다"라는 멘션이 2,700여 건이나 리트윗되었고, 패러디물로 만들어져 SNS 공간에서 확산되었던 "이정희 후보의 거친 발언과 불안한 그네 공주의 눈빛과 그걸 지켜보는 문재인, 그건 아마도 전쟁 같은 토론"이라는 멘션도 약 1,350회나 리트윗을 기록했다(《주간동아》 2012년 12월 17일자).

사실상 대선 기간 내내 트위터를 점령한 것은 양 후보의 정책에 관련된 정보라기보다 자신이 지지하지 않는 후보에 대한 부정적 정보들이었다고 할 수 있다. 11월 30일 문재인 후보 부인의 아파트 다운계약서 작성 의혹이 터졌을 때는 이 문제에 대한 부정적 트윗이 88%를 넘어선 것으로 조사되었는데(《주간동아》 2012년 12월 17일자), 이는 보수적 성향의 트위터리언들이 집중적으로 부정적 트윗을 생성한 결과였다. 또 1차 후보자 TV토론에서 박근혜 후보가 전두환 전 대통령으로부터 6억 원을 수령했다는 것이 부각되자 이 문제를 언급한 트위터리언의 약 79%가 비난의 트윗을 내보냈다. 문재인 후보의 광고 속 명품 의자, 안경테, 박근혜 후보의 자산 문제 등도 선거기간 중 트위터를 뜨겁게 달군 주제들이었다. 이들 중에는 중요한 캠페인 이슈가 되어야 하는 문제들도 있었지만, 일부는 후보자를 검증하는 데 있어 매우 지엽적인 요소들로 인해 트위터의 타임라인이 북적인 경우였다.

SNS 사용자들은 정치과정에 대한 인지도와 관심이 낮은가?

그렇다면 위에서 언급한 요인들 때문에 SNS에서 소통되는 정치정보의 질이 낮다고 평가할 수 있을까? 일각에서는 그렇지 않다고 주장한다. 트위터 이용자와 비이용자의 매체 소비를 분석해보면 트위터 이용자가 다양한 매체를 더 많이 보는 것으로 나타난다는 점에서, 트위터 이용자들이 믿고 싶고 보고 싶은 것만 취하여 사실에 대한 정보가 부족하고 왜곡된 정보에 노출될 위험이 크다는 생각은 트위터를 이해하지 못한 것이라는 주장이다 (장덕진, 《머니투데이》 2012년 4월 26일자). 실제로 SNS 이용자의 대부분이 하이퍼링크를 통해 정보와 의견을 공유하고 있다. 특히 140자 이내의 글을 통해 소통하는 트위터의 경우, 추가적인 정보를 제공함으로써 정보나 의견의 객관성을 높이기 위한 수단으로 하이퍼링크가 적극 활용되고 있다(이원태, 2012). 이는 트위터 공간이 이념적 편중성을 보일 수는 있지만, 정보의 질이라는 측면에서는 단순히 지엽적이거나 검증되지 않은 정보들이 유통되는 것이 아니라 하이퍼링크 등을 통해 기존 미디어의 뉴스들을 수용하면서 수많은 사람에게 도달하는 과정에서 여러 가지 정보를 더하여 수정됨으로써 SNS 이용자가 오히려 좀 더 객관적인 정보에 노출될 가능성이 있음을 시사한다.

〈표 2-3〉 SNS 정치정보 이용 여부에 따른 정치정보 인지도

정치적 지식	SNS 정치정보 이용자	SNS 정치정보 비이용자
선거과정에 대한 인지도[1] (최대값=16)	8.01	7.35*
정치적 사실에 대한 인지도[2] (최대값=5)	3.04	2.89

주: SNS 정치정보 이용자와 비용자 간에 통계적으로 의미 있는 차이가 있음.
　1) 제18대 대통령 선거 관련 유권자 조사(한국사회과학데이터센터).
　2) 제19대 국회의원 선거 유권자 조사(한국사회과학데이터센터).

18대 대선 유권자 조사결과에 의하면, SNS에서 정치정보를 얻은 유권자들의 경우 약 32%가 후보 선택 시 정책과 공약을 고려했다고 대답한 반면, SNS에서 정치적 정보를 획득하지 않은 유권자들은 약 26%만이 정책과 공약에 따라 후보를 선택한 것으로 나타났다. 그러나 유권자들이 획득한 정보가 왜곡되어 있거나 크게 부족하다면 정책이나 공약에 따른 투표행위가 무의미할 것이다. 〈표 2-3〉은 정치적 행위를 위해 SNS에서 주로 정치정보를 획득하는 유권자와 그렇지 않은 유권자들의 정치정보에 대한 인지도, 즉 정치적 지식 정도를 분석한 표이다.

〈표 2-3〉에서 '선거과정에 대한 인지도'는 18대 대선 유권자들이 정당별 당내 후보 경선 여부, 투표 당일 투표참여 독려운동 허용 여부, 예비후보제, 그리고 박근혜, 문재인, 안철수 후보의 이념 성향의 상대적 위치에 대해 얼마나 알고 있는지에 대해 설문을 통해서 측정한 값이다. 그리고 '정치적 사실에 대한 인지도'는 19대 총선 유권자들의 정치 일반에 대한 이해와 19대 총선결과에 대한 인지 정도를 함께 측정한 값이다.

분석 결과, 18대 대선 유권자들의 선거과정에 대한 인지도에 있어서는 SNS를 통해 정치정보를 획득하는 유권자들이 그렇지 않은 유권자들에 비

해 상당히 높지만, 19대 총선 유권자 조사자료를 이용하여 분석한 정치적 일반 사실에 대한 유권자 인지도에서는 통계적으로 유의미한 차이가 나타나지 않았다. 즉, 정치적 행위를 위해 SNS의 정치정보를 주로 이용하는 사람들은 일반적인 정치지식에 대해서는 SNS를 정치정보의 소스로 사용하고 있지 않은 사람들과 차이가 없는 반면, 선거가 어떻게 진행되고 있는지 그 과정에 대해서는 더 잘 알고 있다는 것이다.

SNS 사용자들의 정치과정에 대한 이러한 관심은 개별 캠페인 이슈들에 대한 높은 관심으로 나타났다. 18대 대선의 주요 캠페인 이슈에 대한 SNS 정치정보 이용자와 비이용자의 관심도를 조사한 결과에 의하면, 후보자 선택을 위해 SNS 정보를 주로 이용했던 유권자는 그렇지 않은 유권자에 비해 문-안 단일화, 정치쇄신, 국민통합, 과거사 논란, MB 심판, 이정희 발언 등의 이슈에 대해서 높은 관심을 보였던 것으로 조사되었다. 이번 대선의 가장 핵심적인 이슈로서 후보자 TV토론에서도 주요 쟁점으로 다루어졌을 뿐 아니라 양 후보가 사실상 입장 차이를 크게 보이지 않았던 경제민주화나 복지 확대, NLL 논란 등에 대한 관심 정도는 SNS 정치정보 이용 여부와 관련이 없는 것으로 나타났으며, 주요 캠페인 이슈 중 SNS에서 정치정보를 획득하지 않는 유권자들이 상대적으로 큰 관심을 보인 이슈는 없었다.

특히 SNS 정치정보 이용자들이 선거과정과 이슈에 대해 더 많은 지식과 관심을 가지고 있다는 사실이 그들의 SNS 사용 자체에서 오는 결과인지 혹은 나이, 학력, 수입, 정치적 효능감 등 다른 요인들에서 오는 결과인지를 알아보기 위한 분석에서도 SNS 정치정보 이용 여부가 18대 대선 유권자의 선거과정에 대한 인지도와 관심도에 실제로 크게 영향을 미친 것으로 나타났다. 반면 TV, 신문, 라디오 등 기존 매체들은 선거과정에 대한 인지도와 관심도에 의미 있는 역할을 전혀 하지 못한 것으로 조사되었다.

18대 대선 과정에서 유권자들의 선거과정에 대한 인지도와 이슈에 대한 관심에 SNS가 핵심적인 역할을 했다는 결과는 SNS에서 유통되는 정보의 질에 대한 우리 사회의 우려와 달리 SNS의 정치정보가 유권자들의 선거에 대한 지식을 높이고 이슈에 대한 관심을 유발하는 데 직접적이고 의미 있는 역할을 담당하고 있다는 것을 의미한다.

SNS 공간의 정치정보는 편향적인가?

위에서 우리는 SNS가 정치과정에 대한 지식과 관심을 증대시키고 있다는 것을 확인했다. 하지만 이 사실만으로 SNS 공간에서 이루어지는 정치소통의 질을 긍정적으로 평가하기는 힘들어 보인다. 많은 사람들이 다른 측면에서 SNS 정치정보의 질을 우려하고 있기 때문이다. 가장 큰 우려는 한국의 SNS에서 유통되는 정치정보들이 너무 진보 일변도이기 때문에 정보의 객관성을 상실할 수 있다는 점에 있다.

〈표 2-4〉는 2012년 11월 트윗을 기준으로 진보와 보수 진영의 대표적인 파워 트위터리언들의 팔로어 수와 리스트[1]된 수를 나타낸다. 진보적 성향을 띤 파워 트위터리언들이 보수적 성향의 파워 트위터리언보다 훨씬 많은 팔로어를 가지거나 리스트 되었다는 것을 알 수 있다. 트위터를 통해 정치 성향을 뚜렷이 드러내지 않았기 때문에 〈표 2-4〉에서는 누락되었지만, 160만 명이 넘는 팔로어를 가진 작가 이외수 씨의 경우도 진보 성향이라고 할

....

[1] 내가 팔로잉하는 사람들이나 읽고 싶은 메시지에 카테고리를 나누는 것. 팔로잉하지 않아도 리스트에 올려놓으면 트윗을 읽을 수 있다.

<표 2-4> 18대 대선 이슈 관련 진보-보수 대표 파워 트위터리언

(2012년 11월 트윗 기준)

진보 트위터리언	팔로어 수	리스트된 수	트윗 수	보수 트위터리언	팔로어 수	리스트된 수	트윗 수
공지영 (작가)	501,447	12,829	222	박근혜 (새누리당 대통령 후보)	235,577	8,979	8
조국 (서울대 교수)	387,984	10,617	95	명품타임라인 (국민행복단, 윤증현)	199,399	2,386	228
문재인 (민주통합당 대통령 후보)	289,154	6,733	5	구창환 (인맥경영연구원장)	128,038	3,025	595
진중권 (동양대 교수, 논객)	283,256	11,963	200	강재천 (민보상법개정추진본 부장)	54,570	851	168
문성근 (민주통합당 상임고문)	232,121	8,400	214	정병화	20,723	118	278
독설닷컴 (고재열, 《시사인》 기자)	199,225	11,311	284	고종석 (언론인, 논객)	18,708	757	318
탁현민 (교수, 공연기획가)	146,710	5,677	187	조갑제 (조갑제닷컴 대표)	18,633	934	48
최천익	145,508	1,266	240	부활 (TV N 끝장토론폐지)	17,273	74	300
허재현 (《한겨레》 기자)	107,116	5,456	151	윤주진 (한국대학생포럼)	10,059	427	373
정호희 (민주노총 대변인)	103,956	1,818	283	간결 (일간베스트 논객)	3,680	75	82

주: 1) 트위터 수집 키워드: 대선, 대통령 선거, 선관위, 대통령, 투표, 박근혜, 문재인, 안철수,
    심상정, 이정희, 새누리당, 민주통합당, 민주당, 진보정의당, 통합진보당, 통진당, 나꼼수,
    십알단, 단일화, 여론조작.
  2) '고종석'은 안철수 후보 지지자이나 위 키워드에 의해 마이사이트보트에서 보수 논객으로 분류
    함. 실제 대선 기간 중 '반친노'와 '반문재인' 내용을 중심으로 트윗함.
자료: MySiteBot.com(팔로어 수에 따라 정렬)

수 있다.

　이렇게 한국의 SNS 공간이 진보적 성향을 띠는 이유에 대해 전문가들은
대안매체적 성격이라는 SNS의 본질적인 특성을 지적한다. 개방적이고 자

율적인 SNS 메커니즘을 통해 과거 소외받던 소수자들이 이제는 자신들의 견해를 소통하고 정보를 공유할 수 있게 되었다. 사람들은 오프라인에서 얻지 못하는 정보를 SNS를 통해 얻으려는 경향이 있기 때문에(장덕진·김기훈, 2011) 기존 매체들의 친정부적·친여당적 경향이 대항담론의 확산을 특징으로 하는 한국의 SNS 공간을 진보적 성향으로 조직화했다는 것이다.

외국의 몇몇 연구들 또한 SNS 사용자들이 하나의 이념적 성향에 모이는 경향을 잘 지적하고 있다. 커너버 등(Conover et al., 2011)의 연구에 의하면 2010년 미국 중간선거기간에 트위터 네트워크를 조사한 결과, 멘션 자체에서는 양극화가 탐지되지 않았지만 리트윗 네트워크는 지지하는 정당에 따라 강한 양극화를 보였던 것으로 조사되었다. 물론 이러한 선택적 정보 습득은 기존 미디어 이용자에게도 나타나는 현상이지만(Iyengar and Han, 2009), 기존 미디어보다 우연한 노출의 기회가 극히 적은 SNS의 경우 자신의 정치적 신념과 일치하는 정치적 정보만을 받아들이는 경향이 더욱 커지는 것이 사실이다. 한 연구는 온라인에서 다양한 정치적 시각에 바탕을 둔 토론은 비정치적인 그룹에서 우연히 정치적 토론이 전개될 때만 가능할 뿐, 정치적 이슈에 대한 토론을 목적으로 하는 경우에는 서로 다른 이념이나 생각을 가진 사람들과의 교차적 담론이 나타나기 어렵다는 것을 발견한 바 있다(Wojcieszak and Mutz, 2009).

한편, 2011년 10.26 재보선과 2012년 4월 19대 국회의원 선거 등을 거치면서 SNS의 정치적 영향력이 커지자 박근혜 후보 캠프와 소위 보수 진영에서도 SNS 활용의 중요성에 주목하고 적극적으로 SNS 캠페인을 벌였다. 〈표 2-4〉의 트윗 수에서 나타나듯이 보수 성향의 파워 트위터리언들은 진보 성향의 파워 트위터리언들에 못지않게 혹은 오히려 더 적극적으로 트윗을 했다. 실제로 공식 선거운동을 시작한 11월 27일부터 열흘간 SNS 공간에서의 후보별 버즈량 점유율을 보면 박근혜 후보 51.2%(1,068,142건), 문재인 후보가 48.8%(1,019,430건)로 박근혜 후보의 점유율이 높은 것으로 나타났다(《주간동아》 2012년 12월 17일자). 이 점유율 차이는 오프라인 지지율 차이와 유사했다는 점에서 특히 주목을 받았다.

그러나 몇 개의 계정이 지지성 글을 썼는지, 그리고 몇 명에게 그 메시지가 도달했는지도 함께 고려하면 여전히 SNS 공간은 진보적 성향의 사용자들이 주를 이룬다는 것을 알 수 있다. 대선 경쟁이 본격화되기 전인 9월 한 달간 트위터 계정을 분석한 결과에 의하면 친박근혜 성향의 글이 60% 이상을 차지했지만, 이러한 성향의 글을 쓰는 계정은 12%에 불과했던 것으로 나타났다. 더 중요한 점은 친박근혜 성향의 글들은 최대 30만 명에게 도달한 반면, 친문재인, 친안철수 성향의 글들은 최대 60만 명에게 도달한 것으로 나타났다(장덕진, 2012). 그리고 이러한 경향은 대선기간 내내 계속되었던 것으로 알려졌다.

〈그림 2-3〉은 18대 대선 유권자들의 SNS 정치정보 이용 여부에 따른 이념 분포를 나타내고 있다. 선거기간 동안 SNS에서 정치정보를 획득한 유권자들 중에는 중도 유권자가 약 35%, 진보 유권자(강한 진보 포함)가 약 39%, 보수 유권자(강한 보수 포함)가 약 26%에 이르렀다. 반면, SNS의 정치정보를 이용하지 않은 유권자 중에는 중도 유권자가 약 37%, 보수 유권자가 약 45%, 진보 유권자가 약 18%였다. 예상대로 SNS를 사용하여 대선 관련 정보를 획득한 사람들 중에는 진보적 성향의 유권자들이 월등히 많고, SNS에서 정보를 구하지 않은 사람들 중에는 보수적 유권자가 진보적 유권자의 약 2.5배에 달했다.

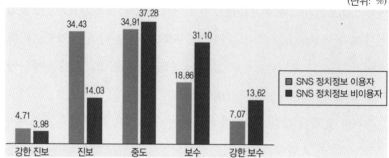

〈그림 2-3〉 18대 대선 유권자들의 SNS 정치정보 이용 여부에 따른 이념 분포

(단위: %)

자료: 제18대 대통령 선거 유권자 조사(한국사회과학데이터센터).

　　이러한 결과는 SNS를 사용하여 정치정보를 얻는 사람들이 그렇지 않은 사람들과 비교했을 때 캠페인 이슈에 대한 의견도 더 진보적일 것이라는 예상을 가능하게 한다. 〈표 2-5〉는 대북정책, 재벌정책, 복지정책에 대한 유권자들의 이슈에 대한 정향 및 정당 지지도를 나타내고 있다. 이슈에 대한 찬반만 놓고 볼 때는 SNS 사용 여부에 관계없이 한국의 유권자들은 재벌 및 기업에 대해서 정부가 간섭하지 말아야 한다는 데는 공감하지 않는 편이며, 증세를 하더라도 복지를 증대할 필요성이 있다는 데는 약하게 동의하는 듯이 보인다. 북한에 대한 지원에 대해서는 SNS에서 정치정보를 얻는 사람들과 그렇지 않은 사람들 모두 심하게 반대하지는 않지만 그다지 공감하지도 않는 것으로 나타났다.

　　SNS를 통해 정치정보를 얻은 사람들과 그렇지 않은 사람들의 이슈 선호를 비교했을 때는 각각의 이슈에 대한 찬반 정도에 있어서 두 집단 간에 의미 있는 차이가 목격되었다. SNS에서 정치정보를 획득한 사람들은 SNS 정치정보를 이용하지 않은 사람들에 비해 북한에 대한 지원 확대에 덜 반대

〈표 2-5〉 18대 대선 유권자들의 SNS 정치정보 이용 여부에 따른 이슈 정향 및 정
당 지지

(1=전혀 공감하지 않는다, 4=매우 공감한다)

캠페인 이슈	SNS 정치정보 이용자	SNS 정치정보 비이용자
북한의 무력도발과 관계없이 민족적 차원에서 북한에 대한 지원을 많이 해야 한다	2.32	2.01*
재벌이 스스로 개혁을 못한다 하더라도 기업활동에 정부는 간섭하지 말아야 한다	1.97	2.11*
세금을 내더라도 복지 수준을 높여야 한다	2.80	2.58*
새누리당 지지 비율(%)	22.0%	44.5%

주: * SNS 정치정보 이용자와 비이용자 간에 통계적으로 의미 있는 차이가 있음.
자료: 제18대 대통령 선거 관련 유권자 조사(한국사회과학데이터센터).

하고, 재벌에 대한 비간섭 정책에 더 반대하며, 세금과 복지 수준이 동시에
높아질 필요성이 있다는 데 더 찬성하는 경향이 있다. 더불어, SNS에서 정
치정보를 획득하는 유권자들은 그렇지 않은 유권자에 비해 새누리당을 지
지하는 비율이 현저히 낮다. 이러한 결과는 SNS 공간의 정치소통이 진보적
성향을 띤다는 사실과 일맥상통하는 결과이다.

SNS 사용자들이 이렇게 이념적으로, 이슈 선호에서, 그리고 지지 정당에
서 편중성을 보이는 것은 자신이 좋아하는 정보만 보려 하는 정보 편식에
의해 더욱 가중되는 면이 있는 것이 사실이다.

그렇다면 SNS의 이러한 편향성으로 인해 SNS를 오프라인의 정서와 동떨
어진 '그들만의 리그'라고 평가할 수 있을까? SNS에서 소통되는 의견들의
대표성을 어떻게 평가할 것인가? 야당 소속 정치인들이 여당 소속 정치인
들에 비해 더 활발하게 트위터를 사용하고 있다든지, 진보 정당들이 더 많
은 팔로어를 확보하고 있다든지, 진보적 유권자들이 SNS를 더 자주 사용한
다는 사실 등은 실제로 한국의 SNS 공간이 이념적으로 편향되어 있을 가능

성과 함께 오프라인 정서나 무드와는 다른 여론을 형성할 가능성이 크다는 것을 시사한다. 더구나 SNS상에서는 정보가 사실이나 논리 위주로 확산되는 것이 아니라 사실에 대한 의견과 해석이 덧붙여지면서 정보가 소통되기 때문에 때로는 불완전하고 단편적인 정보에 바탕을 둔 자의적 해석으로 여론의 흐름이 완전히 바뀔 수 있다(임영호, 2012). SNS의 특징 중 하나인 감성적 쏠림 현상 또한 SNS상에서의 여론의 흐름에 영향을 미치는 한 원인이 될 수 있다.

2011년 10.26 재보궐선거 당시 트위터의 영향력을 경험한 정치권은 2012년 4.11 총선을 앞두고 SNS 캠페인에 많은 힘을 쏟았다. 하지만 SNS라는 새로운 미디어에 대한 이해가 부족한 상황에서 깊은 전략적 논의 없이 시작된 정치권의 SNS 캠페인은 그다지 성공적이지 못했다. 반면, 진보 성향의 유력자들과 개인들로 이루어진 SNS 관계망에서는 반새누리당 정서에 바탕을 둔 활발한 소통이 전개되었고, 이러한 분위기는 이명박 정권에 대한 심판 구호와 맞물려 새누리당에 맞선 야권연합의 승리를 예견하게 하는 요인이 되었다. 그러나 선거결과, 예상을 뒤엎고 새누리당이 과반의 의석을 확보하면서 총선에서 승리하자 SNS의 영향력이 과장되었음을 지적하는 전문가들의 진단이 무수히 쏟아졌다. 혹자는 한국 트위터 이용자의 약 70%가 수도권에 존재하는 가운데, 전국 단위의 선거가 아닌 지역 단위의 총선에서 전국 단위의 미디어에 의존한 캠페인의 한계를 지적하면서 전국 단위의 첫 SNS 캠페인이 전개될 대선에서의 SNS 역할을 기대했다. 반면, 다른 한편에서는 SNS 공간의 이념적 편중 때문에 SNS상에서 의제화된 중심 이슈가 실제로 오프라인상에서는 최우선 의제로 다루어지지 않는 의제의 불일치성을 지적하면서 이러한 점은 대선 캠페인 과정에서도 극복되기 힘든 한국 SNS 공간의 한계라고 묘사하기도 했다.

실제로 4.11 총선 당시 SNS 공간은 반이명박 정서에 바탕을 둔 민간인 사찰, 제주 해군기지, 반FTA 등과 같은 이슈가 장악했다(이소영, 2012b). 그러나 오프라인에서는 보수 성향의 언론매체들을 중심으로 민주통합당 김용민 후보의 과거 막말에 대한 비난이 야권 전체에 대한 비난으로 발전하면서 다른 이슈들을 압도하는 현상이 일어났다. 물론 기존 미디어들과 새누리당 지지자들의 이러한 비난에 대해 SNS 내 진보 성향 지지자들의 반박이 잇따르고 트위터의 주요 이슈로 부각되기는 했지만, 김용민 막말이라는 어구로 대표되는 부정적 정향을 극복하는 데는 성공하지 못했다. 다시 말하면, SNS 사용자들이 주요 이슈에 대해 전체 여론을 주도하지 못하고 여론의 주도권을 보수적 성향의 기존 미디어에 내주면서 반이명박 전략을 중심으로 결집한 SNS 공간과 오프라인상 일반 여론의 불일치가 목격되었다.

18대 대선에서는 19대 총선 당시 경험한 SNS의 한계를 극복하고 캠페인의 중심 기제로 사용하기 위해 각 후보 진영이 일찌감치 SNS 캠페인 전략팀을 운영하고 네트워킹을 구축하기 시작했다. SNS 공간에 진보 성향의 유권자들이 대부분이었던 총선 때와는 달리, 대선과정에서는 수많은 보수 성향 유권자들이 박근혜 후보에 대한 강력한 지지를 보내면서 SNS 공간에 포진했다. 그러나 앞서도 지적했듯이, 이 보수 성향 지지자들이 보낸 메시지는 진보 성향 지지자들의 메시지와 그 빈도에서는 큰 차이가 없었지만 계정의 수나 도달률에서 절대적으로 열세였다고 할 수 있었다. 이 때문에 SNS 공간은 다시 한 번 진보적 정보와 의견으로 조직화되었고, 앞서 이야기했던 것처럼 여전히 SNS 공간과 오프라인의 이슈에 대한 관점에서 차이가 존재했다.

<그림 2-4> 캠페인 이슈에 대한 여론 분포   (단위: %)

▸ 이슈 1. 북한의 무력도발과 관계없이 민족적 차원에서 북한에 대한 지원을 많이 해야 한다.

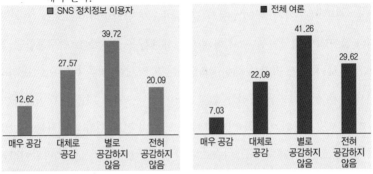

▸ 이슈 2. 재벌이 스스로 개혁을 못한다 하더라도 기업활동에 정부는 간섭하지 말아야 한다.

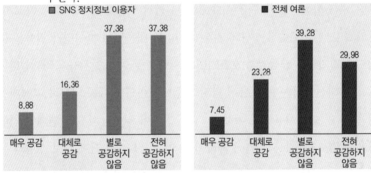

▸ 이슈 3. 세금을 내더라도 복지 수준을 높여야 한다.

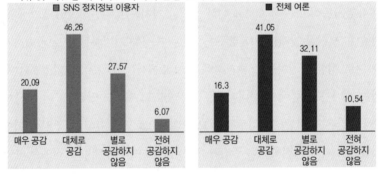

자료: 제18대 대통령 선거 관련 유권자 조사(한국사회과학데이터센터).

그렇다면 SNS 공간의 여론은 전체 유권자들의 여론과 비교하여 어느 정도로 편향성을 보이고 있을까? 〈그림 2-4〉는 앞의 세 가지 캠페인 이슈에 대한 유권자들의 공감도 분포를 보여주는데, 각 이슈에 대하여 SNS 여론은 전체 유권자들의 여론과 상당한 차이가 있음을 알 수 있다. 북한의 무력도발과 관계없이 대북지원을 해야 한다는 의견에 대하여 SNS 정치정보 이용자들의 약 40%가 공감하는 반면, 전체 여론은 약 30%만이 공감하고 있다. 특히 전혀 공감하지 않는 비율이 전체적으로 30%에 이르는 데 비해 SNS 공간에서는 약 20%만이 전혀 공감하지 않는 것으로 나타난다.

재벌에 대한 정부의 간섭을 반대하는 의견에 대해서도 SNS 공간과 전체 여론 간 차이가 명확히 드러난다. SNS 공간은 정부가 재벌의 기업활동을 간섭하지 않아야 한다는 의견에 40% 가까운 사람들이 전혀 공감하지 못하지만, 유권자 전체로 보면 약 30%만이 전혀 공감하지 못하는 것으로 나타났다. 마찬가지로 세금을 내더라도 복지 수준을 높여야 한다는 의견에 대해서도 공감하는 비율이나 반대하는 비율이 전체 여론과 SNS 간에 약 10% 가까이 차이가 나고 있다.

요컨대, 한국의 18대 대선 당시 SNS의 여론은 한국 사회 전체 여론을 반영한다고 보기에는 역부족이라고 할 수 있겠다. 기존의 소통구조가 보수 일변도 매체를 중심으로 하여 형성된 상황에서 SNS에서의 여론이 우리 사회 전체 여론과 다르다는 점 때문에 SNS에서 유통되는 정보가 기존 매체를 통해 유통되는 정보들보다 질적으로 낮다고 평가하기는 어려울 것이다. 다만 SNS의 정치정보가 이용자들을 정치적 이슈에 대한 진보적 정향으로 유도하고 있다는 점에서 SNS가 한국 사회의 이념적 균열에 영향을 미치는 요인이라는 것은 부인하기 어려워 보인다. 이것이 SNS의 대안적 성격에 기인하는 결과라면, 기존 언론의 보수적 성향이 강할수록 SNS의 진보적 성향은 더욱 강화될 수밖에 없고 따라서 이념적 균열은 더욱 커질 가능성이 있다는 것을 의미한다. 이러한 점에서 한국의 SNS 공간의 이념적 지향성은 그 정보의 질보다 한국의 소통구조에서 기인하는 측면이 크다 하겠다.

SNS 정치정보를 어떻게 평가할 수 있을까?

이 장에서는 한국의 SNS 공간에서 소통되는 정치정보가 유권자들의 정치적 지식과 관심 및 우리 사회의 분극화에 어떠한 영향을 주고 있는지를 살펴보면서 정보의 질적인 수준을 논의했다. 위에서 살펴보았듯이, SNS는 많은 사람들이 우려하는 바와 달리 유권자들의 선거과정에 대한 인지도와 관심도를 증대하는 데 긍정적인 역할을 담당하는 것으로 평가된다. 그러나 SNS는 한편으로 강한 이념적 성향을 가짐으로써 우리 사회의 보편적인 여론과는 괴리가 있음을 보여준다.

SNS가 이념적 지향성을 보이고 있다는 사실은 SNS라고 하는 새로운 기제를 진보적 이념 성향을 가진 사람들이 선점함으로써 우리 사회의 양극화를 심화시키고 있다는 부정적 시각으로 해석될 수도 있는 반면, 다른 한편에서는 우리 정치와 언론이 강한 보수 성향을 띠고 있는 상황에서 정치와 기존 언론매체들이 외면한 목소리들이 표출될 수 있는 창구를 마련해줌으로써 오히려 우리 사회의 균형화에 일조하고 있다는 긍정적 시각으로 해석될 수도 있다.

SNS의 성격을 긍정적 시각에서 평가할 것인가, 아니면 부정적 시각에서 평가할 것인가는 SNS에 대한 우리 사회의 경험이 더 많아지고 더 많은 데이터가 축적된 후, 기존 매체에 대한 평가와 함께 이루어져야 할 문제이다. 다만, 이 장에서 우리는 SNS에 대한 많은 이들의 우려와는 달리 SNS가 진보 편향적 성격을 가지고 있음에도 SNS에서 유통되는 정치적 정보의 질이 기존 매체의 정보의 질보다 낮다고 말하기는 어렵다는 것을 알 수 있었다. 즉, 한국 사회 SNS의 진보적 성향이 편파성이라는 비판하에 질적으로 폄하될 수는 없다는 것이다.

많은 정보를 제공하고 정치적 지식과 관심의 제고에 의미 있는 역할을 하는 SNS가 우리 사회에서는 왜 특히 진보적 성향을 강하게 띠고 선거과정에서도 전체 여론과 다른 의견의 흐름을 보이고 있는지에 대한 객관적인 규명이 필요한 것은 사실이다. 이러한 작업은 우리 사회의 전체적인 소통구조하에서 SNS가 차지하는 위상과 역할에 대한 평가를 통해서 이루어질 필요가 있다. 한국 사회에서 보이는 SNS의 부상과 이념적 편향성을 그간 소통과 정보로부터 소외되어 있던 사람들이 적극적으로 목소리를 낼 수 있는 공간을 스스로 만들어내고 있다는 측면에서 바라본다면, SNS의 이념적 편향성은 기존 오프라인 매체들의 보수 편향적 구조가 바뀌지 않는 한 계속될 것이라고 예측할 수 있다. SNS 공간의 이념적 쏠림 현상은 SNS에서 유통되는 정보의 질과 직접적으로 관련되었다기보다 왜곡된 우리의 정보 유통구조에서 나타나는 자연스러운 현상으로 이해될 수 있는 것이다.

한국의 SNS 공간이 더욱 다양하고 자유로운 의견의 집합장이 되고 전체 여론을 잘 반영할 수 있는 장이 되기 위해서는 기존 언론매체들이 보수 일변도의 성격을 벗어나 이념적으로 다양하게 분화되고, 더불어 권력이나 자본의 영향을 크게 받는 폐쇄적인 소통구조로부터 더욱 개방적이고 자율적인 소통구조로 변화될 필요가 있다. 이렇게 될 때 SNS는 현재와 같이 대항

위주의 소통 형태를 벗어날 수 있고, 따라서 더욱 객관적이고 질 높은 정보의 유통을 통해 기존 매체들끼리, 또는 기존 매체와 SNS가, 또는 SNS 내의 다양한 정보들이 의제설정을 위한 경쟁을 벌이는 건전한 정보환경이 마련될 수 있을 것이다.

chapter 3

소셜 네트워크와 네거티브캠페인

한정택

정보통신기술의 발전과 아울러 인터넷을 통한 상시적인 정치참여와 소통의 증대가 정치현실에 가져온 변화는 이루 말할 수 없이 많지만, 대의민주주의의 요체인 선거과정 또한 그 영향력에서 자유롭지 못하다. 특히 인터넷의 상용화와 이용자 수 3,000만 명을 초과한 스마트폰의 보편화는 정치적 정보의 획득과 정치과정에의 자발적인 참여를 더욱 쉽게 만들었다.

인터넷과 소셜 네트워크 서비스(이하 SNS)로 대변되는 뉴미디어는 열린, 탈집중화된, 그리고 양방향의 정보 흐름이 가능한 매체이다. 라디오, TV, 신문 등 올드미디어가 정치정보를 유권자에게 일방적으로 배포하는 형태였다면, 인터넷과 SNS로 대변되는 뉴미디어는 정당과 공직 후보자들에 대한 대중의 직접적 접근을 가능하게 하고, 동시에 대중과 공직 후보자의 관계를 변화시켰다. 인터넷을 통한 정치정보의 흐름은 다양하고 복합적인 정보를 상대적으로 저렴한 비용으로 획득할 수 있다는 장점을 갖는다. 뉴미디어들은 정치정보 생산의 주체를 다양화시키고 쌍방향 소통이 가능하다는 기능적 특성을 보인다. 뉴미디어 시대의 도래는 선거과정에서 후보자들로 하여금 유권자들과 직접 소통할 수 있는 기회를 제공했고, 정치적 메시지의 생산자와 수용자 사이의 경계 붕괴, 게이트키핑의 해체, 상호작용적 소통을 통해 유권자들을 수동적 동원 대상에서 적극적인 정치참여 주체가 될 수 있게 했다.

선거과정에서 유권자들의 투표행태는 정당과 후보자의 공약이나 정책, 그리고 정치적 지식이나 관심뿐만 아니라 경기침체와 실업, 부패, 도덕적 문란 등과 같은 다양한 부수적 정보와 요인들에 의해서도 영향을 받는다. 유권자들은 정책이나 공약과 같은 객관적인 사실과 함께 유권자의 주관적인 가치나 감정에 의해서도 투표행태를 변화시킨다. 따라서 선거운동 과정에서는 정당과 후보자의 정치적 이념과 정책, 공약 등을 홍보하는 긍정적 방식의 선거운동뿐 아니라, 상대방의 단점이나 약점을 강조하고 비판하는 네거티브(negative) 방식의 선거운동과 전략이 활용된다. 당선을 지상 최대의 목적으로 삼고 있는 후보자들은 상대방에 대한 지지와 득표를 약화시킬 수 있는 다양한 수단을 모색하기 때문이다.

선거의 역사를 살펴보면, 유권자들은 정당과 후보자들의 장점과 차별적인 정책을 강조하는 포지티브(positive) 선거캠페인을 원했지만, 후보자들과 정당은 유권자의 눈과 귀를 사로잡고 지지층을 결집시키는 데 효과적인 네거티브캠페인의 유혹에서 벗어나지 못했다. 특히나 한국의 대통령은 5년 단임제로 선출되고, 선출방식에 있어서도 소선거구제 단순다수제로 선출되기에 개별 후보자가 받는 지지와 상대 후보자가 잃는 지지가 상쇄될 가능성이 더욱 높으므로 네거티브캠페인의 유용성이 강조될 수 있다. 18대 대통령 선거(이하 대선) 과정에서는 인터넷 기반 정보 매체의 확산과 스마트폰 사용자가 3,000만 명을 넘어서면서 언뜻 보기에도 민망할 정도의 네거티브캠페인들이 SNS를 통해 범람했다.

2012년 한국의 대선과정에서 네거티브 이슈는 '카페트'(카카오톡, 페이스북, 트위터)로 불리는 SNS에 의해 대거 확산되었다. SNS는 '각종 흑색선전의 진원지'로 평가되기도 했으며, 인터넷이나 SNS는 표현의 자유를 만끽할 수 있는 수단인 동시에 비방과 흑색선전의 도구라는 '양날의 칼'이 되었다. 헌법재판소의 결정을 통해 SNS와 인터넷을 이용한 사전 선거운동까지 선거법상 허용되었음에도 선거 후반기 SNS를 통한 비방전과 같은 네거티브 선거운동이 기승을 부렸다. 최근 정치권 전반에서 논의되고 있는 '선거운동의 상시화'가 법제화된다면 SNS를 통한 정치적 소통의 효용성은 더욱 부각될 것으로 예상된다.

이 장에서는 SNS를 필두로 한 뉴미디어가 TV나 신문과 같은 올드미디어와 달리 유권자들과 어떻게 교류하는지, 그리고 뉴미디어에 의한 선거운동방식이 유권자의 정치적 지식수준과 태도, 투표행태에 어떠한 영향을 미치는지에 대하여 이야기한다. 특히, 뉴미디어의 이용과 네거티브캠페인의 상관성을 분석하고, 한국사회과학데이터센터(KSDC)와 한국정치학회가 공동으로 참여한 유권자 의식 조사결과를 기반으로 한국의 선거과정, 특히 대선에서 나타난 SNS를 통한 네거티브캠페인의 효용성을 알아보고자 한다.

네거티브캠페인이란 무엇인가?

네거티브캠페인에 대한 개념적 정의는 다양하지만, 일반적으로 "특정 후보자가 상대방 후보자의 자질과 정책적 입장을 공격하거나 부정적 이미지를 조성하기 위해 사용하는 전략"(Trent & Friedenberg, 2000)이라고 정의할 수 있다. 네거티브캠페인은 내용적 측면에서 상대 후보자에 대해 인신공격이나 근거 없는 비난을 하는 경우와 어느 정도 사실에 근거해 상대 후보자의 정책적 입장을 비판하는 경우로 나뉜다. 미국의 경우 네거티브캠페인의 비중이 점차 증가하고 있으며, 한국에서도 공격적 정치광고를 비롯하여 네거티브캠페인이 차지하는 비율을 직접적으로 조사한 자료는 많지 않으나 언론의 선거보도에서 부정적인 것이 긍정적인 보도보다 훨씬 더 그 양이 많다는 연구결과들(권혁남, 2002; 우승용 · 이준웅, 2002)을 고려해볼 때 전반적으로 네거티브캠페인이 상당한 수준임을 알 수 있다.

네거티브캠페인이 선거에 미치는 영향이 크기 때문에 이에 관한 학자들의 관심 또한 다양하다. 이러한 학자들의 관심은 크게 두 가지 질문에 대한 시도이다. 첫째, 네거티브캠페인의 역사적 경향, 둘째, 투표율에 대한 네거티브의 영향력이 그것이다. 첫 번째 질문에 대한 답은 비교적 학자들 사이에서 어느 정도 합의에 도달했는데, 모든 선거과정에서 네거티브캠페인이 늘어나고 있기 때문이다. 그러나 두 번째 질문에 대한 학자들의 연구는 크게 둘로 양분된다.

우선 네거티브캠페인의 긍정적 효과에 관한 연구들을 살펴보자. 네거티브캠페인이 '투표율을 높이는 순기능을 갖는다'라고 주장하는 논의들은 일반적으로 네거티브 정치광고가 긍정적 광고보다 유권자들에게 더 많은 정치정보를 제공하고, 유권자들도 긍정적인 정보보다 부정적인 정보를 쉽게 기억하게 하는 인지적 효과(cognitive effect)가 있다고 주장한다(Johnson-Cartee & Copeland, 1991; Allen & Burrell, 2002). 또한 인지심리학적인 관점에서 볼 때 네거티브 정치광고가 긍정적 광고보다 시각적 요인의 측면에서 기억의 재생과 정확성을 높인다는 연구 등이 존재한다(Newhagen & Reeves, 1991; Shapiro & Reiger, 1992). 이 외에도 네거티브캠페인이 유권자들의 투표참여를 독려하여 전체적인 투표율을 높인다는 주장들이 존재하기도 한다(Clinton & Lapinski, 2004; Djupe & Peterson, 2002; Finkel & Geer, 1998; Freedman & Goldstein, 1999; Kahn & Kenney, 2004; Niven, 2006; Rahn & Hirshon, 1999; Wattenberg & Brians, 1999; Martin, 2004; 이강형, 2009).

네거티브캠페인의 부정적 효과에 관한 연구들도 상당하다. 네거티브캠페인이 유권자의 투표율을 낮춘다는 논의들은 공격적 정치광고를 비롯한 네거티브캠페인이 상당한 수준에서 유권자들의 정치적 효능감(political efficacy)의 약화를 가져와 투표참여율을 떨어뜨린다고 말한다(Ansolabehere et al., 1994; Freedman, Wood & Lawton, 1999; Houston & Doan, 1999; Lemert, Wanta & Lee, 1999; Merrit, 1984). 정치적 효능감은 내적 정치적 효능감(internal political efficacy)과 외적 정치적 효능감(external political efficacy)으로 구분된다. 네거티브캠페인의 부정적 효과에 관한 연구들은 네거티브캠페인이 유권자들이 기존에 가지고 있던 정치인, 정부, 정당 등에 대한 부정적 시각을 강화한다는 입장이다. 네거티브 정치광고 때문에 당적을 갖지 않은 유권자들이 당적을 가진 유권자들보다 정치에 무관심하게 되고 투표에 참여하지 않는다고 주장한 연구(Ansolabehere, Iyengar, Simon & Valentino, 1994)를 비롯하여 다수의 학자들이 네거티브캠페인이 투표율을 낮춘다는 사실을 경험적으로 입증했다.

네거티브캠페인과 투표참여가 무관하다는 연구들도 존재한다. 네거티브캠페인과 투표율의 상관관계를 부정하는 논의들은 네거티브캠페인의 유용성보다 후보자들의 자질, 선거경쟁 구도, 유권자가 갖는 정당일체감의 강도, 정치적 효능감 등 선거적 상황 속에서 네거티브캠페인과 선거의 연관성을 파악해야 한다고 주장한다(Brooks, 2006; Lau & Pomper, 2004; Lau, Singelman & Rovner, 2007; Leshner & Thorson, 2000; Schultz & Pancer, 1997). 네거티브캠페인을 통한 불신이 선거를 비롯한 정치적 참여에 직접적인 연관성을 갖는다기보다 정치적 불신을 야기하고, 불신은 유권자들로 하여금 기존의 정당이나 정치인보다 제3의 정당과 같은 대안을 찾도록 하게 만들기도 한다.

그렇다면 이 장에서 설명하고자 하는 뉴미디어(특히 SNS)와 네거티브캠페인은 어떤 관계가 있을까? 네거티브캠페인은 상대 후보자의 전체적인 선거전략의 균형을 무너뜨리고, 공약이나 정책과 같은 상대방의 전략적 메시지 또한 희석시키는 효과를 갖는다. 네거티브캠페인의 핵심은 치고 빠질 수 있는 '민첩성'인데, 이러한 기민성을 가장 잘 뒷받침할 수 있는 대표적인 것이 SNS이다. 또한 네거티브캠페인이 유권자들에게 어필하기 위해서는 민첩성과 함께 '반복성'이 동반되어야 하는데, 이 과정에서 이 둘을 모두 충족시킬 수 있는 정치정보매체가 SNS이다. SNS를 통한 네거티브 전략은 선거와 무관하게 상시적으로 진행될 수 있다는 점에서 후보자에게 매력적인 선거운동방식이다.

2012년 12월 20일 중앙선거관리위원회 발표에 따르면, 18대 대선 과정에서 선거법 위반행위로 조치된 건수는 총 373건으로 17대 대선 당시 648건보다 줄어들었으나, 비방·흑색선전과 관련된 적발 및 조치 건수는 고발 10건, 수사의뢰 23건으로 17대 대선(고발 1건, 수사의뢰 6건)보다 크게 증가했다. 전체적으로 지난 대선에 비하여 선거법 위반행위는 감소했으나, 비방·흑색선거 관련 위법 건수는 증가했다. 중앙선거관리위원회는 18대 대선 과정

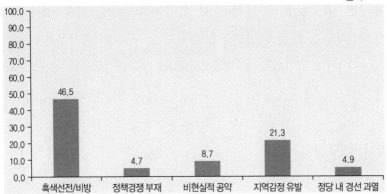

〈그림 3-1〉 대선과정의 가장 큰 문제점

(단위: %)

에서 선거법 위반행위가 감소한 원인 중 하나로 "인터넷을 통한 선거운동이 선거일을 제외하고 상시 허용되는 등 표현의 자유가 대폭 확대된 점"을 지적하면서도, 동시에 "인터넷 선거운동이 선거일을 제외하고는 상시 허용되면서 후보자 관련 허위사실 유포나 비방행위도 함께 증가한 것으로 보인다"라고 평가했다(중앙선거관리위원회, 2012).

네거티브캠페인은 과연 효과적일까?

〈그림 3-1〉과 같이 한국사회과학데이터센터의 유권자 여론조사결과에 따르면 2012년 18대 대선 과정에서 나타난 가장 큰 문제점으로 유권자들의 46.5%가 '흑색선전과 비방'이라고 응답했다. 민주화 이후 한국 선거에서 지속적으로 등장했던 '지역감정 유발'(21.3%), '비현실적 공약'(8.7%) 등이 그 뒤를 이을 정도로 한국의 선거에서도 네거티브캠페인의 영향력은 상당하다. 2012년 18대 대선은 정책공약이나 정치적 이슈가 상호 경쟁하기보다는

상대 정당과 후보자의 약점과 단점을 강조하는 네거티브 선거운동과 전략이 주를 이루었던 선거였기 때문이다. 한편 2002년 여론조사결과에서도 16대 대선의 가장 큰 문제점으로 '지역감정 유발'(38.2%)과 '흑색선전과 비방'(30.4%)이 주요 요인으로 지적되었고, 2007년 17대 대선에서도 '흑색선전과 비방'(54.5%), '정책 경쟁 부재'(12.1%) 등이 대선과정의 문제점으로 지적되었다. 이처럼 대선과정에서 상시적으로 등장하는 네거티브캠페인에 대한 유권자들의 끊임없는 지적에도 불구하고 역대 한국의 대선과정에서 네거티브캠페인은 지속적으로 등장했다.

네거티브캠페인은 명확한 증거 없이 상대 후보자의 개인 신상 문제를 비롯한 약점을 집요하게 공략하여 상대방의 지지율을 떨어뜨리려는 전략인데 공격 포인트가 단순하고 유권자들의 이성보다는 감성을 자극할수록 그 효과가 커진다. 18대 대선 과정에서 나타난 바와 같이 경제민주화 추진, 복지 확대 등 여야 후보자의 정책적 입장이 상당히 유사하고, 정당 간 이념적·정책성 차별성이 부각되지 못한 상황에서는 네거티브캠페인의 효과는 더욱 커질 수 있다. 특히 지지층과 반대층이 극단적으로 양분된 상황에서 같은 편의 결속을 강화하고 상대편의 투표참여를 낮추어야 하는 상황이라면 네거티브캠페인의 유혹은 강화될 수밖에 없다.

한국의 경우 네거티브캠페인은 역대 대선과정에서 지속적으로 등장했다. 민주화 이후 처음으로 실시된 1987년 13대 대선의 경우, 여당인 민주정의당 노태우 후보가 당선을 위해 불상이 새겨진 10원짜리 동전을 발행하도록 했다는 희한한 소문이 등장했고, 야당 유력 후보였던 통일민주당 김영삼 후보는 여성 편력 관련 흑색선전, 평화민주당 김대중 후보는 색깔론에 시달리는 등 원색적인 네거티브캠페인이 난무했다. 1992년 14대 대선에서도 일명 '초원복집 도청사건'이라 일컬어지는 국민당 정주영 후보 측의 네거티브캠페인이 등장했다. 여당인 신한국당의 김영삼 후보를 겨냥한 폭로였으나 오히려 역풍을 맞았고 김영삼 후보 지지층의 결집을 유도했다. 1997년 15대 대선은 네거티브캠페인의 결정판이었다. 당시 신한국당 이회창 후보의 두 아들과 관련된 병역 관련 네거티브캠페인이 선거 전반을 좌우했고, 신한국당에서는 국민회의 김대중 후보의 670억 원대 비자금 의혹을 폭로하고 검찰에 고발하기까지 했으며 김 후보의 치매설까지 유포되었다. 2002년 대선에서도 네거티브캠페인은 계속되었다. 16대 대선에서는 한나라당 이회창 후보가 제2차 병풍(兵風) 의혹에 시달리게 된다. 일명 김대업 사건으로 알려져 있는 병역면제 관련 사건은 선거 이후 무고와 위증으로 판결났지만, 이미 선거결과는 민주당 노무현 후보의 승리로 확정된 후였다. 2007년 17대 대선에서 선거운동의 핵심은 한나라당 이명박 후보를 겨냥한 BBK 주가 조작 관련 의혹이었다. 이 선거는 이명박 후보의 손쉬운 승리로 결판이 났지만 그럼에도 불구하고 네거티브 공세는 여전했다.

이번 18대 대선 과정에서도 네거티브캠페인은 선거 전반을 좌우하는 핵심적인 요소였다. 한나라당 박근혜 후보와 관련한 각종 의혹은 단독 토론회 당시 각본대로 연출, 이단 종교인 신천지와의 연루설, 2차 TV토론 당시 아이패드 커닝설, 정수장학회 해결을 위한 수억 원대 굿판설 등이 그것이다. 민주당 문제인 후보에 대한 네거티브캠페인의 경우 당선 기원 굿판설, 문 후보의 슬로건이었던 '사람이 먼저다'는 북한 주체사상을 대표한다는 설, 노무현정부 당시 청와대 인사의 80%가 주사파 빨갱이였다는 설, 문 후보의 호화 주택설, 문 후보 아버지의 인민군설, 노무현 대통령의 북방한계선(NLL) 포기 발언 등이 바로 그것이다. 각 후보 진영은 입으로는 네거티브를 하지 않겠다고 천명했지만, 네거티브캠페인은 여야 구분 없이 주요 선거운동으로 여전히 자리매김하고 있었다.

SNS상의 주요 네거티브 이슈는 최근 치러진 각 선거 전반을 지배했다. 18대 대선을 하루 앞두고 일부 유권자와 SNS, 인터넷 등에서 '투표시간이 연장되었다', '중노년층은 오후에 투표하라'라는 선거괴담이 떠돌았다. 19대 국회의원 총선거에서는 SNS를 통해 '투표용지를 잘못 접으면 무효표 처리가 된다'라는 터무니없는 허위정보가 판을 쳤다. 2011년 서울시장 보궐선거에서는 한나라당 나경원 후보의 1억 원 피부과설이 SNS를 관통했다. 그러나 이 모든 내용은 선거 이후 잘못된 것이었음이 어김없이 밝혀졌다. 이미 선거는 끝나버렸고, SNS상의 허위정보는 선거 이후 조용히 묻혀버렸다. '아니면 말고……'식의 유언비어 남발은 정당과 후보자의 콘텐츠보다 유권지의 간정적 측면을 집중 겨냥했고, 마타도어(matador, 흑색선전)는 선거 막판으로 갈수록 극심해지는 양상을 보였다. 그리고 이러한 네거티브캠페인은 입에서 입으로 전해지는 전래동화처럼 인터넷과 SNS라는 새로운 매체를 통해 유권자들의 심리에 파고들었다. 근거가 모호한 흑색선전과 중상모략이 입과 인터넷, 특히 SNS를 통해 일파만파 유포되었기 때문이다.

대선을 비롯한 주요 선거마다 약방의 감초처럼 등장하는 네거티브캠페인은 비단 한국에만 국한된 것은 아니다. '선거가 있는 곳에는 네거티브가 반드시 존재한다'라는 말처럼 미국을 비롯한 서방 국가들에서도 네거티브 캠페인은 끊임없이 재생산된다. 2012년 11월 대선을 치른 미국에서는 일찌감치 TV광고를 통한 비방전이 전개되었다. 민주당 오바마후보 진영에서는 5월부터 상대 후보인 공화당 롬니 후보를 "약탈적 기업가, 경제 흡혈귀"로 몰아세웠다. 롬니 후보는 "오바마 현 대통령은 흉악범과 정치인이 동일시되는 어두컴컴한 시카고 출신", "어린 시절 하와이와 인도네시아 생활을 오래 해서 미국의 구조적 기능을 잘 알지 못한다"라는 등의 인신공격성 발언으로 반격을 시도했다. 민주주의의 완성도 면에서 줄곧 상위권을 차지하고 있는 미국의 대선에서 네거티브캠페인이 차지하는 비율은 1996년 69%에서 2012년 90%에 육박할 정도로 급증했다고 한다. 미국뿐 아니라 일본이나 유럽의 선진 민주주의 국가에서도 상대 정당 주요 인사의 정치자금 관련 약점을 들춰내거나 이를 이슈화하여 선거에 이용하는 것이 관행처럼 나타나고 있다.

전 세계적으로 네거티브캠페인이 등장하는 이유는 무엇일까. 일단 정당과 후보자의 정책적 차별성이 뚜렷하지 않은 것이 가장 큰 이유이다. 경제 성장이나 보편적 복지 확대, 그리고 유권자들의 이념적 차별성이 부각될 수 없는 공약들이 제시되기 때문에 유권자들이 정책이나 공약만으로 후보자를 결정할 수 있는 여지가 줄어들고 있기 때문이다. 혹시나 선거가 박빙으로 예측될 경우, 정책적 차별성을 갖지 못하는 후보자들의 네거티브캠페인에 대한 유혹은 더욱 강화될 수밖에 없는 현실이다.

SNS는 유권자들을 어떻게 변화시켰나?

1927년 해럴드 라스웰(Harold Lasswell)이 '정치 커뮤니케이션(political communication)'이라는 용어를 최초로 사용한 후, 1960년대 미국 대선에서 케네디(John F. Kennedy)와 닉슨(Richard Nixon)의 TV토론, 그리고 1998년 제시 벤추라의 홈페이지를 통한 선거운동으로 이어지는 동안 정치 커뮤니케이션 발전 과정에서 정보통신기술을 활용한 선거운동행태의 변화는 매스미디어를 통한 선거운동에서 온라인 선거운동으로 변화했다. 라디오를 통한 정치 커뮤니케이션은 1930년대 루즈벨트(Franklin Roosevelt) 대통령의 노변정담(fireside chats)에서 시도되었다. TV를 통한 선거운동은 1952년 미국 대선에서 아이젠하워(Dwight David Eisenhower) 대통령부터 시작하여 1960년 미국 대선이 대표적인 것으로 알려져 있다. TV토론과 함께 TV정치광고 역시 최근까지도 가장 유력한 선거운동방식의 하나로 알려져 있다.

신문, 라디오, TV 등 올드미디어는 정부정책을 홍보하거나 정치정보를 전달한다는 점에서는 효용성을 가졌으나, 대중이 주체적으로 미디어를 이용해 직접적으로 정치참여를 할 수는 없었다. 과거 정보 매체는 정치적 행위를 동원하는 기제로 사용되었을 뿐이다. 올드미디어 시대 정치인은 TV나 연설회장에서만 볼 수 있는, 그것도 아주 먼 거리에서, 다가갈 수 없는 인물이었고, 유권자는 TV · 라디오 · 신문이 일방적으로 전해주는 정보와 소식을 통해 정치를 알 수밖에 없었다.

그러나 인터넷을 비롯한 뉴미디어는 올드미디어와 달리 적은 비용으로도 쌍방향 소통이 가능하기 때문에 정치적 정보를 습득하고, 토론하고, 정치적 조직을 만들어 활동하는 등 정치참여를 용이하게 하여 대중의 정치적 영향력을 확대하고 있다. 올드미디어와 뉴미디어의 가장 큰 차이는 정치참여 주체가 정부, 정당, 정치인에서 일반 시민, 즉 자발적 정치참여가 기술적으로 가능해진 뉴미디어 이용자로 확대되었다는 점이다. 뉴미디어를 통해 일반 대중은 정부와의 직접적인 커뮤니케이션이 가능하게 되었으며, 소집단과 개인의 자발적인 정치참여를 이끈 변화를 야기했다. 그러나 뉴미디어의 급속 확장과 이로 인한 정치참여 양상의 급변에는 뉴미디어가 양산해내는 정보의 질이 문제점으로 지적되고 있다. SNS를 비롯한 뉴미디어는 개별 사용자의 의견이 여과(filtering)되지 않은 채 유통된다는 단점을 지닌다. 단편적이고 감성적인 메시지의 신속한 전달 가능성은 정보의 정확성이 담보되지 않은 상황에서도 엄청난 파급력을 갖게 된다. 이러한 의미에서 SNS를 필두로 한 소셜 미디어의 등장은 선거과정에서 상시적으로 등장하는 네거티브캠페인의 확산에 유용한 수단이 될 수 있다. 이하에서는 한국사회과학 데이터센터의 유권자 의식 조사결과를 중심으로 18대 대선 과정에서 정보 획득 매체의 변화와 유권자의 행태 변화에 대하여 알아보자.

SNS 사용과 네거티브캠페인

18대 대선 과정의 가장 큰 문제점으로 많은 유권자들이 '비방·흑색선전' 이라고 응답하여 네거티브캠페인이 가장 큰 문제점으로 지적되었다. 〈그림 3-2〉에 나타나는 바와 같이 응답자들은 18대 대통령 선거과정에서 네거티브캠페인이 심각한 수준이었다고 평가했다. "네거티브캠페인이 심각했다"라는 문항에 대하여 응답자 전체의 84.7%가 공감했고(매우 공감 37.8%, 대체로 공감 46.9%), 15.0%의 응답자만이 공감하지 않은 것으로 파악되었다.

그렇다면 네거티브캠페인과 SNS 사용 여부의 관계는 어떠할까? "선생님 께서는 SNS를 일주일에 얼마나 사용하십니까?"라는 질문에 응답자의 53.7% 가 '전혀 사용 안 함'이라고 응답했고, '1시간 이하'라는 응답이 25.5%, '2~3 시간'이라는 응답이 8.7%, '3시간 이상'이라는 응답이 10.8%를 차지했다. 전체적으로 응답자의 44.9%만이 SNS를 사용하고 있었고, 53.7%는 SNS를 전혀 사용하지 않는 것으로 나타났다. 한편 SNS를 사용한다고 응답한 유권 자들이 18대 대선과 관련된 정보를 가장 많은 얻은 매체는 페이스북(39.5%),

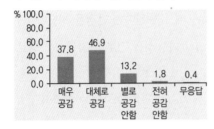

〈그림 3-2〉 네거티브캠페인의 심각성

카카오톡(25.4%), 트위터(16.0%), 유튜브(10.0%) 순으로 나타났다.

SNS 사용 여부에 따라 유권자들의 투표결정 요인은 어떻게 달라질까? 〈그림 3-3〉에서 보는 바와 같이 SNS를 사용하지 않는다고 응답한 유권자들의 투표결정 요인은 '후보자' 요인이 가장 중요하고 그 다음으로 '정책 및 공약', '소속 정당' 순으로 나타났다. 반면 SNS를 사용한다고 응답한 유권자들의 경우 '정책 및 공약'을 가장 중요하게 생각

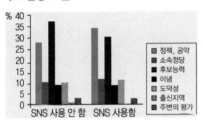

〈그림 3-3〉 SNS 사용 여부와 유권자의 투표결정 요인

한다고 응답했고, 그 다음으로 '후보자', '소속 정당' 순으로 나타났다. 이는 SNS를 사용하는 유권자일수록 후보자 요인보다는 정책 및 공약을 주요 투표결정 요인으로 판단하고 있다는 것을 뜻한다.

SNS 사용 여부와 네거티브캠페인의 관계를 알아보기 위하여 "이번 선거기간 중 상대 후보자에 대한 인신공격, 비방, 흑색선전 등을 직접 경험하거나 본 적이 있습니까?"라는 질문 항에 대한 응답을 비교해보았다. 〈그림 3-4〉에서 보는 바와 같이 SNS를 사용하는 유권자의 경우 전체의 53.2%가 선거기간 중 네거티브캠페인을 경험했다고 응답한 반면, SNS를 사용하지 않는 유권자의 경우 48.0%만이 네거티브캠페인을 경험했다고 응답했다. 이는 SNS를 사용하는 유권자가 더 자유롭고 저렴한 비용으로 정치정보를

획득하는 과정에서 상대적으로 네거티브캠페인에 더 많이 노출되었음을 뜻한다.

SNS 사용 여부와 네거티브캠페인의 심각성에 대한 인지 여부는 어떻게 다를까? 이를 확인하기 위하여 "네거티브캠페인이

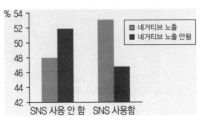

〈그림 3-4〉 SNS 사용 여부와 네거티브캠페인 경험 여부

심각했다"라는 질문에 대한 유권자들의 생각을 물어본 결과, SNS를 사용하는 유권자의 85.9%, SNS를 사용하지 않는 유권자의 83.9%가 공감한다고 응답했다. 이는 SNS를 사용하는 유권자가 네거티브캠페인을 접할 기회가 더 많았고, 네거티브캠페인의 심각성에 대해 더 공감했음을 말하고, 이번 대선에서 SNS가 네거티브캠페인의 주요 전파 수단으로 작동했음을 알 수 있게 한다.

SNS 사용 여부와 선거관심도, 정치효능감

대의민주주의 체제에서 유권자들의 정치적 관심은 선거과정의 성패를 좌우하는 주요한 요인이다. 선거에 대한 관심이 높을수록 투표에 참여하는 비율이 높게 나타나고 이는 대의민주주의를 지탱하는 가장 기본적인 수단이기 때문이다. 그렇다면 SNS의 사용 여부에 따른 유권자들의 선거관심도는 어떠한 차이를 보이는가?

〈그림 3-5〉에서와 같이 SNS를 사용하는 유권자들의 선거관심도가 SNS를 사용하지 않는 유권자들보다 높게 나타났다. 이는 앞서 살펴보았듯이 SNS를 사용하는 유권자들의 경우 정치정보 습득이 과거에 비하여 용이해

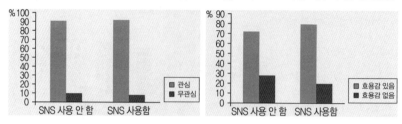

〈그림 3-5〉 SNS 사용 여부와 선거관심도   〈그림 3-6〉 SNS 사용 여부와 정치효능감

져 얻을 수 있는 정치적 정보의 양도 늘어나고 이에 따른 선거관심도도 높아지는 것으로 이해할 수 있다.

SNS를 사용하는 유권자들의 선거관심도가 높게 나타난 것은 유권자들이 더욱 많은 정치정보를 SNS를 통해 획득하고 있다는 사실을 뜻한다. SNS의 주요 특성이 쌍방향성과 즉시성을 동시에 갖춘 것이라고 볼 때, SNS를 사용하고 있는 유권자의 경우 선거과정에서 항상 등장하는 네거티브캠페인에 노출될 가능성이 높다고 할 수 있다.

SNS를 사용하는 유권자들이 SNS를 사용하지 않는 유권자들에 비하여 선거관심도가 높게 나타난다면 정치적 효능감의 차이는 어떠할 것인가? 정치적 효능감은 개인의 정치적 행위가 정부정책 또는 선거와 같은 정치과정에 영향을 미칠 것이라는 감정적 상태를 의미하는 것으로, 민주주의 원칙과 운영에 대한 정치적 지지를 이해하기 위하여 중요한 요인으로 지적된다.

SNS 사용 여부와 정치적 효능감의 관계를 살펴보기 위하여 "투표는 아주 많은 사람이 하기 때문에 내가 투표하는가 안 하는가는 그리 중요하지 않다'라는 의견에 대해 어떻게 생각하십니까?"라고 질문했다. 그 결과 〈그림 3-6〉에서 나타나는 바와 같이 SNS를 사용하는 유권자의 정치적 효능감(79.7%)이 SNS를 사용하지 않는 유권자의 정치적 효능감(72.2%)에 비하여 상대적으로 높게 나타났다. SNS를 사용하는 유권자들은 자신의 투표가 갖는 가치에 대하여 더 많은 효능감을 가졌다. 즉 SNS라는 뉴미디어를 사용하는 유권자들은 정치적 효능감이 더 높아 투표에 참여할 개연성이 더 높다는 것을 의미한다.

SNS 사용과 정당 지지

다음으로 SNS 사용과 정당 지지와의 관계를 살펴보자. 동일한 정치정보를 접한다고 하더라도 이를 받아들이는 방식은 정치정보의 내용과 정확도뿐만 아니라 해당 정치정보가 포함하고 있는 정치적 대상에 대한 정서적 호불호에 의해 매개될 가능성이 존재한다. SNS 사용 여부와 정당지지의 관계를 파악하기 위하여 우선 좋아하는 정당과 싫어하는 정당의 유무와 관련하여 호오(好惡) 정도를 물어보았다. "(좋아하는 정당이 있는 분만) 선생님께서는 그 정당을 얼마나 좋아하시는지 0~10점 사이의 점수를 매겨주십시오. 0점은 아주 조금 좋아하는 것을, 10점은 아주 많이 좋아하는 것을 의미합니다"라는 문항에 대한 응답의 평균값으로 정당에 대한 호(好) 정도, 그 반대 질문으로 정당에 대한 오(惡) 정도를 파악했다.

그 결과 〈그림 3-7〉에서 보는 바와 같이 SNS를 사용하지 않는 유권자의 정당 호오도가 SNS를 사용하는 유권자의 호오도보다 높게 나타났다. 즉, SNS를 사용하지 않는 응답자들은 자신이 좋아하는 정당은 더욱 좋아하고, 싫어하는 정당은 더욱 싫어함을 의미한다. 이는 SNS를 통해 다양한 정치적 정보를 소통하면 정당에 대한 호오도가 감소하게 됨을 의미한다. 한편, SNS의 사용 여부와 관계없이 싫어하는 정당에 대한 정도가 좋아하는 정도에 비하여 높게 나타나 유권자들의 정당에 대한 낮은 신뢰도를 보여주었

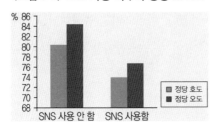

〈그림 3-7〉 SNS 사용 여부와 정당 호오도

다. 이는 앞서 〈그림 3-4〉에서 본 바와 같이 SNS를 사용하는 유권자의 경우 투표결정 요인으로 정책이나 공약을 가장 높은 순위로 지적하여, 정당 요인보다는 정책 요인이 더 중요한 투표결정 요인이었기 때문으로 판단된다.

　SNS 사용과 정당 지지와 관련해서 두 번째로 살펴볼 내용은 SNS 사용 여부에 따른 여야 지지 여부이다. 한국의 기성 정당은 서구 정당과 달리 정책적·이념적 차별성을 갖지 못했고 정당의 역사 또한 오래되지 않았다. 이런 까닭으로 서구적 시각에서 볼 때 '유권자가 어떠한 정당을 대상으로 하여 상당 기간 내면적으로 간직하는 애착심 또는 귀속의식'을 의미하는 정당 일체감의 개념은 한국적 현실에서 찾기 힘들며, 정당일체감을 대체한 개념이 '여야 성향'이었다. SNS를 사용하는 유권자의 경우 야당 지지(60.7%)가 높게 나타났고, 반면 SNS를 사용하지 않는 유권자의 경우 여당 지지(63.7%)가 높게 나타났다. 이러한 결과는 18대 대선결과에서 보듯이 SNS를 사용하는 유권자의 경우 평균 연령이 낮아서 상대적으로 진보적이고, 따라서 보수적인 여당보다는 야당에 대한 지지가 높았기 때문으로 보인다. 실제로 분석 결과, SNS를 사용한다고 응답한 유권자의 평균 연령은 36.1세, SNS를 사용하지 않는다고 응답한 유권자들의 평균 연령은 51.5세로 나타났다.

　〈그림 3-8〉에서 보는 바와 같이 SNS 사용 여부는 유권자의 연령과 밀접한 관계를 갖는다. 연령이 높아질수록 SNS의 사용 정도가 낮아지기 때문이다. 60대 이상의 경우 SNS를 사용하는 유권자는 채 10%도 되지 않고, 20대

의 경우 90% 이상이 SNS를 사용
한다. 또한 SNS를 사용하는 상
대적으로 연령이 낮은 유권자들
은 SNS를 사용하지 않는 유권자
들에 비하여 이념적으로 진보적
인 성향을 띠고 있다.

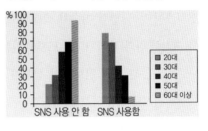

〈그림 3-8〉 SNS 사용 여부와 연령

앞서 분석한 바와 같이 SNS를 사용하는 유권자들의 경우 더 많은 정치적
관심도가 더 크고, 정치적 효능감도 더 높다. 그러면 실제 선거결과에 대한
만족도는 어떠한 차이를 보일 것인가? 상대적으로 연령이 낮고, 진보적인
성향을 띠고 있으며, 야당 지지 성향이 강했던 SNS 사용 유권자들은 18대
대선결과에 대한 만족도가 낮게 나타났다. 상대적으로 나이 많고, 보수적
인 유권자들의 지지를 받은 여당 후보가 당선되었기 때문이다. SNS를 사용
하지 않는 응답자의 대선결과에 대한 만족도가 70.2%인 것에 반하여, SNS
를 사용하는 응답자의 만족도는 50.1%에 불과하여 만족하지 못한다는 응
답률 49.9%와 거의 동등하게 나타났다.

18대 대선과 유권자의 투표참여

2012년 18대 대선은 21세기 들어 실시된 한국에서의 선거 중 가장 높은
75.8%의 투표율을 기록했다. 새누리당 박근혜 후보는 51.6%의 득표율을
보였고, 민주당 문재인 후보는 48.0%의 득표율을 기록했다. 18대 대선은
실질적인 여야 대결로 진행되었고, 50대 이상의 높은 투표율과 제3후보자
의 등장, 그리고 보수 대 진보의 1대 1 대결로 특징지어질 수 있다. 2012년
4월 19대 총선이 정책선거의 부재 속에서 네거티브 이슈가 쟁점으로 부각

되었다면, 이번 대선과정에서는 경제민주화, 복지 확대, 국민 통합 그리고 정치개혁 등 긍정적 이슈가 상대적으로 눈에 띄는 선거였다. 그럼에도 앞서 지적한 바와 같이 네거티브캠페인은 여전히 선거 전반을 지배했다.

SNS를 통해 젊고 진보적인 성향의 유권자들을 중심으로 진행된 네거티브캠페인에도 불구하고 선거결과가 보수 여당의 승리로 귀결된 것은 무차별적 네거티브캠페인이 선거의 승리를 가져오지 않는다는 사실을 보여주는 것이라 평가할 수 있다. 특히 TV토론 과정에서 진보당 이정희 후보의 무차별적 네거티브 공세가 보수층 지지자들의 위기의식을 자극하여 보수층의 결집효과를 초래하기도 했기 때문이다.

18대 대선의 선거결과는 선거과정에서 후보 비방이나 흑색선전과 같은 네거티브캠페인에 대한 정보 매체의 기능과 역할을 점검하도록 요구한다. 현대사회에서 급부상하고 있는 인터넷과 SNS를 기반으로 한 미디어는 올드미디어와 더불어 유권자의 정치참여와 투표결정에 중요한 영향력을 발휘하고 있다. 그러나 한국 정보 매체의 선거보도는 아직도 정책 중심 보도 자체의 부재, 흥미 위주의 보도, 네거티브 보도 등 많은 문제점을 노정하고 있으며, 이러한 매체 특성은 선거과정 전반을 부정적으로 인식하도록 유도하여 정치적 불신이나 정치적 냉소주의를 증폭시킬 우려가 있다. 따라서 선거과정에서 나타나는 네거티브캠페인 전반에 대한 정보 매체의 신중한 접근이 요구되며, 유권자들 또한 SNS를 통해 전파되는 정보들에 대한 검증을 강화하기 위하여 정치적 관심과 더 많은 정치적 지식을 축적해야 할 필요가 있다. 정치적 의식 수준이 높아서 더 많은 정치정보에 노출되는 사람일수록 오히려 기존의 선호 및 성향과 부합하지 않는 정보를 걸러낼 수 있을 가능성이 높기 때문이다. SNS가 사회적 괴물이 되느냐, 아니면 사회의 공기(公器)로 자리매김하느냐를 결정하는 데에는 유권자의 정치적 태도 역시 중요하다.

SNS를 통한 네거티브캠페인의 효용성

이 장에서는 18대 대선 과정을 중심으로 정치정보를 습득하는 매체의 변화에 따른 선거환경의 변화와 유권자의 선거 행태, 그리고 정치참여에 관하여 알아보았다. 아울러 인터넷과 SNS의 상용화에 따른 정치정보의 습득 가능성 증대, 그리고 특히 선거과정에서 상시적으로 등장했던 네거티브캠페인에 대한 유권자들의 인식 과정을 종합적으로 살펴보았다. 이를 통해 정치정보환경의 변화가 유권자의 정치적 행태를 변화시키는가에 대해 SNS라는 매체적 특성과 네거티브캠페인에 주목하여 알아보았다.

결론적으로 기존 매체들과 달리 SNS라는 뉴미디어를 사용하는 유권자들의 경우 네거티브캠페인의 심각성에 대해 인지하는 정도가 높았고, 정치정보를 자발적이고 능동적으로 습득하는 과정에서 투표결정 요인 또한 SNS를 사용하지 않는 유권자와 다른 모습을 보였다. SNS를 사용하는 유권자의 경우 후보자 간 정책적 차별성을 비롯한 정치정보에 대한 인지 정도가 높았다. 또한 정치정보의 습득 정도가 높아서 정치적 효능감과 선거관심도가 상대적으로 높았다. 정당 지지 성향에서도 SNS를 사용하는 유권자들은 이념적으로 진보적인 성향이 강했고, 정당에 대한 좋고 싫음의 정도는 낮은 것으로 밝혀졌다. 진보적이고 연령이 어린 SNS 사용자들은 여당보다 야당을 지지하는 정도가 높게 나타났다.

이렇게 정치정보 획득 매체의 변화와 유권자의 행태 변화의 관계를 살펴봄으로써 최근 급부상하고 있는 정치정보 획득 매체인 SNS를 통해 소통의 증대가 이뤄지고 있으며, 이를 통해 유권자들의 정치적 관심과 효능감을 제고할 수 있음도 알 수 있었다. 투표율은 갈수록 낮아지고, 유권자들의 정치적 무관심은 증대되며, 뉴미디어를 통한 네거티브캠페인의 확산이 문제점으로 제시될 수 있겠지만 SNS를 통한 소통의 증대는 정치과정 전반에 대한 지속적인 연구대상이 될 것이고, 선거과정에서도 영향력을 유지할 것으로 보인다. 이번 대선과정은 민주화 이후 사상 초유의 여야 맞대결 양상으로 진행되었고, 유권자들이 이념적으로 양분화된 상태에서 치러진 예외적인 선거였기·때문에 선거결과에 미치는 SNS의 정치적 효과를 단정적으로 판단하기는 어렵다. 뉴미디어의 수용 과정에서 정치적 정보가 유권자들의 정치적 행태에 미치는 영향은 단 1회적인 선거과정을 고찰한다고 알 수 있는 문제는 아니다. 신거과정에서 나타나는 유권자들의 투표참여는 다양한 요인들이 결합되어 나타나는 현상이고, 매체 변화에 따른 유권자의 정치정보 획득의 효용성 또한 지속적으로 변화할 가능성이 높기 때문이다.

한편, 네거티브캠페인의 이슈와 주제들은 시간의 흐름에 따라 변화하고 네거티브캠페인을 전달하는 매체들은 더욱 다양화할 것으로 예상된다. 동시에 쌍방향 소통을 통한 네트워크화된 개인들, 그리고 SNS나 온라인 선거운동의 중요성은 여전히 강조될 것이다. 하지만 아직까지 온라인과 SNS를 통한 정치정보 습득은 페이스북이나 트위터 등을 통해서라기보다 대체로 포털사이트나 인터넷 신문과 같은 형태를 통해 활발히 진행되고 있다. SNS나 온라인 선거운동의 가능성은 온라인이 TV를 비롯한 기존 미디어와 '연계'된 형태로 진행될 가능성이 높고 이 과정에서 '전가의 보도'처럼 매 선거마다 등장해온 네거티브캠페인의 빈도와 강도는 증대될 것이나, 유권자들 또한 네거티브캠페인의 부작용과 정제된 정보의 효용성을 알게 될 것으로 예측된다. 무분별한 정보의 교류가 정보 오판을 야기하여 투표가 왜곡될 가능성은 존재하지만, 유권자들은 정치정보 습득 매체의 다양화를 통해 더 많은 정치정보 속에서 투표선택을 할 수 있어야 할 것이다. 또한 유권자들은 인터넷과 SNS를 통해 전파되는 일련의 정치정보들을 무비판적으로 수용하기보다 지속적인 정치적 관심과 정치지식의 습득을 통해 네거티브캠페인에 대한 판단력을 강화해야 할 것이다. 기술적 측면에서의 정치정보의 변화·발전과 유권자들의 인지적 행태의 변화가 올바르게 조응할 때 네거티브캠페인은 설 자리를 잃게 될 것이고 정책선거의 가능성은 더욱 높아질 것이다.

제2부
소셜 네트워크 시대 선거정치의 변화

··chapter **4**

소셜 네트워크 시대의 액티비스트*

장우영

    정보화의 시간대는 소셜 네트워크 시대를 지나고 있다. 흔히 말하듯 소셜 네트워크는 개방, 참여, 공유라는 웹2.0 패러다임을 확산시키며 풍부한 사회변화 잠재력을 선보이고 있다. 그러한 예는 근래의 국내외 정치현상에서도 인상적으로 나타나고 있다. 재스민 혁명(Jasmine Revolution), 티파티(Tea Party)와 월가의 시위(Occupy Together), 해적당(Pirate Party) 같은 정치운동이 그것이다. 국내의 경우 특히 선거과정에서 트위터, 페이스북, 카카오톡 등이 새로운 캠페인 수단으로 부상했다. 인증샷 놀이와 같은 투표독려운동은 창조적인 웹2.0 선거문화로 알려져 있다(차재권·장우영, 2012). 이러한 현상들의 공통점은 정당과 같은 중개조직을 우회하여 소셜 네트워크가 정치

---

* 이 글은 필자가 발표한 「트위터 액티비스트 연결망 특성과 이슈파급 영향력: 19대 총선을 사례로」, ≪비교민주주의연구≫ 8(2)와 「온라인 저널리즘의 정치적 동학: 논객사이트를 중심으로」, ≪언론과 사회≫ 13(2)를 토대로 자료와 논의를 보강하여 작성했음.

적 역할을 대신하고 있다는 것이다. 그러한 이유는 무엇보다도 시민의 이해와 요구를 대변하는 중개조직에 대한 신뢰가 낮아졌기 때문이다. 아울러 소셜 네트워크 공간에서는 정치참여에 소요되는 비용이 거의 없고 소셜 네트워크 자체가 어떤 미디어보다도 활용효과가 크기 때문이기도 하다.

현재까지의 소셜 네트워크를 매개한 정치실험동향은 다음과 같이 정리할 수 있다. 우선 소셜 네트워크는 대의정치집단과 시민을 융합하는 여론 공간으로 역할하고 있다. 소셜 네트워크는 정보의 가공력과 전파력이 기존 매체보다 훨씬 크다. 특히 기성 정치와 언론에 대한 검증과 비판을 통해 오프라인으로 여론을 확산시키는 기능이 활성화되어 있다(이동훈, 2010). 그리고 소셜 네트워크 이용자들의 경우 인터넷 이용자들보다 정치효능감이 훨씬 강하기 때문에 사회적 반향도 더욱 크게 나타날 수 있다. 정치효능감은 시민의 심리적 태도로서 자신이 행동을 하면 무엇인가 이루어낼 수 있다는 자신감을 의미한다(박재창, 2010). 이는 소셜 네트워크 이용자들 간의 관계 맺기가 용이하고 활발하기 때문이다. 나아가 서로 우호적인 관계를 맺을 경우 연결망은 더욱 크게 확장될 수 있다(이원태, 2010). 마지막으로 소셜 네트워크는 공공 이슈가 신속하게 형성되고 이에 따른 대의정치집단의 반응을 촉진하고 있다. 근래에 소셜 네트워크 공간에서 오프라인으로 확산된 각종 이슈 — 무상보육, 비정규직, 반값등록금, 민영화 등 — 에 정치권이 민감하게 반응하고 의제설정 경쟁을 벌인 현상이 그것이다(장우영, 2011).

이 글은 이러한 소셜 네트워크 정치실험 속에서 액티비스트(activist) 집단의 선거참여활동과 영향력을 고찰하고자 한다. 액티비스트 집단은 브로커(broker), 커넥터(connecter), 영향력자(influencer) 등의 다른 용어로 불리기도 한다. 이 용어들은 네트워크 이용자들을 대규모로 연결하고 군락(cluster)

을 형성하여 영향력을 행사하는 일군의 무리를 의미한다. 이들은 전통적으로 우호적인 평판과 신뢰를 바탕으로 정치과정, 사회운동, 대안언론 캠페인 등에서 자신의 위상을 강화하며 영향력을 확대해왔다(Eatona, 2010; Rolfe, 2005; Wall, 2003). 과거 정치웹진의 논객이나 파워 블로거가 온라인 액티비스트의 전형이라 할 수 있다. 그리고 최근에는 1인 미디어 환경에서 트위터, 팟캐스트(pod cast), UCC 등으로 활동 영역이 다양화되고 있다. 이 중에서 특히 파워 트위터리언으로 불리는 액티비스트 집단의 활동은 최근의 선거들에서 상당한 관심을 불러일으켜왔다.

구체적으로 이 글은 액티비스트 집단의 기원과 변천을 살펴보고 나서 19대 총선을 사례로 다음의 문제들을 탐색해보고자 한다. 우선 누가 트위터 공간의 액티비스트이며, 이들은 어떤 방식으로 그리고 얼마나 활발하게 선거에 참여할까? 장우영(2010) 및 장우영·박한우(2012) 등의 선행연구에 따르면, 그동안 인터넷을 비롯한 신생 온라인 미디어의 초기 수용자군(early adopters)의 다수는 진보 집단이었다. 그리고 수도권 거주자, 남성, 화이트 칼라가 온라인 공간의 여론 주도층 역할을 했다. 따라서 이러한 양상이 트위터 공간에서도 여전히 지속되고 있는지 궁금증을 자아낸다. 만약 그렇다면 이들이 트위터의 플랫폼과 연결망을 활용해서 선거에 활발하게 참여했을 것으로 여겨진다.

다음으로 트위터 액티비스트 집단의 연결망은 어떤 특징을 띠고 있을까? 선스타인(Sunstein, 2007)과 레빈(Levine, 2002)의 연구에 따르면, 온라인 공간의 연결망은 이념적으로 동질적인 집단끼리만 배타적으로 연결되는 경향을 강하게 띤다. 특히 의견 대립이 치열한 선거나 사회운동에서 이러한 양상은 매우 현저하다. 전문가들은 국가나 지역이 적대적으로 분열되는 현상에 빗대어 이를 사이버 발칸화(cyber-balkanization)로 부른다. 이러한 액티비스트 집단의 유유상종 연결망은 트위터 공간에서 상대 집단을 고립시키는 효과를 낳을 수 있다.

마지막으로 액티비스트 트윗 메시지 내용과 이슈 파급 효과는 어떠할까? 트위터 공간은 이용자들 간에 형성된 대규모의 조밀한 연결을 통해 선거이슈와 여론을 고조시킬 잠재력을 가지고 있다. 브런스(Bruns, 2005)는 미디어 이용자가 메시지 생산을 통해 기성 권력과 언론을 비판적으로 감시하는 현상에 주목해서 이들을 프로유저(produser)로 정의했다. 즉 매스미디어가 게이트키핑에 의해 운용되듯이, 소셜 네트워크와 같은 개방적인 플랫폼은 게이트워칭(gate-watching)에 의해 작동된다. 나아가 이용자들의 지배적인 여론이 형성될 경우 이는 오프라인 공간으로 확산되는 효과를 낳기도 한다 (장우영, 2012; 송경재, 2011).

온라인 액티비스트의 기원과 변천

한국에서 온라인 액티비스트가 등장한 시기는 pc통신 시대로 거슬러 올라간다. 1990년대 중반 이른바 4대 pc통신 — 천리안, 하이텔, 나우누리, 유니텔 — 으로 일컬어진 온라인 공간에는 다양한 동호회와 게시판이 만들어지기 시작했다. 그리고 일상생활에서 정치 현안에 이르는 폭넓은 소재의 글들이 양산되었다. 특히 기성 언론에서 외면하거나 금기시되는 문제들이 다루어지면서 pc통신은 대안적인 토론공간으로 입지를 굳혀갔다. 1996년 말 pc통신 이용자 수는 170만 명 정도였다. 말하자면 당시 pc통신 이용자들은 주로 젊은 층과 전문가들로 이루어진 소수의 열정적인 온라인 첨병이었다.

요금이 초단위로 부과되었던 당시의 pc통신환경은 이용자들의 글쓰기에 영향을 미쳤다. 즉 짧은 글쓰기와 촌철살인의 풍자 그리고 실명 비판이 성행했다. 그중에서도 참신한 시각과 상당한 필력을 갖춘 이들이 일명 통신 논객으로 각광받았다. 말하자면 이들이 1세대 액티비스트 집단이라 할 수 있다. 통신 논객은 기성 정치나 언론에서 권위를 부여받은 집단은 아니지만 독특한 논리와 카리스마로 pc통신의 여론을 주도했다. 그리고 이들의 다수는 진보적인 성향으로 온라인 검열을 반대하고 15대 대선에서는 야당 후보를 지지하는 활동에 적극적이었다. 그렇지만 pc통신 이용자 규모가 크지 않았기 때문에 이들의 영향력이 현실공간에 미치기에는 역부족이었다.

2000년대에 들어서면서 온라인 이용환경이 크게 변해서 웹1.0 시대가 도래했다. 인터넷의 대중화로 이용자 규모가 급증하면서 각종 커뮤니티와 콘텐츠도 폭발적으로 증가한 것이었다. 이러한 환경 변화와 함께 통신논객들도 인터넷으로 활동무대를 옮겼다. 그리고 이들은 세를 형성하여 기성 언론과 정치에 도전하는 움직임을 본격화했다. 특히 '안티조선 우리모두'와 '대자보'는 2세대 액티비스트 집단의 본거지로 등장했다. 두 웹사이트에서 인터넷 논객들은 언론개혁과 정치개혁을 주장하며 네티즌 여론을 이끌었다. 이 중 '대자보'는 2000년 15대 총선에서 총선정보통신연대 결성을 주도하여 온라인 낙천·낙선운동의 중심에 서기도 했다. pc통신 게시판에 산개해서 활동하던 논객들이 인터넷의 대중화와 함께 특정 공간에 결집하여 정치적 파워를 행사하는 원형이 이 시기에 만들어졌다.

2002년 16대 대선에서 인터넷 논객들은 대단히 강력한 정치행위자로 부상했다. 이들은 정치웹진 '서프라이즈'를 비롯해서 정치팬클럽 '노사모'와 인터넷신문 '오마이뉴스' 등에서 온라인 행동주의(online activism)를 본격화했다. 공감하듯이 16대 대선에서 노무현 후보의 당선은 인터넷 선거운동에 힘입은 바가 크다. 특히 2세대 액티비스트들은 '서프라이즈'에서 전문화된 공론활동을 이끌었다. '서프라이즈'는 웹사이트 내에 필진별로 개인 토론방을 제공했다. 그리고 논객의 칼럼을 중심으로 네티즌 토론이 어우러져 여론을 형성하는 메커니즘을 운용했다. 칼럼 조회 수는 적게는 500건에서 많게는 10,000건을 넘어설 정도로 호황을 이루었다. 이러한 운용방식은 16대 대선 이후에도 지속되었다. 일례로 17대 총선에서는 하루에 연인원 7만 명이 넘는 관전자가 몰리는 집단토론이 진행되기도 했다.

2004년 노무현 전 대통령 탄핵 실패 이후로 인터넷 토론공간에는 큰 변화가 일어났다. 즉 이념적 측면에서 온라인 공간은 진보 독점에서 진보-보수 간 세력균형 구도로 바뀌기 시작했다. 학술적인 용어를 빌자면 이는 '진보로부터의 감염(contagion from the progressive)'에 의한 것이었다. 인터넷 대중화와 함께 15대 총선 낙천·낙선운동, 16대 대선 패배, 노무현 전 대통령 탄핵 실패는 보수 진영에 큰 충격을 가져다주었다. 이후 온라인 공간에는 보수언론과 NGO 웹사이트 및 커뮤니티들이 대거 들어서며 진보 진영과 대립 구도를 형성했다. 그중에서도 정치웹진 '프리존'은 공론활동이 가장 활발한 공간이었다. 바꾸어 말해서 '프리존'은 '서프라이즈' 모델을 차용한 보수 논객들의 본산이었다. '프리존'을 중심으로 다양한 보수 웹사이트에 포진한 논객들이 3세대 액티비스트 집단을 형성했다. 그리고 이들은 17대 대선에 이르는 동안 보수 여론을 주도하며 이명박 후보의 대선 승리에 기여했다. 이러한 온라인 세력 구도 변화는 비단 한국만의 사례라 할 수는 없다. 가령 비슷한 시기에 미국에서도 온라인 공간에서 보수의 약진이 두드러졌는데, 비게리와 프랑케는 그들의 저서에서 이를 '사이버 우경화(cyber right turn)'라고 진단한 바 있다(Viguerie & Franke, 2004).

2007년 17대 대선 이후 한국의 온라인 환경은 또 한 차례의 큰 변화를 겪었다. 웹사이트를 토대로 한 집단적인 커뮤니케이션 활동이 퇴조한 것이다. 그 대신 1인 미디어 혹은 소셜 미디어 등으로 불리는 새로운 플랫폼이 소통의 중심으로 떠올랐다. 이러한 환경 변화와 함께 전통적인 논객들의 위상도 하락했다. 게다가 규격화된 집단 소통에서 다면화된 일대일 소통으로 온라인 문화가 재편되면서 논객이라는 개념 자체가 사그라졌다. 웹2.0 시대에 들어서는 블로그와 트위터 그리고 팟캐스트 등에서 다채로운 액티비스트 집단이 생멸을 거듭하는 형국이 나타났다. 그들은 전업 블로거, 파워 트위터리언, 소셜 엔터테이너 등으로 불린다. 나아가 특정인이 액티비스트 역할을 독점하기보다 누구나 액티비스트가 될 수 있는 가능성이 커졌다. 중요한 점은 그러한 가능성이 단순히 유명세가 아니라 합리적 커뮤니케이션과 대중의 신뢰에 달려 있다는 것이다.

소셜 네트워크 플랫폼과 액티비스트 파워

소셜 네트워크는 개방, 참여, 공유의 플랫폼을 내장한 1인 미디어이다. 이러한 소셜 네트워크 활용의 역동성은 크게 정보 유통과 인간관계 유지의 두 차원에서 발전하고 있다. 소셜 네트워크상의 정보는 개별 이용자와 언론사 등 외부로부터 링크되어 유통되는 정보로 구별된다. 이 정보들은 주로 팔로어와 같은 인맥관계를 통해서 유통된다. 가령 트위터의 트윗, 리트윗, 팔로우 등과 같은 플랫폼은 정보의 급속하고도 광범한 확산을 촉진한다. 여기에서 주목할 점은 정보 유통의 주체가 개별 이용자라는 것이다. 소셜 네트워크는 오프라인 인맥구조를 공간적으로 연장하거나, 새로운 인맥을 형성하는 두 경우에 있어서 모두 용이하다. 소셜 네트워크에서의 인맥 규모는 정보 확산의 필요조건이 되며, 또한 정보의 질이 양호할수록 인맥 규모가 더욱 커질 수 있다(황유선, 2012).

한국 정치에서 소셜 네트워크의 영향력은 최근 몇 차례의 선거를 통해 큰 반향을 불러일으켰다. 그중에서도 특히 트위터의 역할이 크게 주목받았다. 황유선·이재현(2011) 및 장덕진·김기훈(2010)의 연구에 따르면, 트위터의 효과는 다음 네 가지 측면의 특성에서 비롯된다. 첫째, 기술적 특성으로 이용자들이 손쉽게 콘텐츠를 작성하고 서비스를 쉽게 활용할 수 있게 만든다. 아울러 트위터는 다양한 미디어와의 결합이 가능하기 때문에 이용자의 급속한 확산을 촉발하고 있다. 둘째, 이용자 특성으로 한국인 계정의 경우 한 명의 이용자가 평균 72명의 팔로어를 보유하고 있다. 그리고 양방향 팔로우 관계가 이루어진 비율은 68%로 매우 높게 나타난다. 또한 상대의 동의를 구하지 않고 관계를 맺거나 끊을 수 있는 점은 인맥관계의 형성과 해체에 심리적 부담을 주지 않는다. 셋째, 이용 동기 특성으로 트위터는 정보 추구, 인맥 형성, 자기만족, 현안 토론 등 다양한 욕구들을 충족시키고 있다. 그리고 이를 토대로 사회적 소통 과정에 참여함으로써 상호 협력과 집단적 해결능력 공유도 새로운 이용 동기가 되고 있다. 넷째, 저널리즘 특성으로 트위터의 속보성과 즉시성은 이용자들의 실시간적인 정보 공유를 촉진한다. 나아가 이슈에 대한 논쟁이 활발하기 때문에 중요한 의제들을 논의하고 광범한 여론을 만들 수도 있다.

트위터의 정치적 영향력은 무엇보다 트위터에 내재된 관계 맺기와 커뮤니케이션 기능의 활성화로부터 비롯된다. 가령 팔로어 간의 밀접한 연결과

<〈그림 4-1〉 웹사이트 게시판과 트위터 소통구조 비교

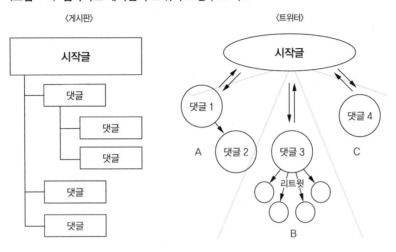

리트윗 행위는 동조집단 규합과 정보 공유·확산을 극대화한다. 매스미디어 수용자와는 달리 팔로어들은 목적의식성과 자발성이 큰 집단으로서 높은 정치효능감을 가지고 있다. 그리고 리트윗은 정보 전달의 범위를 무한대로 확장하여 트위터 이용자들이 지속적으로 대화 상태에 있도록 만든다. 즉, 팔로어들에게 전달된 트윗은 다시 후속 팔로어들에게 연쇄적으로 리트윗되기 때문에 광범위한 정보 확산이 이루어진다(Boyd, Golder & Lotan, 2010; Hanna, Sayre, Bode, Jung & Shah, 2011).

그러나 소셜 네트워크가 자동적으로 정치적 효과를 발생시키지는 않는다. 필요조건이 충족되어야 하는 것이다. 특히 아무리 크고 복잡한 네트워크라 하더라도 액티비스트의 존재와 역할이 필수적이다. 트위터 메시지는 이 소수의 중심 집단으로부터 파급되어 주변부 이용자들에게 상당한 영향력을 행사한다. 가령 트위터 연결망의 경우 본래 질서가 없는 무작위 네트워크(random network)이지만, 네트워크의 중심을 차지한 액티비스트들의 활동에 의해 정형화된 구조로 변화하는 것이다. 여기에 긴 꼬리 노드들(long tail nodes)을 이루고 있는 다수 이용자들이 결합하게 되면 정보 순환이 광범하고도 역동적으로 이루어진다.

황유선·심홍진(2010)의 연구에 따르면, 일반적으로 온라인 액티비스트는 인지된 지식, 탐구적 행위, 혁신적 행위, 컴퓨터 활용능력과 인터넷 이용 빈도가 높은 것으로 나타난다. 그리고 이들이 업로드한 게시글이 전체 게시글의 대부분을 차지하며 게시판에서의 토론을 주도하고 있다. 나아가 필요한 정보를 취사선택하는 데에도 적극적인 성향을 띤다. 마찬가지로 트위터 액티비스트는 사회적 이슈를 만들어내고 그에 관련된 해석을 제공하는 경향이 강하다. 특히 다른 소셜 네트워크에 비해 트위터 액티비스트는 트윗 활동과 팔로어 규모에서 압도적으로 높은 위상을 누리고 있다.

이원태 외(2011)의 한국 트위터 공간 영향력자 분석은 더 구체적인 시사점을 알려준다. 이들은 트위터의 공개 API(Application Programming Interface)를 활용하여 약 600만 개의 트윗을 추출한 뒤 작성자들의 활동 정도를 측정하여 영향력자 집단의 특성을 제시했다. 이들의 분석에 따르면 첫째, 트위터 공간의 영향력은 단순히 팔로어 수보다는 다양한 트윗을 매개한 직접적 참여와 교류에 의해 발생했다. 둘째, 사회적 저명인사들보다는 이들의 메시지를 리트윗 하는 매개적 유력자들에 의해 트위터 공간에서의 이슈 확산이 활성화되었다. 셋째, 매개적 유력자들은 연예인이나 알려진 공인이 아닌 미디어와 전문직 종사자들이 주를 이루었다.

이와 같은 연구결과들을 취합해보면 트위터 공간의 액티비스트는 무엇보다도 트윗 행위의 적극성을 기준으로 판별할 필요가 있다. 즉 적극적인 트윗 활동을 통해 평판과 신뢰가 증대되면 그에 따라 팔로어 규모도 커질 것으로 여겨진다. 아울러 호소력 있는 트윗을 용이하게 작성하는 언론인을 비롯하여 주로 전문직 종사자들을 중심으로 액티비스트 집단이 구성될 가능성이 조심스럽게 추론된다.

이 글에서는 이를 실증적으로 살펴보기 위하여 전문 소셜 네트워크 트래픽 분석기관(그루터, http://www.gruter.com)에 의뢰하여 고찰에 필요한 데이터를 수집했다. 구체적으로 19대 총선운동 기간(2012년 3월 29일~4월 10일)에 생성된 675만 8,522개 선거트윗의 이념 및 빈도별 작성자 분포 그리고 핵심 액티비스트 계정과 이들을 매개한 리트윗 빈도 상위 100개의 선거트윗을 추출하여 검수했다. 이와 함께 필자가 트위터 공간의 참여관찰을 통해 집적한 자료와 데이터를 보조적으로 활용해서 고찰을 뒷받침했다.

액티비스트 이념 분포와 선거참여

전문가들의 선행연구에서 트위터 액티비스트 집단을 정량적으로 정의하는 기준이 제시된 바는 없다. 그렇지만 앞에서 살펴본 것처럼 트윗 행위가 선거참여의 적극도를 가장 적절하게 반영하는 지표라고 판단된다. 다시 말해서 트윗은 팔로잉이나 리트윗에 비해 상대적으로 노력이 많이 수반되는 선거참여행위이기 때문이다. 팔로잉이나 리트윗은 한 번의 클릭으로 용이하게 이루어지는 반면, 트윗의 경우 트위터리언의 호응을 유인하기 위하여 상대적으로 정제된 커뮤니케이션 행위로 나타난다. 따라서 이 글에서는 일차적으로 '트윗 행위의 적극성(빈도)'을 기준으로 액티비스트 집단을 분류하기로 한다. 19대 총선운동 기간 동안 100건 이상의 선거트윗 작성자 수는

〈표 4-1〉 액티비스트 선정 기준

선거트윗 작성 건수	작성자 수(명)	선거트윗 작성자 수 대비 비율	전체 트윗 작성자 수 대비 비율
10 미만	251,524	79.0%	24.4%
20 미만	25,915	8.1%	2.5%
30 미만	10,191	3.2%	1.0%
40 미만	5,648	1.8%	0.5%
50 미만	3,881	1.2%	0.4%
60 미만	2,807	0.9%	0.3%
70 미만	2,062	0.6%	0.2%
80 미만	1,574	0.5%	0.2%
90 미만	1,325	0.4%	0.1%
100 미만	1,108	0.3%	0.1%
100 이상	12,339	3.9%	1.2%
총계	318,374	100.0%	30.9%

자료: 그루터 데이터를 활용하여 필자가 집적 작성.

전체 선거트윗 작성자 수의 3.9%에 해당하는 1만 2,339명이었다. 이들을 액티비스트 집단으로 정의했다.

〈표 4-1〉을 살펴보면 우선 선거운동기간에 트위터 이용자의 캠페인 참여가 매우 활발했음을 알 수 있다. 즉 31만 8,000여 명의 트위터리언이 선거트윗을 작성했다. 이는 같은 기간에 트윗을 작성한 전체 트위터리언의 30.9%를 차지하는 수치이다. 이러한 현황은 트위터에의 접근과 활용이 용이한 탓에 트위터리언의 선거참여가 매우 활발했음을 알려준다. 다음으로 트위터리언의 선거참여가 긴 꼬리 구조(long tail structure)를 띠었음을 알 수 있다. 즉 선거트윗 포스팅을 기준으로 다수의 소극적 참여자에서 소수의 적극적 참여자에 이르는 다양한 이용자들이 지속적으로 트위터 공간에 충원되는 방식으로 선거참여가 이루어졌다. 마지막으로 소수의 액티비스트

가 트위터 공간의 선거참여를 주도하는 양상을 띠었다. 즉 선거운동기간에 발생한 약 675만 건의 선거트윗 중 약 250만 건이 액티비스트에 의해 작성되어 트위터 캠페인이 이들에 의해 주도되는 양상을 드러냈다.

그렇다면 19대 총선에서 액티비스트 집단은 어떠한 이념 분포와 활동상을 보였을까? 선거트윗의 내용을 분석해본 결과 액티비스트 집단의 이념 분포는 진보 60.9%(7,511명), 중도 25.0%,(3,090명) 보수 14.1%(1,738명)의 순으로 나타났다. 이러한 이념 분포는 트위터 공론활동이 진보 집단에 의해 주도되고 있다는 사회적 상념은 물론 구체적인 학술적 분석결과(장덕진·김기훈, 2010; 장우영, 2011)를 뒷받침한다. 진보 집단의 트윗 메시지는 약 47만 개가 리트윗되어, 15만 개가 리트윗된 보수 집단보다 3배 이상 광범하게 전파되었다. 그리고 리트윗 수에 있어서도 진보 집단의 트윗 메시지는 295만여 회로 65만여 회의 보수 집단을 4배 이상 앞섰다. 진보 트윗의 리트윗이 월등히 많은 것은 진보 성향을 가진 사람들을 중심으로 분포한 탓이기도 하거니와, 내용적으로도 보수 트윗에 비해 대중적 호응이 더욱 크게 나타났기 때문이다.

정당과 후보의 입장에서 액티비스트 집단은 매우 유용한 정치자원이다. 액티비스트는 선거참여의 자발성이 클 뿐만 아니라 상대적으로 큰 규모의 팔로어들을 거느리고 있다. 이 팔로어들은 대개 잠재적인 지지 집단이기 때문에 정당과 후보는 보유한 액티비스트 수가 많을수록 트위터 캠페인에서 유리한 입지를 차지할 수 있다. 대다수의 액티비스트는 팔로우 관계를 통해 정당과 연결되어 있는 것으로 파악된다. 이는 다음과 같은 논리로 유추된다. 그루터 데이터 조사결과 주요 정당들은 80~90%대의 상호팔로잉률을 보이고 있다. 통상적인 용어로 상호팔로잉은 '맞팔'을 뜻한다. 따라서 이

〈표 4-2〉 후보들의 액티비스트 팔로어 보유 현황

구분	후보	소속 정당	선거구	트위터 개설일	팔로어 수	팔로어 중 액티비스트 수	선거 결과
1	김용민	민주통합당	서울 노원갑	2009.06.18.	307,146	6,871	낙선
2	문재인	민주통합당	부산 사상	2011.12.23.	203,059	6,685	당선
3	노회찬	통합진보당	서울 노원병	2009.07.06.	215,840	6,592	당선
4	유시민	통합진보당	비례대표	2010.01.05.	445,634	6,425	낙선
5	정동영	민주통합당	서울 강남을	2009.06.17.	110,228	6,274	낙선
6	심상정	통합진보당	경기 고양 덕양갑	2009.03.31.	181,332	6,055	당선
7	문성근	민주통합당	부산 북강서을	2010.05.05.	205,636	6,020	낙선
8	최재천	민주통합당	서울 성동갑	2010.04.07.	108,933	5,723	당선
9	천정배	민주통합당	서울 송파을	2009.06.17.	85,062	5,638	낙선
10	박영선	민주통합당	서울 구로을	2010.12.17.	87,271	5,606	당선
11	서기호	통합진보당	비례대표	2011.01.11.	51,971	4,849	낙선
12	강기갑	통합진보당	경남 사천남해하동	2010.01.29.	78,415	4,345	낙선
13	전재수	민주통합당	부산 북강서갑	2011.04.25.	32,032	4,146	낙선
14	박지원	민주통합당	전남 목포	2010.07.22.	65,590	4,017	당선
15	김정길	민주통합당	부산 부산진을	2010.05.18.	26,982	3,984	낙선
16	한명숙	민주통합당	비례대표	2009.08.18.	184,691	3,965	당선
17	신경민	민주통합당	서울 영등포을	2010.02.15.	73,954	3,958	당선
18	송호창	민주통합당	경기 의왕·과천	2011.10.11.	33,259	3,913	당선
19	이종걸	민주통합당	경기 안양 만안	2009.07.01.	34,086	3,783	당선
20	정청래	민주통합당	서울 마포을	2009.08.10.	22,486	3,562	당선
총계					2,553,611	102,411	

자료: 그루터 데이터를 활용하여 필자 작성.

렇게 높은 상호팔로잉률은 각 정당이 대부분의 팔로어와 일대일로 팔로우 관계를 맺고 있다는 뜻이다. 한편 정당의 팔로어 중 액티비스트 수는 중복을 포함하여 1만 2,352명으로 나타났다. 물론 액티비스트 전체가 정당과 팔로잉을 교환하고 있다고 볼 수는 없지만, 이들이 일반 트위터리언에 비해 정치참여도가 높기 때문에 상호팔로잉 확률도 클 것으로 추론할 수 있다.

각 정당의 팔로어로 참여하고 있는 액티비스트 수는 통합진보당(4,430명), 민주통합당(2,087명), 새누리당(1,560명), 진보신당(1,115명) 순으로 나타났다. 네 정당은 전체 팔로어 액티비스트의 약 74.4%를 점유하고 있다. 이는 정당의 팔로어 규모와 액티비스트 규모가 대체로 상응하는 관계에 있음을 보여준다. 그리고 액티비스트 보유 규모가 현실적 위세와 반드시 일치하지는 않는다는 것을 말해준다. 예컨대, 통합진보당의 액티비스트 수는 새누리당과 민주통합당의 액티비스트 합보다 더 많다. 진보신당의 경우도 원내 의석을 가진 자유선진당이나 창조한국당보다 많은 액티비스트를 거느리고 있다. 요약하면 액티비스트 집단은 보수 정당보다 진보 정당을 중심으로 편재되어 있는 가운데, 상위 4개의 정당을 보면 군소 정당의 약진과 주요 정당의 강화 가능성을 동시에 내포하고 있다.

다음으로 〈표 4-2〉는 개별 후보 차원에서 상위 20위까지의 액티비스트 보유 현황을 보여준다. 가장 특기할만한 점은 명망도가 큰 진보 후보 일색으로 액티비스트 보유가 편중되어 있다는 것이다. 그루터의 집계에 따르면 19대 총선에서 트위터 캠페인에 참가한 520명의 후보들의 팔로어 수는 총 578만여 명으로 평균 1만 1,000여 명에 달했다. 반면 액티비스트 보유 측면에서 상위 20명의 후보들의 팔로어 수는 총 255만여 명으로 평균 12만 7,000여 명이라는 가공할만한 규모를 보였다. 아울러 이들 20명의 후보들은 평균 5,100여 명의 액티비스트를 보유하여 전체 후보들의 평균 액티비스트 수보다 6배 이상 많은 수치를 나타냈다.

이러한 수치는 트위터 공간에서 소수 후보들이 독과점적으로 지지층을 결속시킬 가능성을 시사한다. 이와 같은 현상의 주된 원인으로는 무엇보다 네트워크 외부효과(network externality)를 들 수 있다. 20명의 후보들은 대부분 트위터의 초기 수용자들로서 트위터 공간에서 지속적인 상호작용을 통해 영향력을 확대해왔다. 이는 후보들의 이른 트위터 개설일과 많은 수의 팔로어 규모를 통해 확인할 수 있다. 이에 따라 선발기업이 선점한 기술이나 제품들이 소비자들에게 의례적으로 이용되듯이, 초기부터 지속적으로 관계한 이용자들과의 비경합적 연결망을 유지하기가 용이하다(Katz & Shapiro, 1994). 그러나 〈표 4-2〉에서 확인되듯이 적극적인 트위터 활동이 후보의 당선에 어느 정도 영향을 미치는지는 탐문의 여지가 있다. 한편 류석진·장우영·이소영(2012)의 연구를 참조하면, 19대 총선 트위터 캠페인에서 후보의 트위터 개설 기간과 팔로어 규모는 후보의 득표율에 유의미한 영향을 미친 것으로 나타났다.

핵심 액티비스트 이슈 파급과 영향력

핵심 액티비스트 집단

누가 액티비스트일까? 그리고 이들은 어떤 방식으로 트위터 캠페인에 참가했을까? 전체 액티비스트 집단을 대상으로 이 문제에 대한 답을 구하기는 쉽지 않다. 그래서 전체 액티비스트들 중에서 더욱 강한 영향력을 행사한 핵심 집단을 선정하여 이들의 인구사회학적 분포와 트위터에서의 선거참여 특징을 살펴보기로 한다. 이를 위하여 '선거운동기간 동안의 리트윗 수 순위 50%, 팔로어 수 순위 30%, 선거트윗 수 순위 20%'의 가중치를 반영하여 상위 50명을 추출하고 이들을 핵심 액티비스트 집단으로 정의했다. 〈부록〉에 핵심 액티비스트 집단의 정보와 선거활동 내역을 제시했다. 〈부록)의 자료는 트위터 공간에 대한 참여관찰과 그루터의 트래픽 집계를 통해 완성한 것이다.

핵심 액티비스트 집단의 이념 분포는 진보 38명(76.0%)과 보수 12명(24.0%)으로 나타났다. 이는 액티비스트 집단과 비슷한 분포도를 보여준다. 50명의 핵심 액티비스트 집단은 선거운동기간에 9만여 건의 선거트윗을 작성했고, 10억 회 이상 리트윗되는 경이적인 활동과 유권자 반응을 나타냈다. 이러한 폭발적인 트윗 메시지 생성과 전파력은 팔로어 집단의 연쇄적인 파급에 의해서 가능했다. 핵심 액티비스트 집단의 팔로어 규모는 한국인 전체 트위터리언의 약 55%에 달하는 353만 2,771명으로 집계되었다. 이는 트위터 공간이 자유롭고 개방적인 네트워킹 공간이면서도, 동시에 소수의 파워 집단에 의해 매우 비대칭적으로 연결망이 만들어져 있음을 알려준다.

이와 같은 트위터 트래픽 현황이 뜻하는 바는 다음과 같이 정리할 수 있다. 첫째, 트위터가 소수의 파워 집단이 주도하는 유권자 선거참여 도구로 역할하고 있다는 것이다. 이는 무엇보다도 선거참여 과정에서 다른 소셜 네트워크에 비해 트위터 이용의 접근성과 편의성이 훨씬 높기 때문이다. 둘째, 트위터 공간이 매우 당파적이며 진보가 압도하는 선거참여 공간으로 역할하고 있다는 것이다. 이러한 양상은 한국 사회에서 신생 온라인 미디어가 출현할 때마다 반복되어왔다. 보수 독점의 언론생태계에서 진보가 대안적인 소통 채널을 추구하기 때문이다. 셋째, 트윗 - 리트윗 - 팔로우로 연동된 플랫폼이 트위터의 정치적 잠재력을 확대하고 있다는 것이다. 사실 모든 소셜 네트워크가 같은 정도의 정치적 효과를 낳지는 못한다. 즉 개방, 공유, 참여라는 소셜 패러다임에 가장 부합하는 플랫폼이 작동해야 하는데 선거캠페인에서는 트위터가 이에 가장 근접해 있다고 할 수 있다.

그렇다면 핵심 액티비스트 집단은 어떠한 인구사회학적 특성을 보였을까? 우선 이들은 남성 40명, 여성 10명으로 남성 중심의 분포를 보였다. 다음으로 거주지를 살펴보면 서울 30명, 기타 지역 8명, 해외 2명, 미파악 10명의 분포를 보였다. 이러한 편중된 분포는 기성 언론은 물론 인터넷 토론장과 유사하다. 즉 남성과 서울 중심의 여론 주도층이 트위터 공간에서도 재확인되고 있는 것이다. 그리고 직업 분포를 살펴보면 언론인이 주를 이루고 연구·교육인과 사회운동가 등이 뒤를 이었다. 이는 오프라인 여론주도층이 트위터 공간에서도 영향력을 행사하고 있음을 시사한다. 그렇지만 저널리스트 집단은 주로 진보 성향의 비주류 언론사 기자들과 온라인 저널리스트였다. 즉, 이들에게 트위터 공간은 일종의 대항 공론장(counter public sphere)으로 활용되고 있음을 알 수 있다. 마지막으로 온라인 토론장과 마찬가지로 트위터 공간에서도 블루칼라 계층은 배제되어 있다. 이러한 현황은 한국의 온라인 공론장 – 포털 토론공간 및 블로그 등 – 여론이 수도권, 남성, 화이트칼라에 의해 주도되고 있다는 최근의 연구들(장우영, 2012; Chang & Park, 2012)을 뒷받침하는 결과이다.

핵심 액티비스트 연결망과 선거이슈

핵심 액티비스트들은 19대 총선 기간에 어떤 후보들과 연결망을 맺고 트위터 캠페인에 참여했을까? 이 문제를 살펴보기 위하여 핵심 액티비스트를 팔로어로 보유한 상위 20명의 후보들을 추출했다. 이들은 수도권에 출마한 민주통합당 후보 13명, 통합진보당 후보 3명, 무소속 후보 2명, 새누리당 후보 1명, 자유선진당 후보 1명 순의 분포를 보였으며, 이념별로는 진보 18명, 보수 2명으로 나타났다. 후보들은 핵심 액티비스트 50명 중 최소 38명에서

〈표 4-3〉 후보들의 핵심 액티비스트 팔로어 보유 현황

구분	후보	소속 정당	선거구	트위터 개설일	팔로어 중 핵심 액티비스트 수	선거결과
1	신기남	민주통합당	서울 강서갑	2010.06.10.	48	당선
2	전재수	민주통합당	부산 북강서갑	2011.04.25.	46	낙선
3	이종걸	민주통합당	경기 안양 만안	2009.07.01.	45	당선
4	전병헌	민주통합당	서울 동작갑	2010.01.15.	45	당선
5	정동영	민주통합당	서울 강남을	2009.06.17.	44	낙선
6	천정배	민주통합당	서울 송파을	2009.06.17.	44	당선
7	노회찬	통합진보당	서울 노원병	2009.07.06.	42	당선
8	김정길	민주통합당	부산 진을	2010.05.18.	41	낙선
9	황세연	무소속	전북 익산갑	2011.07.27.	41	낙선
10	심상정	통합진보당	경기 고양 덕양갑	2009.03.31.	40	당선
11	박재호	민주통합당	부산 남을	2010.06.14.	40	낙선
12	최재천	민주통합당	서울 성동갑	2010.04.07.	39	당선
13	이석현	민주통합당	안양 동안갑	2009.11.25.	39	당선
14	김성진	통합진보당	인천 남갑	2009.07.16.	39	낙선
15	이학영	민주통합당	경기 군포	2011.04.17.	38	당선
16	원혜영	민주통합당	경기 부천 오정	2009.07.10.	38	당선
17	김철수	자유선진당	서울 노원갑	2010.12.06.	38	낙선
18	김종희	민주통합당	경기 용인병	2010.06.01.	38	낙선
19	김진홍	무소속	경기 광명갑	2011.06.04.	38	낙선
20	김진태	새누리당	강원 춘천	2010.08.11.	38	당선

자료: 그루터 데이터를 활용하여 필자 작성.

최대 48명까지를 팔로어로 네트워킹하여 선거활동을 지원받았다.

〈그림 4-1〉은 핵심 액티비스트들 간의 팔로우 네트워크 구조를 보여준다. 즉 〈그림 4-1〉은 50명의 핵심 액티비스트들 간의 쌍방향 및 단방향 팔로우 관계를 알려주는 행렬표를 그래픽화한 것이다. 그렇다면 이 액티비스

〈그림 4-2〉 핵심 액티비스트 팔로우 연결망

필자조사.　■ 보수 액티비스트 집단　■ 진보 액티비스트　■ 상호팔로잉　■ 단방향 팔로잉을 못함.

트 연결망은 어떤 구조적 특징을 띠고 있을까? 한눈에 알 수 있듯이 액티비스트 연결망은 상호 조밀하게 구축되어 있다. 실제로 상호팔로잉률은 54.4%(1,333개)인 데 반해 단방향 팔로잉률은 2.3%(56개)에 불과하다. 즉 액티비스트 연결망은 기본적으로 서로 팔로우 관계를 주고받는 쌍방향 연결을 주축으로 형성되어 있다. 사실 온라인상의 어떤 특정 공간에서도 이같이 조밀한 쌍방향 네트워크 구조는 보기 드물다. 즉 트위터 공간은 상대의 동의를 구하지 않고도 팔로우를 맺을 수 있기 때문에 비대칭적 연결망이 만들어질 것이라는 주장이 지배적이었다.

그렇다면 이러한 쌍방향 연결망구조가 형성된 원인은 무엇일까? 그리고 그것은 어떤 의미를 함축하고 있을까? 첫째, 연결망은 주로 정보, 교감, 관심을 주고받기 위하여 형성된다. 따라서 이를 충족시킬 가능성이 큰 액티비스트들 간의 상호팔로우 가능성이 크게 나타난다. 특히 관심사와 이념 등이 동질적일수록 상호팔로우 가능성은 커지며, 그로 인해 이질적인 액티비스트들에 대해서는 배타적인 군락을 형성하는 발칸화 현상이 나타나기 쉽다. 특히 선거나 사회운동같이 중대한 이슈가 발생하는 시기에 발칸화의 정도는 매우 심화된다(Sunstein, 2007; Levine, 2002; Wojcieszak & Mutz, 2009). 그런데 〈그림 4-1〉은 전체 상호팔로잉 관계 속에서 보수와 보수 및 진보와 진보의 동종집단 연결이 66.0%로 높게 나타나기는 하지만, 보수와 진보의 이종집단 연결도 34.0%로 매우 높아 소위 발칸화 현상과 배치된다. 이는 팔로잉이 용이한 트위터의 개방적인 연결망구조에서 비롯되었다고 추론할 수 있다. 그러나 상대를 탐색하기 위한 적대적 연결 가능성도 배제할 수는 없다.

둘째, 조밀한 상호 연결망은 강한 유대의 정치(politics of strong tie) 현상을 보여준다. 온라인 공간은 진입 문턱이 낮고 익명의 이용자들이 광범하게 분포해 있다. 이에 따라 일반 이용자 집단에서는 주로 단방향의 약한 유대의 연결망이 나타나기 십상이다. 이에 반해 트위터는 이용자 프로파일이 공개되어 있어 유력자들끼리 강한 유대를 추구할 수 있는 가능성이 커진다. 특히 액티비스트들은 선거나 사회운동 국면에서 활발한 이슈 제기를 통해 사회적 영향력을 확대하려 하기 때문에 선명한 정체성을 유지하려는 속성이 두드러진다(Eatona, 2010; Rolfe, 2005; Wall, 2003).

셋째, 후보의 입장에서 액티비스트의 공유 비율이 높다는 것은 정치적 호혜성과 선거자원 동원능력이 증대한다는 것을 뜻한다. 앞의 상위 20명의 후보들은 평균 41.2명의 핵심 액티비스트를 보유함으로써 이들을 상호 공유할 가능성이 매우 크다. 따라서 핵심 액티비스트를 매개한 동질적인 후보들 간의 호혜성이 증대하며, 이들의 영향력을 공유함으로써 트위터 캠페인이 활발해질 여지도 커진다. 아울러 액티비스트 입장에서도 지지하는 후보와의 연결을 지속함으로써 유권자들에 대한 영향력을 높일 수 있다.

중대한 사회 이슈나 정치적 이벤트가 진행되는 시기에 온라인 공간에서는 다양한 입장을 둘러싼 정보 폭포(information cascade)가 발생하기 마련이다. 앞에서 말한 것처럼 19대 총선 기간에 트위터 공간에서는 약 675만 건의 선거트윗이 범람했다. 그렇다면 이 중에서 어떤 성격의 메시지가 유권자에게 호소력을 가지고 광범하게 전파되었는지를 탐색할 필요가 있다. 이를 파악하기 위하여 19대 총선 기간에 핵심 액티비스트 집단을 매개하여 유권자에게 가장 많이 전달된 상위 100개의 선거트윗의 형식과 내용을 분석해보았다. 이 선거트윗들은 총 12만 3,906회 리트윗되어 5,549만 3,297명에게 전달되었다. 선거트윗은 핵심 액티비스트 집단을 경유함으로써 광범하게 전파될 수 있었다.

그렇다면 상위 100개의 선거트윗은 어떤 성격의 메시지들이었을까? 우선 이 선거트윗들의 유형은 작성자의 주관적 의견으로 구성된 트윗이 69개로 주를 이루었다. 이 유형은 가장 일반적인 형태의 트윗으로 선거시기에도 가장 많은 빈도수를 나타냈다. 다음으로 객관적 정보를 인용한 트윗이 29개로 나타났다. 인용은 트윗 원문에 보도기사나 전문자료 혹은 발언을 삽입하거나 첨부하는 방식으로 이루어졌다. 이러한 인용은 트윗 작성자가 자신의 의견을 객관적으로 합리화하는 설득 커뮤니케이션 형태로 이해할 수 있다. 따라서 반드시 그렇지는 않지만 주관적 트윗에 비해 객관성과 숙의성(deliberation)이 담보될 수 있는 여지가 더 크다. 첨언하면 텍스트·이미지·동영상 등을 링크한 트윗은 23개로 나타나, 주로 트윗 원문에 삽입하기보다는 첨부하는 방식으로 인용이 이루어졌음을 알 수 있다. 마지막으로 웹사이트에서의 '펌질'에 해당하는 단순한 리트윗은 2개였다. 단순 리트윗은 행위자의 강한 동조의식 혹은 반대의식의 표현으로 객관성이나 숙의성의 심도가 가장 떨어지는 커뮤니케이션 행태라 할 수 있다.

이념적 측면에서 이 선거트윗들은 진보 95개, 보수 1개, 중도 4개의 분포로 매우 강한 편향성을 드러냈다. 즉 19대 총선 기간에 전체 선거트윗에서 보수 트윗의 점유율은 약 21.7%에 달했지만, 유권자에게 강하게 호소된 이슈 파급 트윗은 100개 중에서 1개에 불과했다는 것이다. 이러한 현황은 트위터 공간이 진보가 주도하는 공론장이라는 것을 재확인시킨다. 아울러 핵심 액티비스트의 개입과 리트윗이라는 유권자의 전략적 행위가 트윗의 파급효과를 증대시키고 있는 점을 유념할 필요가 있다.

이 선거트윗들의 속성은 포지티브(56개)가 네거티브(44개)보다 더 많이 나타났다. 이러한 트윗의 속성은 주로 제기된 선거이슈와 관련이 있다. 우선 네거티브 트윗의 경우 일반 여론과 비슷하게 민간인 불법사찰 트윗이 가장 많았는데, 대부분 이명박 대통령과 박근혜 새누리당 비상대책위원장에게 책임을 추궁하는 내용이었다. 네거티브 방식은 정당과 후보의 정책 비판(1개)보다는 행태 비판(43개)이 훨씬 더 많았다. 반면 포지티브 트윗의 경우 투표참여를 독려하는 트윗이 주를 이루었으며, 일반 여론과는 달리 일명 김용민 후보 막말 사건을 옹호하는 트윗이 두드러졌다. 이렇듯 정치적 공방이 트윗의 주된 내용을 구성함으로써 정책 관련성은 현저하게 떨어져 2개의 트윗만이 정책 메시지를 포함했다. 더욱이 트위터는 글자 수가 제약되어 있는 데다 실시간성에 의존하기 때문에 정책토론이 용이하지 않다는 점도 하나의 원인으로 지적할 수 있다.

이러한 진보 주도의 트위터 이슈는 〈표 4-4〉의 선거트윗 키워드 빈도 분포에서도 재차 확인된다. 양 액티비스트 집단의 키워드는 6개가 일치했고, 김용민과 불법사찰은 공히 가장 많은 빈도수를 나타냈다. 키워드가 메시지의 표제어를 뜻한다는 점에서, 오프라인에서와 마찬가지로 두 이슈는 트위터 공간의 뜨거운 선거이슈였다. 그렇지만 이슈에 대한 입장과 반응이 반드시 일치하지는 않는다. 그것은 트위터 공간의 이슈가 진보 집단에 의해 주도되고 있으며 그로 인해 여론이 편향될 개연성이 적지 않기 때문이다.

액티비스트에 대한 기대와 우려

소셜 네트워크를 매개한 유권자의 정치참여는 2010년 제5회 지방선거에서부터 2011년 일련의 재보궐선거 및 2012년 총선에서 지속적으로 확대되었다. 이는 개방, 공유, 참여라는 웹2.0 패러다임이 정치과정에서도 확산되

〈표 4-4〉 액티비스트 및 핵심 액티비스트 집단의 선거트윗 키워드 빈도 분포

액티비스트 집단		핵심 액티비스트 집단	
키워드	빈도수	키워드	빈도수
김용민	726,383	김용민	112,608
새누리당	565,413	불법사찰	100,626
불법사찰	538,198	투표	92,246
박근혜	276,570	새누리당	88,859
이명박	236,278	국민	62,799
나꼼수	210,474	박근혜	53,514
노무현	208,216	정권심판	50,211
야권연대	192,695	투표율	45,286
투표율	170,723	정부	43,041
부산	160,949	이명박	41,476
총계	3,285,899	총계	690,666

자료: 그루터 데이터를 활용하여 필자 작성. 표의 음영은 두 집단 간 공통으로 나타난 키워드이다.

고 있음을 드러내는 과정이었다. 트위터를 예로 들면 후보의 트윗 활동 기간과 유권자의 리트윗 빈도가 선거결과에 미치는 영향이 유의미하게 나타났다. 소셜 네트워크 정치참여는 선거문화를 부흥시키는 기폭제로도 작용했다. 대표적으로 투표참여를 독려하기 위한 인증샷 캠페인은 소셜 네트워크 시대 한국 선거문화의 발전적인 현상이었다. 소셜 네트워크 캠페인은 투표율과 득표율을 증대하는 긍정적 효과를 낳을 수 있기 때문이다.

소셜 네트워크 선거참여에서 액티비스트 집단의 위상과 역할은 점차 커지고 있다. 이에 대한 이 글의 탐색 요지는 다음과 같이 정리할 수 있다. 첫째, 액티비스트 집단의 이념과 인구사회학적 분포는 온라인 토론공간과 매우 유사하게 나타나고 있다. 그동안 온라인 토론공간은 대체로 진보의 이념적 우세를 보여왔다. 그것은 보수 우위의 언론환경에서 진보 진영의 온라인 선점전략이 주효하게 작용된 결과이다. 이와 함께 주로 수도권, 남성,

화이트칼라 등 특정 계층에 액티비스트 집단이 편중된 것도 온라인 토론공간과 유사하게 나타났다.

둘째, 액티비스트 연결망은 단방향보다 상호팔로잉 관계가 매우 두드러져 강한 유대감을 확인시켰다. 그리고 동종집단 연결밀도가 더욱 높기는 하지만, 이종집단 연결밀도도 상당히 높아 전통적인 발칸화 현상과 배치되었다. 그러나 앞에서 설명했듯이 적대적 연결 가능성을 배제할 수 없기 때문에 특정 시점의 네트워킹 단면만으로 발칸화 현상을 부정하기는 어렵다. 따라서 이에 대해서는 체계적인 탐색작업이 이루어질 필요가 있다.

셋째, 선거트윗 메시지의 파급에서도 진보 집단이 확연하게 우세했다. 리트윗 상위 100개의 메시지를 보면 실제로는 보수 트윗 수가 적지 않았다. 그러나 유권자에게 호소력을 가진 트윗은 거의 없었다. 다음으로 선거트윗의 메시지 내용은 주관적 성격이 강하고 정책이슈가 거의 없었다. 즉 트위터를 통한 정책선거가 쉽지 않다는 것을 보여주었다. 마지막으로 선거트윗의 확산은 액티비스트 집단의 전략적 리트윗 행위가 결정적인 역할을 했다. 즉 대량의 선거트윗 중에서 액티비스트 집단이 어떤 트윗을 선택하고 전파하느냐에 따라 핵심 이슈가 달라질 수 있다는 것을 보여주었다.

부록 1. 핵심 액티비스트 집단의 인구사회학적 특성과 트위터 선거참여

구분	계정	성별	이념	거주지	직업	트윗 수	팔로잉 수	팔로어 수	리스트 수	선거 트윗 수	선거 리트윗 수
1	hoongkildooo 2009.07.12.	남	진보	경기	사회 운동가	77,113	97,284	88,498	1,642	3,625	54,313,992
2	mojiooo 2009.08.28.	남	진보	경기	서비스 업	282,185	147,737	135,352	1,942	2,440	53,254,304
3	coreaooo 2010.06.22.	남	진보	서울	언론인	92,086	279,689	259,731	3,578	1,701	32,454,850
4	jk0ooo 2011.06.11.	남	진보	서울	언론인	49,577	36,609	33,396	287	4,911	60,896,710
5	nanooo 2010.08.13.	남	진보	경기	자영업	7,056	49,924	46,942	114	3,814	19,904,378
6	semailooo 2010.06.02.	여	진보		언론인	110,401	41,876	42,265	655	3,058	32,202,760
7	wooriooo 2010.02.11.	여	진보	대전	사무직	94,592	68,480	62,452	553	2,183	13,051,653
8	hslee3ooo 2011.11.26.	남	보수	서울	사회 운동가	33,933	40,432	38,738	139	3,265	25,223,250
9	du0ooo 2010.06.06.	남	진보	서울	언론인	41,621	54,261	54,570	2,707	1,451	102,310,432
10	hdkim0ooo 2009.12.06.	남	진보	서울	연구·교육인	27,548	272,121	262,539	2,486	1,297	11,923,524
11	auratooo 2010.06.19.	남	보수	서울		97,771	73,600	69,195	400	2,135	4,736,414
12	fdooo 2009.06.26.	남	진보			92,882	18,668	18,682	359	2,813	20,541,950
13	ilpyungooo 2010.02.14.	남	진보	서울	연구·교육인	60,838	105,989	103,039	1,365	1,433	7,452,816
14	jykooo 2010.07.08.	남	진보	서울	온라인 논객	33,635	64,264	63,851	502	1,765	4,849,152
15	2siooo 2011.01.08.	남	진보	서울		71,155	31,938	29,047	345	1,962	8,581,651
16	lotusroooo 2010.08.20.	남	진보	서울	언론인	26,770	175,176	165,835	1,044	1,190	9,106,119
17	rainbowjooo 2009.11.03.	여	보수	일본	종교인	8,614	55,286	51,762	143	1,585	6,265,590
18	ksj69ooo 2011.10.25.	남	보수	서울	온라인 논객	15,036	16,878	16,442	64	2,600	18,887,712
19	sanjiooo 2010.06.20.	남	진보			27,981	83,364	76,616	482	2,501	2,887,090

	아이디 / 날짜	성별	성향	지역	직업						
20	mettayooo 2011.05.29.	남	진보	서울	온라인논객	24,834	492	36,865	1,336	1,203	113,507,022
21	hite0ooo 2010.11.12.	남	진보	전남		10,585	89,749	87,991	428	1,156	9,114,330
22	oksteooo 2010.03.25.	여	보수	서울	정당인	14,121	18,938	19,333	1,091	1,497	59,662,890
23	jonghooo 2009.07.21.	남	진보	경기	서비스직	185,030	22,247	20,236	648	1,887	11,294,772
24	bulkotooo 2010.07.10.	남	진보	대구	연구·교육인	32,316	104,165	94,698	1,748	904	23,975,508
25	chkfooo 2009.12.28.	남	진보	서울	온라인논객	41,357	210,608	192,441	1,751	927	8,580,096
26	congooo 2010.03.21.	여	진보	서울	예술인	28,134	690	425,987	12,524	797	32,003,829
27	lovegaooo 2010.06.05.	여	보수			50,634	67,790	67,215	541	1,977	2,506,320
28	darmdooo 2010.06.21.	남	보수		언론인	29,733	50,010	45,784	357	1,475	4,204,353
29	olzlooo 2011.01.18.	남	진보	서울		25,916	15,486	14,148	134	2,196	16,625,945
30	simba4ooo 2010.05.20.	남	진보		대학생	19,866	49,852	52,077	379	1,494	3,407,556
31	hangooo 2009.01.05.	남	진보	서울	예술인	33,272	24,949	31,674	1,222	1,375	5,095,900
32	tkfaooo 2011.08.03.	남	보수	서울	대학생	44,227	21,357	19,448	159	2,008	5,043,038
33	kangjaecooo 2010.05.21.	남	보수	서울	사회운동가	45,215	56,324	51,467	817	1,052	5,767,848
34	soonheaooo 2010.05.16/1	여	진보	서울	언론인	43,113	12,192	11,982	204	2,724	13,532,307
35	madhooo 2010.03.16.	남	진보	서울	언론인	33,272	3,452	25,634	1,201	1,126	12,277,664
36	seanilooo 2010.06.20.	남	진보			75,789	14,110	13,818	192	2,072	10,145,733
37	patriaooo 2009.08.06.	남	진보	서울	연구·교육인	7,368	15,337	326,396	10,093	598	30,769,500
38	saraboooo 2012.02.07.	남	진보	호주		180	26	15	0	906	25,634,817
39	twitalooo 2011.02.09.	여	진보			61,767	99,139	91,209	610	798	7,562,419
40	leooo 2009.07.05.	남	진보	서울	언론인	29,751	76,609	74,913	1,795	679	19,020,880

제2부 소셜 네트워크 시대 선거정치의 변화

번호	계정/개설일	성별	성향	지역	직업						
41	hwseaooo 2010.01.11.	남	보수			67,658	16,179	16,073	122	1,654	6,415,680
42	quicknewsooo 2009.11.24.	남	진보	서울	언론인	21,285	35,212	35,650	345	895	9,140,736
43	cbooo 2010.06.20/1	남	보수		예술인	14,338	13,321	13,291	76	1,931	6,587,778
44	djaak2ooo 2011.10.11.	여	진보	제주		49,302	9,678	11,466	200	2,222	29,579,079
45	comooo 2010.07.03.	여	보수	서울		37,435	25,551	23,497	238	2,578	2,019,776
46	baltoooo 2009.10.01.	남	진보	서울	사회운동가	28,095	92,423	91,103	1,769	662	8,084,443
47	h2h2oo 2011.04.22.	남	진보	서울		7,953	10,137	9,218	45	3,137	24,310,062
48	daekeunooo 2009.10.23.	남	진보	서울	연구·교육인	32,118	23,307	26,179	128	1,351	2,902,900
49	koreaooo 2010.01.30.	남	진보	서울		40,520	49,320	49,885	1,052	842	5,213,551
50	welovehooo 2009.06.22.	남	진보	서울	언론인	37,926	8,837	94,536	5,155	445	36,282,546
계						1,559,037	2,159,775	1,622,665	25,809	90,237	1,039,110,625

주: 트위터 계정의 일부만을 공개했으며, 연·월·일은 계정 개설일을 뜻함.
자료: 필자가 직접 조사하여 작성한 것임.

부록 2. 용어 상자

웹2.0

웹2.0은 웹1.0의 반명제이다. 웹1.0은 월드와이드웹을 기반으로 한 정적인 이용환경과 규격화된 참여 플랫폼을 뜻한다. 반면 웹2.0은 주로 소셜 미디어 기반의 역동적인 이용환경과 다채로운 참여 플랫폼을 뜻한다. 개방, 참여, 공유라는 모토에서 알 수 있듯이 웹2.0은 이용자 중심으로 서비스와 정보를 생산하고 교환하는 서비스를 지향한다. 국내외에서 블로그, 트위터, 페이스북, 유튜브 등이 웹2.0 플랫폼으로 각광받고 있다.

사이버 발칸화

사이버 발칸화는 공통적인 이해, 정서, 이념을 가지고 있는 사람들끼리 배타적으로 유유상종 연결망을 구조화하는 현상을 뜻한다. 이럴 경우 사이버 우주(cyber universe)는 폐쇄적인 세계로 분할된다는 점에서 비판받고 있다. 비슷한 용어로 사이버 파편화나 사이버 양극화 등이 사용되기도 한다. 특히 선호 경쟁이 치열한 정치과정에서 사이버 발칸화 현상이 매우 심화되고 있다.

프로유저

프로유저는 악셀 브런스(Axel Bruns)가 창안한 개념으로, 프로듀서(producer)와 유저(user)의 합성어이다. 굳이 우리말로 표현하자면 '생산적 이용자'라고 부를 수 있다. 어원에서 유추할 수 있듯이 프로유저는 온라인 공간의 수동적인 정보 소비자와 대칭되는 개념이다. 프로유저는 콘텐츠 제작과 활발한 커뮤니케이션 등의 생산적 활동을 통하여 기성 언론과 권력을 감시하고 변화시키려는 집단을 뜻한다.

chapter 5

소셜 미디어 정치와
한국 '트위터'라는 자연실험

한규섭 · 이혜림

이용자가 쉽게 직접 콘텐츠를 생산하고 소비할 수 있는 장으로 발전한 온라인 미디어는 최근에 더 진보되어 실시간 커뮤니케이션이 가능한 소셜 미디어의 시대를 열고 있다. 현재 소셜 미디어는 마이크로 블로그(microblog) 혹은 소셜 네트워크 사이트(Social Network Sites: SNSs) 등으로 다양하게 불리면서 엄청나게 성장하여 사회 일반에 폭넓은 영향을 행사하고 있다. 특히 양적인 성장에 있어 소셜 미디어는 단시간 내에 괄목할만한 성장을 보였다. 트위터의 경우 전체 사용자는 2010년 1억 명[시모스(Sysmos) 보고서, 2010년 6월]에서 2012년 5억 명(트위터 공식 블로그, 2012년 4월)[1]으로 증가했고, 페이스북의 경우 한 달 동안 활발히 페이스북을 이용하는 전체 이용자 규모가 약 9억 명으로 집계되고 있다.[2]

---

1 http://mashable.com/2010/12/16/twitter-stats-2010/(2010년 6월); http://www.business insider.com/twitter-stats-2010-4(트위터 공식 블로그, 2012년 4월).

소셜 미디어는 양적 성장뿐만 아니라 정치적 소통구조에도 상당한 영향을 미치고 있다. 2008년 11월 미국 대선에서 민주당 후보자였던 버락 오바마가 소셜 미디어 선거캠페인의 성공을 발판으로 대선에서 승리했던 사례가 대표적이다. 오바마는 2008년 당시 2,500만 명의 페이스북 팔로어를 포함한 5만 명의 지지자들을 소셜 네트워크 사이트상에서 확보하면서 3,000만 명의 기부자들로부터 약 6억 3,900만 달러의 지원금을 받아 성공적인 지지자 유치성과를 거두었다. 그는 이 경험을 바탕으로 2012년 대선에서도 트위터, 페이스북과 더불어 새롭게 인기를 끌고 있던 텀블러(Tumblr)를 적절히 활용하여 자신의 대통령 직위를 지키는 데 성공하기도 했다.[3]

물론 이러한 소셜 미디어 붐은 세계적인 인터넷 환경을 가진 한국 역시 예외는 아니다. 트위터와 페이스북의 국내 이용자는 약 500만 명에 달하는 것으로 집계되고 있으며, 그 이용자 수는 매우 빠르게 증가하는 것으로 나타났다. 2012년 1월에 발간한 통계청 보고서에 따르면 트위터 사용자가 2010년에는 63만 2,000명이었던 것에 반해 2011년에는 약 544만 명으로 크게 증가했고, 페이스북 이용자는 2011년 9월 40억 1,000만 명에서 12월에는 500억 3,050만 명으로 3개월 사이에 크게 증가했다(통계청, 2012).

특히 트위터는 최근 국내 정치의 굵직한 사건들의 중심에 있었다. 지난 2011년 10월의 서울시장 보궐선거에서는 '트위터 정치'의 양상이 정점에 오

....

2 "Facebook Passes the 900 Million Monthly Users Barrier," *The Wallstreet Journal*, 2012.4.23 참조.

3 "Social and Anti-Social Media," *New York Times*, 2012.11.15 참조. 오바마 대통령 트위터 계정에 오른 대통령과 영부인 미셸 오바마의 포옹 사진은 트위터 역사상 가장 많이 리트윗된 사진으로 기록되었다.

르기도 했다. 다음 해 총선과 대선의 결과를 점치는 전초전으로 여겨졌던 서울시장 재보궐선거 기간 동안 여권 후보를 둘러싼 스캔들, 그리고 야권 후보자 결정에 관한 많은 이슈들이 진보적 성향의 트위터 내 유력 인물들을 중심으로 트위터에서 활발히 제기되었다. 결국 선거는 시민 인사 출신인 박원순 후보의 승리로 마무리 되었는데, 많은 전문가들은 이러한 야권의 승리가 트위터를 통한 진보적인 젊은 유권자 층의 동원에 있지 않았겠냐는 분석을 내놓기도 했다.[4] 비단 2011년의 서울시장 선거뿐만 아니라 지난 3년간 치러진 선거나 정치적 사안들과 관련하여 소셜 미디어, 특히 트위터가 국내 정치에 갖는 영향력은 눈에 띄게 증가했다. 그렇기 때문에 새롭게 등장하기는 했지만 주요한 국내 정치미디어로서 트위터의 중요성이 보편적으로 인정되고 있다.

그러나 트위터가 끼치는 상당한 영향력에 비해 이전에 이루어진 많은 논의들은 특정 시점만을 기준으로 그 효과를 논하는 경우가 많았다. 트위터가 어떻게 실제 정치소통에 영향을 미칠 것이며 향후 어떻게 발전하게 될 것인가에 대해 한 시점에 관찰한 바를 가지고 해당 문제를 논하는 적이 많았던 것이다. 그렇기 때문에 트위터 안에서 일어나고 있는 정치 커뮤니케이션의 변동을 포착하는 데에는 한계가 있었다. 따라서 현재는 좀 더 입체적이고 장기적인 관점에서의 논의가 요청되고 있는 시점이다. 특히 트위터를 둘러싸고 있는 최근의 두 가지 논란 — 트위터가 '진보만이 소통하는 공간'이라는 진보편향성에 대한 주장과 '진영별로 양극화되어 소통이 부재한 공간'이라는 양극화

<hr/>

4 "여, 박원순 승리는 안풍과 트위터의 힘", ≪동아일보≫, 2011.11.3 참조.

에 대한 주장 – 은 더욱이 시간적 추이에 따라 어떻게 변화하고 있는지를 중심으로 논의해야 한다. 이런 맥락에서 이 글은 트위터가 새로운 정치소통 통로로써 등장하게 된 최근 3년이 일종의 자연실험(natural experiment) 환경, 즉 새로운 미디어 기술의 도입에 의한 자연스러운 사회변동을 관찰할 수 있는 환경을 제공했다는 사실에 중점을 두었다. 새로운 미디어의 등장에 의한 점진적인 사회변동이라는 관점에서 트위터를 둘러싼 두 가지 논의를 중심으로 연구팀이 자체 조사한 사항들을 토대로 트위터의 정치 커뮤니케이션적 가치에 대해 논의하고자 한다.

트위터: 공론장으로서의 가능성?

상당수의 전문가들은 온라인 공간이 민주주의 발전에 얼마나 기여할 것인가에 관해 여러 낙관적인 전망을 내놓았다. 대개 이러한 장밋빛 예측은 이전과 달리 물리적 제한을 벗어나 온라인 공간 안에서 다양한 사람들의 의견을 접할 수 있는 기회가 많아져 더 다양한 정치정보를 소비할 수 있는 환경을 가지게 될 것이라는 희망에서 출발했다(Rheingold, 2000). 하지만 이러한 기대와 반대로 실제 온라인에서는 자신의 의견만 고수하는 고립된 정치소통이 나타나고 있다는 주장이 제기됨에 따라 과연 인터넷이 정치소통에 있어 긍정적 영향만을 가져다줄 것인지에 대해 비판적으로 바라보아야 된다는 목소리가 점점 커지고 있다. 대표적으로 카스 선스테인(Cass Sunstein)은 그의 저서 『리퍼블릭닷컴(Republic.com)』에서 인터넷에서 상호 대립하는 정치적 집단이 서로 점차 소통하지 않는 현상을 심각한 문제라고 지적했다(Sunstein, 2001; 2007). 온라인 내 이용자들이 자신과 다른 정치적 성향의 사람들과 소통하는 것을 피하고 비슷한 의견을 공유한 사람들끼리 모인 집단 안에서만 소통하는 경향이 점점 커지고 있다는 것이다. 그의 주장에 따른다면 다른 사람들의 의견을 듣지 않고 자기 입장만 강화한다는 측면에서 실제의 온라인 정치소통은 민주적인 의사소통과는 매우 거리가 멀다. 비단 이러한 정치집단 간 불통 현상에 대한 선스테인의 지적뿐만 아니라 같은 맥락으로 온라인 내에서 일어나고 있는 정치소통은 이상적으로 생각했던 민주적 의사소통과 전혀 다르게 전개되고 있다는 비판은 다른 많은 전문가들에 의해서도 꾸준히 제기되고 있다(Dahlberg, 2007).

우리는 여기서 온라인 정치소통에 대해 부정적 입장을 취하고 있는 이러한 비판적 주장의 주된 배경을 살펴볼 필요가 있다. 이미 여러 연구들에 의해 정보 선택지가 많은 환경에서는 사람들이 더욱 자신의 기존 선호에 따라 정보를 선택적으로 이용하려고 하고, 비슷한 정치성향의 이용자와 소통하려는 경향이 있음이 밝혀진 바가 있다(Iyengar & Hahn, 2009). 더욱이 최근의 온라인 서비스는 콘텐츠 생산과 소비에 있어 더욱 이용자에게 전례 없는 자율성과 힘을 부여하고 있기 때문에(O'Reilly, 2007) 이러한 선택적 이용의 양상은 더욱 강화될 것이라는 예측을 쉽게 할 수 있다. 결국 다양한 정치정보의 소비를 통해 정치적 소통의 폭을 넓히는 데에 온라인 공간이 제대로 그 역할을 다할 것인지에 대해 의구심이 생기게 되는 것이다.

특히 최근 등장한 트위터는 팔로잉이라는 기능을 통해 타임라인(timeline)에서 계속적으로 정보를 받아보고자 하는 계정을 이용자 선호에 의해 개별적으로 선택할 수 있도록 되어 있다. 한 이용자가 다른 계정을 팔로우하게 되면 팔로잉한 이용자의 메시지인 트윗에만 노출된다. 특정 계정을 팔로잉한다는 것은 그 계정이 전달하는 정보에 대해 관심을 갖고 있다는 것으로 생각할 수 있기 때문에(황유선·심홍진, 2010) 이러한 이용환경에서 이용자는 정치적으로 선호하는 계정과 팔로잉을 통해 선별적인 관계 맺기를 할 가능성이 높다. 트위터의 국내 정치에서의 영향력과 중요성을 생각해볼 때 이러한 트위터 서비스의 특성은 올바른 정치소통의 장이 되는 데에 있어서 기존 온라인 공간의 한계로 지적된 요소를 극복하고 있는지에 대해 더 깊이 있는 논의를 요청하고 있다. 특히 균형 있는 정치미디어로서의 트위터 공간을 둘러싼 여러 논쟁들에 대해서도 심도 있는 검토를 요구하고 있다.

첫 번째 논란: 특정 정치집단의 편중

트위터가 정치적 소통에 있어 부정적 효과를 발생시킨다고 보는 근래의 논쟁은 두 가지 주장으로 압축될 수 있다. 첫째, 트위터가 오로지 진보적 이념을 가진 사람들만이 모인 편향적인 공간이라는 지적이다. 트위터가 진보적 편향성을 띤다는 각계의 주장이 적극적으로 제기된 배경으로는 한국 사회의 더욱 심화된 사회적 균열과 급격하게 변화된 뉴스미디어 이용환경을 꼽을 수 있을 것이다.

우선 2002년 대선 이후 더욱 확대되어서 나타나고 있는 정치적 지평 내 세대적 균열을 주목할 필요가 있다. 2002년 대선에서 새로운 개혁주도 세대로 상징화된 '386세대'의 성장은 안보와 경제를 둘러싼 굵직한 국내 정책 사안들에 대한 세대별 시각차를 뚜렷이 보여주었다(김재한, 2006). 리더십에 대해서도 각 세대는 시각을 달리하고 있는데 역대 대통령 평가에 대한 최근의 설문에서 20대부터 40대까지는 노무현 대통령을 최고의 대통령으로 꼽은 반면, 50대 이후의 기성세대들은 박정희 대통령을 최고의 대통령으로 꼽은 것으로 나타났다(동아시아연구원, 2012). 정치적 리더십에 대한 세대적 차이는 세대가 가지고 있는 정치적 쟁점이 매우 다르다는 것을 의미한다. 세대 간 분열 양상은 가장 최근의 대선결과에서도 다시 한 번 뚜렷하게 나타났다.[5] 일자리, 양육, 교육에 대한 부담이 해결되지 않은 젊은 층 과반수는 정권교체에 대한 열망에서 야권 후보에게 투표했고 안보 강화와 경제발전이라는 이전의 리더십에 향수를 가진 기성세대의 경우 반수가 훨씬 넘는 비율이 여권 후보에게 투표하는 양상이 나타났다.

이러한 정치적 지형과 새로운 미디어 기술의 이용이 나이와 깊은 관계가 있다는 것을 감안할 때, 세대별로 판이한 미디어 이용행태가 나타날 것이며 이러한 미디어 이용의 차이는 세대에 따른 기존 정치적 태도를 강화시킨다는 점에서 미디어 이용행태를 눈여겨보아야 한다. 트위터와 같은 가장 최근의 서비스는 기성세대보다 젊은 세대에 의해 적극적으로 활용될 가능성이 높다. 그러므로 더 진보적인 젊은 세대의 이용자들만이 활동하게 될 것이고, 트위터 공간은 진보적 성향이 지배적인 미디어 공간이 될 것이라 생각해볼 수 있다. 또한 트위터 공간의 미디어적 특성 자체가 진보편향적 성격을 더욱 두드러지게 하고 있다는 판단 역시 가능하다. 자유로운 의견 개진과 정보 교환이 가능한 새로운 미디어 공간은 질서와 권위보다 평등주의적 견해를 중시하는 진보적 성향의 이념과 더 상응한다.[6] 기존 매체보다

....

5 "'2030세대 vs 5060세대' 연령별 대결 양상 뚜렷", 《경향신문》, 2012.12.20 참조. 방송 3사 출구조사에서 2040세대의 경우 50~60%가 민주당 문재인 후보에게 투표한 반면, 50대 이상 유권자의 경우 60~70%가량이 새누리당 박근혜 후보에게 투표한 것으로 나타났다.
6 사회운동가들의 성격을 연구하는 이전 연구논문에서는 진보-보수라는 두 이념이 '통제의 주체(locus of control)'를 바라보는 시각에서 차이가 있다고 설명했다(Levenson &

수평적 커뮤니케이션을 강조하는 인터넷과 같은 새로운 미디어 공간에서는 대체로 진보적 성향의 사람들이 더욱 적극적으로 활동하여 이에 따라 진보적 성격을 더 띠게 될 수 있다(Best & Krueger, 2005).

실제 트위터에서도 진보적 성향을 가진 이용자들의 적극적인 활동이 더욱 두드러지게 나타나고 있다. 정치인들의 트위터 이용 패턴에 대한 장덕진(2011)의 연구에서는 진보적인 성향 혹은 야당의 정치인들이 보수 정당과 여당 정치인들에 비하여 트위터 이용을 활발하게 하고 있는 것으로 나타났다. 반현·이현주(2011)의 연구에서도 진보적일수록 소셜 미디어를 자주 사용하는 것으로 분석하고 있다. 같은 맥락에서 금혜성(2011) 역시 장덕진·김기훈(2011)의 연구에서처럼 진보신당 및 민주노동당, 민주당 등 진보적인 성향의 정당들이 더욱 활발한 트위터 활동을 하고, 더 많은 팔로어 숫자와 리트윗 숫자를 가지고 있는 것으로 밝히고 있다.

이처럼 실제 특정 시기에 대한 관찰에서는 트위터 공간이 진보적 편향만이 계속적으로 발견되기 때문에 트위터가 진보적 성향의 세력이 우세한 공간처럼 보일 수도 있다. 그러나 시간이 경과함에 따라 이러한 편향성은 반대의 양상을 보일 것이라는 예측도 충분히 가능하다. 인터넷 이용자 구성의 변천에 대한 제닝스와 제티너(Jennings & Zeitner, 2003)의 연구에 따르면, 정치적으로 세련된 사람들이 초기에 정치적으로 인터넷을 활용하지만 그렇지 않은 일반 이용자도 점점 온라인 공간을 자신의 정치의사를 표현하는

Miller, 1978: 202; Keniston, 1970). 예를 들어, 보수적인 사람들은 권위가 존재해야 한다고 보는 반면, 진보적인 운동가들은 정치적 참여에 있어 평등주의적 시야에서 이를 침해하는 어떤 정책이나 권위에도 저항해야 한다고 생각하는 경향이 있다고 밝혔다.

제2부 소셜 네트워크 시대 선거정치의 변화

공간으로 이용한다. 정치적인 견해가 뚜렷한 소수의 사람들만 이용했던 인터넷이 정치적 관심 혹은 참여도가 이들보다는 낮은 일반 다수의 사람들에게도 점점 이용되면서 전체 이용자들의 스펙트럼은 넓어지게 된다는 것이다. 이러한 논리를 트위터 현상에 도입해본다면 진보적 성향의 이용자들의 활동이 트위터 도입 초기에는 매우 두드러지지만 시간이 흐를수록 중도적 성향의 일반 이용자들이 트위터를 점점 더 이용하게 되면서 트위터의 전체적인 이념적 편향성은 줄어들게 될 것이라고 생각해볼 수 있다. 미디어 경제학적 관점에서도 사람들의 개별적인 선호에 기인한 온라인상에서의 콘텐츠 소비 패턴이 시간에 따라 점점 더 완화되고 있다는 주장이 제기되고 있다(Napoli, 2011).

따라서 트위터의 진보적 편향성은 트위터라는 새로운 매체가 가진 내재적인 특성과 국내 미디어 이용의 세대별 차이로 인해 발생한 자연스러운 현상이므로 트위터의 진보편향성은 크게 변화하지 않을 것이라고 생각해볼 수 있지만, 온라인 콘텐츠 소비 패턴과 인터넷 이용인구 구성의 시간에 따른 변화를 고려한다면 트위터의 진보편향성은 오히려 더 완화되는 방향으로 변화할 것이라는 예측 역시 가능하다고 볼 수 있다.

두 번째 논란: 정치집단 간 양극화

이념적 편중성과 함께 트위터에 대해 제기되고 있는 두 번째 우려는 트위터 내 정치진영 간의 양극화가 심화되어 이견의 노출이 더욱 줄어들게 될 것이라는 지적이다. 온라인 공간이 정치이념과 선호에 따라 분열되는 현상은 이론적 논의뿐만 아니라 실증적으로도 꾸준히 다루어져왔다. 많은 미디어 연구자들은 온라인 게시판과 블로그에서 정치적으로 양극화되어 있는 양상을 뚜렷이 발견할 수 있다고 주장하고 있다. 대표적인 연구로 로렌스, 사이드 그리고 퍼렐(Lawerence, Sides & Ferrell, 2010)은 정치블로그 이용자들이 일반 텔레비전 시청자들보다 더욱 이념적으로 양극화되어 있으며 미국 상원의원들만큼이나 심한 양극화 정도를 보여주고 있다고 주장했다. 이와 비슷한 맥락에서 블로그의 콘텐츠를 연구한 하가라티와 그의 연구팀(Haragittai et al., 2008)은 블로거들이 자신과 비슷한 정치적 신념을 공유하는 블로거들과 더욱 많이 연결되어 있다는 것을 밝혔다. 이외에도 많은 연구자들은 블로거의 정치성향에 따라 연결되어 있는 뉴스 사이트가 확연히 다르거나, 주요 정치사안에 대해 양극화된 정보를 만들어내고 동질적 성격의 블로그끼리의 활발한 상호작용을 하므로 대립하는 두 정치진영 간의 양극화가 뚜렷하게 나타나고 있다고 밝히고 있다(Chang & Park, 2012). 이와 비슷한 맥락에서 온라인 게시판 토론에 대한 국내 연구들 역시 이견을 가진 게시판 이용자들 간의 토론 정도는 점점 줄어들고 오히려 양극단이 대치되는 모습을 발견할 수 있다고 밝히고 있다(장윤재·이은주, 2010)

이의 연장선상에서 트위터 내에서도 이용자의 양극화된 정치적 커뮤니케이션 형태가 발견되고 있다. 코노버와 그의 동료들은 두 번의 연구를 통해 미국의 두 이념적 집단이 트위터에서 명확히 분리된 커뮤니티임을 형성하고 있음을 발견했다. 2010년 미국 의회 중간선거 기간 동안의 트윗을 연구한 결과 그들은 리트윗 네트워크(retweet network)가 민주당과 공화당, 두 당으로 극심히 분리되어 있었다는 것을 발견했고(Conover et al, 2011a), 해쉬 태그(Hashtag)와 URL에 대한 분석을 수행한 또 다른 연구에서도 좌우 두 진영이 분리된 커뮤니티를 형성하고 있음을 또다시 지적했다(Conover et al., 2011b).

이러한 집단 간 양극화 현상은 국내 트위터에서도 나타난다. 트위터의 정치적 이용을 분석한 대부분의 국내 연구들은 정치성향별로 다른 트위터 이용행태를 발견하면서 이전의 블로그와 온라인 게시판 이용에서 그러했듯이 트위터에서도 이견의 노출이 축소되고 동질적인 정치집단으로 모이는 정치적 분극화가 나타난다고 주장하고 있다(Hahn et al., 2011).

그런데 앞서의 이념적 편중과 마찬가지로 이러한 양극화 양상이 더욱 심화될 것인지 그대로 유지되거나 완화될 것인지에 대해서는 시간적 경과에 따라 지켜보아야 한다. 이런 점에서 시간의 추이에 따른 트위터의 정치집단 간 양극화에 대한 변화 예측을 위해서는 먼저 '팔로잉' 기제를 바탕으로 하는 트위터의 네트워크적 성격에 주목할 필요가 있다. 셸링(Schelling, 1969)은 인종에 따라 거주구역이 분화되는 양상을 모델화하는 연구에서 분화가 동질성에 대한 강한 선호(예: 노골적인 인종차별주의)를 필요로 하지 않는다고 주장했다. 한 개인이 자신과 비동질적인 타인과 연결되지 않으려는 아주 작은 회피성향이나 아주 경미한 동질적인 것에 대한 선호만으로도 전체적으로는 극심한 집단 네트워크 간 극화를 발생시킨다는 것이다. 네트워크 안에서 무작위적인 파트너를 선택하는 데 있어 아주 작은 동질성에 대한 선호만으로도 네트워크는 계속적으로 분화할 동력을 가지게 된다. 이러한 셸링의 모델은 최근 소셜 네트워크 사이트의 분화를 설명하기 위해 이용되었는데 대표적으로 헨리, 프라와트, 장의 트위터 연구에서 사용되었다(Henry, Prałatb, & Zhang, 2011). 이 연구를 보면 셸링의 모델이 제시하는 것처럼 아주 작은 정도의 비동질적인 것에 대한 회피만으로도 소셜 네트워크 사이트 안에서 네트워크 분리 현상이 다소 빨리 나타나는 것을 알 수 있다.

그러나 이러한 양극화 현상의 심화에 대한 여러 주장에도 불구하고 편중성이 시간에 따라 완화되는 것처럼 온라인에서 나타나는 정치적 양극화 역시 자연스럽게 해결될 수 있는 여지가 크다. 시간적 추이에 따른 양극화의 변화에 관한 몇몇 연구결과들은 장기적인 관점에서 대립하는 정치집단 간의 양극화 정도가 점점 줄어들고 있다고 밝히고 있다. 대표적으로 우선 게츠노와 샤피로의 연구(Getznow & Shapiro, 2011)를 들 수 있는데 그들은 2004년부터 2008년까지의 패널 설문조사를 실시한 결과 시간에 따른 이념적 양극화가 인터넷에서 전혀 심화되지 않았다고 주장했다. 그들은 "인터넷 뉴스 오디언스들의 크기가 점점 커짐에 따라 이념적 분리는 점점 완화되고 있다(If anything, segregation has declined as the Internet news audience has grown)"라고 덧붙이면서 집단별 고립지표(isolation index)의 크기가 시간에 따라 점차 감소하는 것을 시각적인 그래프를 통해 보여주기도 했다(Getznow & Shapiro, 2011: 1819). 시간에 따른 트위터 양극화에 대한 최근의 연구 역시 이와 비슷한 결과를 보여준다. 야디와 보이드(Yardi & Boyd, 2010)는 트위터상에서 조지 틸러(George Tiller) 사건에 대한, 이념을 넘어선 대화(cross-talk)가 어느 정도 있었는지를 조사했는데, 사건에 대한 트윗을 내용 살펴본 결과 24시간 동안 이념을 넘어선 대화의 양은 줄어들지도 감소하지 않았으며 각 이념별 의견 역시 극단화되지 않았다. 이와 같은 최신의 실증적 연구결과들이 의미하는 바처럼, 시간에 따라 트위터의 중요성이 증대될수록 여러 성향의 이용자들이 모여들면서 양극화는 어느 정도 줄어들 가능성이 심화될 가능성보다 높을 수 있다. 따라서 시간적 추이에 따라 양극화를 살펴보았을 때 이념적 편중성과 더불어 정치집단 간의 양극화는 점점 완화되는 추세가 나타날 수 있음을 추론해볼 수 있다.

이처럼 거듭 진화하고 있는 온라인 공간이 정치적 소통 창구로써의 역할을 충분히 수행할 수 있는지에 대해서는 여전히 많은 논란의 여지가 있다. 많은 선행연구들은 이용자가 정치적인 의사 표시 및 정치적 정보 소비를 이념적 선호에 따라 행하므로 정보를 생산하는 과정에서 분리된다고 보았다. 온라인 공간은 점점 각 이념의 양극단으로 분화하면서 그 기능을 다하지 못하고 있다고 주장하고 있다. 하지만 분열된 온라인 공간에 대한 기존의 연구들은 그 지속적인 변화를 포착하지 못했다. 이는 실제 특정 이념의 편중적 현상과 양극화 현상을 온라인 공론장의 위기라는 심각한 문제로 제기하는 데 큰 한계가 된다. 따라서 다음 절에서부터는 연구팀이 실시한 3년 동안의 조사를 통해 트위터를 둘러싼 두 가지 논란들 ─ 편중화와 양극화 ─ 을 중심으로 실제 트위터 내 정치 커뮤니케이션 양상이 어떻게 변화했는지를 시간의 추이에 따라 점검해보았다.

'한국 트위터'라는 자연실험

정치인들은 트위터를 일반 유권자들과 실시간으로 직접 정보를 주고받는 1인 매체의 공간으로 적극 활용하고 있다. 트위터는 이렇게 정치 커뮤니케이션 채널로서 독특한 지위를 가지게 되었으며, 유권자들의 피드백을 실시간으로 확인할 수 있다는 점에서 정치인들이 시민과 만나는 접촉면이 넓어지는 효과도 기대할 수 있게 되었다. 그러나 온라인 미디어 기술 내 정보 선택의 장치들로 발생할 수 있는 양극화의 가능성을 염두에 둘 때 다시금 소셜 미디어의 정치 커뮤니케이션적 역량에 대해 의문을 제기할 수밖에 없다. 따라서 트위터가 시간의 경과에 따라 개인 이용자들에 의해 어떻게 사용되고 있는지를 면밀히 살펴보는 일은 매우 중요하다.

이는 특히 현역 의원들과 시민들 간의 정치적 소통에 있어 트위터가 어떤 역할을 수행하고 있는가에 대한 통찰을 제시할 수 있을 것이다. 이들의 트위터 관계 지형이 어떻게 변화했는지에 대한 조사는 매우 유의미한 작업이다. 이러한 이유에서 우리 연구팀은 소셜 미디어 내 유권자들의 정치적 이용행위의 변화를 살펴보기 위해 정치인과 팔로어들 간의 관계를 시간의 추이에 따라 조사했다. 2010년부터 2012년까지의 국회의원과 유권자 간에 팔로잉 관계가 어떻게 맺어지고 있는지를 살펴보았는데, 18대 국회의원직 효력이 발생한 2008년 5월부터 조사시점까지 계속해서 의원직을 유지하고 있는 의원의 트위터 계정들만 포함하여 그들을 누가 팔로잉하고 있는지 조사했다. 2010년 9월에 1차 조사, 2011년 6월에 2차 조사, 2012년 3월에 3차 조사를 실시했다.

시간의 흐름에 따라 소셜 미디어 유권자들의 이용 변화를 조사하는 데에서 주목해야 하는 점은 정치적 미디어로서 트위터가 도입된 시점을 선정하는 것이다. 트위터는 국내에 도입된 시점이 사실상 불분명하므로 한국 언론에서 관심을 받기 시작한 시점, 유명인들이 트위터에서 다수의 팔로어들을 가지고 정치적인 발언을 하기 시작했던 시점을 도입 시점으로 보는 것이 적절하다. 2010년 당시 스마트폰이 본격적으로 도입되었고 그 이후 공지영, 이외수 등 각계 인사들의 트위터 활동이 언론에 주목받기 시작했다. 트위터 이용자 수의 눈에 띄는 증가 수준 역시 이를 뒷받침하고 있다. 연구팀의 조사에서 1차 데이터 수집 시기인 2010년 9월경에는 국내 트위터 사용자 수가 약 60만 명 정도에 불과했으나 그 이듬해인 2011년 6월에는 약 400만 명이 되었을 정도로 약 7배 이상 급증했다. 2010년까지만 해도 저조했던 국내 이용자 규모가 9개월 만에 급격한 증가를 보이며 빠르게 성장한

〈표 5-1〉 국내 트위터 이용의 성장

구분	한국 트위터 사용자 수	국회의원 트위터 계정 수	국회의원 트위터 계정 팔로어 수
2010년 9월	632,000명	158명/280명 (56.4%)	126,289명
2011년 6월	4,004,515명	195명/269명 (72.5%)	318,417명
2012년 3월	6,421,860명	236명/265명 (90.4%)	653,665명

것이다.

국내 트위터 이용자의 성장은 이처럼 2010년 도입 시기를 거쳐 2011년부터 매우 빠른 속도로 진행되었다. 2011년 한 해 동안 굵직한 정치적 사건들의 중심에 트위터가 자리하면서 정치적 소통에서 트위터가 차지하는 입지는 매우 두드러졌다. 그러나 이러한 트위터 이용의 확대는 2012년에 들어와 다소 주춤한 양상을 보였다. 2010년과 2011년간의 증가세보다는 떨어진 약 1.5배 정도의 증가에 머물렀다. 2012년 3월 조사 시기 이후에도 성장세는 다소 완화된 양상을 유지했고, 2012년에는 더 이상의 급격한 양적 성장은 멈춘 성숙 단계에 이르렀다. 이처럼 트위터의 국내 도입-성장-성숙이 3년이라는 매우 빠른 시간에 이루어졌기 때문에, 지난 3년은 주요 선거와 정치적 사건들을 겪으면서 트위터가 어떻게 진화했는지를 볼 수 있는 매우 적절한 시기이다. 실제 사회환경이 실험실이 되는 일종의 자연실험이 가능한 바탕이 제공되었다고 볼 수 있는데 과거 텔레비전의 보급에 따른 사회 변화를 시간의 흐름에 따라 연구한 사례들과도 맥락을 같이한다고 볼 수 있다.

파급효과와 영향력 측면에서 급격한 성장을 보인 트위터는 지난 3년 동안 인터넷에서 나타난 다양한 유권자들의 이용행태를 관찰할 수 있다는 점에서 매우 흥미로운 사례이다. 특히 유권자와 현역 의원들 간의 직접적인 온라인 관계가 어떻게 생성되고 성장하며 진화해가는지에 대해서 알 수 있는 좋은 사례로 충분히 다루어질 수 있을 것이다.

2010년부터 2012년까지 트위터에서 유권자와 정치인들 간의 소통량은 트위터의 성장과 함께 3년 동안 벌어진 여러 정치적 사건들 및 일련의 선거들과 맞물리면서 뚜렷한 성장세를 보였다. 이는 전체적인 의원들의 계정과 그 팔로어 수의 연도별 증가세에서 바로 나타난다. 2010년 9월에는 의원직을 2008년 5월부터 유지한 280명 의원 중 158명만이 트위터 계정을 보유했었던 데 반해(56.4%), 2011년 6월에는 그 비율이 72.5%까지 증가했고 2012년 초에는 90.4%까지 증가했다. 2012년에는 거의 대부분의 현역 의원들이 트위터 계정을 보유했을 정도로 트위터가 정치소통의 매체로 자리매김한 것을 알 수 있다. 의원들의 트위터 계정 비율의 증가뿐만 아니라 의원을 팔로잉하는 팔로어들의 숫자 또한 크게 증가했는데 2010년 9월에는 현역 의원의 트위터 계정을 팔로잉하는 팔로어들의 수가 약 12만 명이던 것이 불과 9개월 만인 2011년 6월에는 32만 명으로 약 3배가량 증가했고, 마지막 조사 시기인 2012년 3월에는 6개월 만에 다시 두 배 이상 증가했다. 이것은 최초 조사 시점인 2010년 대비 약 6배가량 증가한 수치로 정치인과 유권자의 직접적인 온라인 관계 맺기가 트위터를 통해서 확산되고 있음을 알 수 있는 수치이다.

이러한 양적 성장과 함께 정치인과 유권자 간의 트위터를 통한 소통의 질도 성장했는지에 대해서도 역시 살펴볼 필요가 있다. 논의를 좀 더 구체화하기 위하여 트위터를 둘러싼 두 가지 주된 쟁점을 중심으로 3년 동안의 조사결과를 간단한 계산을 통해 분석해보았다.

첫 번째 논의 대상으로 위에서 언급된 이념적 편중성의 심화 논란과 관련하여 지난 3년간 진보적 집단의 편중이 트위터 내에서 더욱 심각해졌는지를 먼저 살펴보았다. 편중성 논의가 '진보 편향'에 집중되어 있기 때문에 진보 정당 소속의 의원들을 더 많이 팔로잉하는 사람들이 전체 팔로어 수에 비하여 어느 정도로 많은지를 비율로 계산하면 알 수 있다. 진보적 편향성이 심화되었다면 진보적 정당 소속의 의원들만을 팔로잉하는 사람들이 점점 더 늘어나게 될 것이다. 비록 팔로잉 여부만을 가지고 하는 단순 계산이지만 오히려 단순하기 때문에 이러한 단순한 편향 비율조차도 점점 감소하는 양상을 나타낸다면 진보 편향의 공간이라고 여겨졌던 트위터가 그 편향성을 점점 더 완화하는 방향으로 변화한다는 것을 더욱 확신할 수 있는 셈이다.

이 단순한 계산을 통해 알 수 있었던 것은 대체로 트위터 내에서 진보 이념의 편중적 이용 정도가 줄어들고 있다는 점이었다. 진보 정당 소속 의원만을 팔로잉하는 팔로어들의 숫자는 2010년에서 2012년까지 약 3% 가량 줄어든 것으로 나타난다. 물론 진보적 의원만을 팔로잉하는 사람들의 비율이 시간에 따라 감소하는 크기가 크지 않아 진보적 성향의 의원들이 트위터에서 더 강력한 힘을 행사하고 있는 현상이 현저하게 완화되었다고 할 수는 없지만, 일부 언론과 연구에서 우려했던 것처럼 진보적 색채를 가진 정치인들에게만 팔로잉이 계속적으로 집중되어 트위터가 오로지 진보적인 이용자만이 이용하는 매체로 쓰이고 있지는 않다는 것을 알 수 있다.

두 번째 논란인 양극화 논의를 구체적으로 점검하기 위해서 이용자들이 진보·보수 진영의 각 정치인들을 어떻게 팔로잉하고 있는지 살펴보았다. 만약 양극화가 계속 진행되었다면 한쪽 소속 의원들을 팔로잉하는 행태가

〈표 5-2〉 각 시기별 내집단 및 외집단 팔로어 수의 비율

구분	특정 진영 소속 의원들만 팔로잉	양당 소속 의원들 모두 팔로잉
2010년 트위터 이용자	99,240명/126,289명 (78%)	27,049명/126,289명 (21%)
2011년 트위터 이용자	247,362명/318,417명 (77%)	71,065명/318,417명 (22%)
2012년 트위터 이용자	63,136명/653,665명 (10%)	590,529명/653,665명 (90%)

각 진영 소속의 의원을 모두 팔로잉하는 행태보다 점점 더 시간에 따라 증가해야 할 것이다. 이를 위해 각 시점에서 팔로어들이 한 진영만 팔로잉하는 경우와 양 쪽 모두 팔로잉하는 경우를 비교해서 보았다.

〈표 5-2〉에서도 알 수 있듯이 한 진영에 속한 의원들을 팔로잉하는 경우를 전체 팔로잉 횟수를 기준으로 백분율로 계산해보면 2010년 78%에서 2011년 77%로 감소했다 2012년 10%로 급격하게 줄어들고 있다. 반면 진보-보수 양 정당 소속 의원들을 팔로잉하는 행태의 경우 같은 방법으로 비율을 계산해보았을 때 2010년 21%에서 이듬해 22%로 증가하다 2012년에는 90%까지 급격하게 증가하는 것을 알 수 있다. 양극화에 대한 주된 우려는 유권자가 자신의 정치이념에 호응되는 정보만을 선택적으로 소비한다는 것에 대한 문제에 있었다. 그러나 3년간 트위터 내에서 나타난 팔로잉 행태를 보면 유권자들은 자신과 비슷한 정치적 성향을 가진 현역 의원들의 정보뿐만 아니라 자신과 반대되는 정치성향을 가진 현역 의원들에 대한 정보도 점점 더 적극적으로 소비하고 있다. 즉 트위터를 이용하는 유권자들은 시간이 지남에 따라 점점 한 정치진영만을 팔로잉하던 행태를 고수하는 패턴에서 벗어나 자신과 성향이 다른 정치집단이 생성하는 정보에 대해서도 스스로 접근성을 높이는 이용 패턴을 보이고 있는 것이다.

어떤 사람이 누구를 팔로우 하고 있는가를 알아보기 위해 국회의원을 팔로잉하는 팔로어들의 인구학적 배경을 알 수 있는 'KBS 온라인 국민패널'의 데이터를 연계하여 추가적으로 살펴보았다.[7] 먼저 'KBS 온라인 국민패널'의 신뢰성을 평가하기 위해 한국광고주협회(KAA)가 실시한 최근의 조사와 비교해보았다.[8] KAA 조사에 포함된 700여 명의 트위터 사용자들이 전체 트위터 사용자라는 모집단에 대해 얼마나 대표성을 가지는지는 알기 어렵지만 KAA 조사의 표본은 패널이 어떠한 특성을 보이고 있는지에 대해 좋은 비교기준이 될 수 있다.

앞서 본 트위터 이용의 증가 패턴과 마찬가지로 트위터의 전체적인 성장, 의원 - 유권자들 간 팔로잉 규모의 성장과 더불어 조사에 포함된 의원들을 팔로잉하는 패널들의 수 역시 증가했다. 트위터 크기의 증가 추세와 비슷한 패턴으로 증가했고 가장 처음 시기와 비교하여 약 3배 이상 증가한 것으로 나타났다. 〈표 5-3〉에서 볼 수 있듯이 'KBS 온라인 국민패널'의 패널과 KAA의 표본을 상호 비교할 때 현역 의원들을 팔로잉하는 팔로어들이 어떠

....

7 2011년 3월에 출범한 'KBS 온라인 국민패널'은 프로그램에 활용하기 위해 조성한 온라인 조사패널로 약 10만여 명의 멤버를 확보하고 있다. 패널 구성원들은 무작위로 추출되어 정기적으로 KBS에서 실시하는 조사에 참여하며 소액의 금전적 보상을 받게 된다. 패널 멤버로 등록하는 시기에 긴 프로파일 설문에 답하게 되는데 여기에는 참여자가 제공한 트위터 스크린 이름이 포함되어 있었다. 따라서 패널 멤버들 중 국회의원을 팔로잉하고 있는 패널 멤버들에 대해서 트위터 팔로잉 데이터와 개인적 차원의 변인들을 동시에 확보할 수 있었다. 이 두 차원의 데이터를 접목시켜 트위터 팔로잉 행태를 패널들의 개인적 차원의 속성으로 설명하는 것이 가능했다.

8 한국광고주협회가 미디어 이용 시장조사를 위해 닐슨 리서치에 의뢰해 만 18세 이상의 남녀 1만 명을 대상으로 2012년 8~10월에 걸쳐 실시한 조사이다(한국광고주협회, 2012).

〈표 5-3〉 설문 표본의 인구학적 구성

구분		KAA 트위터 사용자	KBS 국민패널 트위터 전체 사용자	수집 데이터		
				2010년	2011년	2012년
나이	20~29세	57.9%	42.5%	19.5%	23.2%	22.7%
	30~39세	30.7%	28.0%	32.5%	28.8%	30.0%
	40~49세	8.9%	17.0%	29.4%	27.6%	27.1%
	50~59세	1.9%	7.9%	12.6%	14.7%	14.6%
	60세 이상	0.6%	2.9%	6.1%	5.7%	5.7%
성별	남	58.1%	55.6%	80.1%	75.3%	85.7%
	여	41.9%	44.4%	19.9%	24.7%	14.3%
거주 지역	서울/경인 수도권	59.0%	57.2%	59.3%	57.3%	57.3%
	그 외	41.0%	42.8%	40.7%	42.7%	42.7%
학력	중졸 이하	0.0%	0.84%	1.5%	1.0%	0.9%
	고졸	21.1%	12.7%	7.6%	10.8%	10.4%
	대졸 이상	78.9%	86.5%	90.1%	88.2%	88.7%
정치적 성향	진보	49.5%	50.6%	54.5%	48.7%	51.5%
	중도	37.6%	27.1%	23.9%	27.5%	26.6%
	보수	12.8%	22.4%	21.6%	23.8%	21.9%
N		719	83,246	490	1,059	1,402

한 특징을 가지고 있는지 더 잘 알 수 있다. 패널에 포함된 트위터 이용자들의 경우, 아무래도 현역 의원들을 팔로잉하는 이용자들이다 보니 KAA 표본보다 20대의 비율이 낮고 40대 이상의 비율이 훨씬 높다. 또한 남성의 비율이 여성의 비율보다 압도적으로 높으며 주로 정치에 관심이 많은 수도권 거주자인 고학력자임을 알 수 있다. 마지막으로 정치이념 역시 KAA에 포함된 일반 트위터 사용자의 경우 중도적 성향을 가진 사람은 트위터를 이용하고 있는 것으로 나타나지만, 현역 의원들을 팔로잉하는 이용자들의 경우 중도적 성향의 이용자층 비율은 낮고 정치적 색깔이 분명한 이용자들이 훨씬 높은 비율을 차지하는 것을 알 수 있다. 이처럼 인터넷상에서 소위 '정치적 활동가'에 속하는 사람들의 특성을 대표적으로 나타내는 인구학적인 요소가 패널에 그대로 반영되고 있다. 만약 이들 그룹 안에서도 편중성과

양극화가 완화되고 있다면 트위터의 정치소통적 가치에 있어 고무적인 결과를 기대해볼 수 있다.

〈표 5-4〉와 같이 팔로어들을 진보와 보수 진영별로 나누어 실제 이들이 자신의 정치이념과 비슷한 의원만을 계속 팔로잉하고 있는지 살펴보았다. 여기서 각각의 경우에 이름을 붙이기 위해 내집단(in-group), 외집단(out-group)이라는 용어를 사용했는데 내집단 팔로잉의 경우는 진보(보수) 팔로어가 진보(보수) 정치인을 팔로잉한 케이스, 즉 자신과 같은 정치적 성향을 가진 의원을 팔로잉하는 케이스를 포함하고, 외집단 팔로잉의 경우는 반대로 진보(보수) 팔로어가 보수(진보) 정치인을 팔로잉한 케이스, 즉 자신의 정치적 성향과 다른 의원을 팔로잉한 케이스를 포함한 것을 말한다.

같은 표 첫 번째 세 개의 열에서 볼 수 있듯이 2010년부터 2012년까지 내집단, 외집단의 팔로어 숫자를 비율로 환산하여 그 변화를 각각 살펴보면, 국내 보수적 성향의 팔로어들의 경우 자신의 정치성향과 비슷한 보수 의원들을 팔로잉하는 경향이 3년 내내 거의 감소하지 않았다. 트위터는 막 도입되던 시기부터 주로 진보적 성향의 정치인, 유력 인사들이 막강한 힘을 행사하고 있는 공간이었기 때문에 가장 초기인 2010년부터도 보수적 성향의 이용자인 경우에는 자신과 비슷한 정치색을 가진 의원들을 팔로잉하는 경향이 이미 낮은 수준이었다. 보수 팔로어들은 반드시 보수 정당만을 팔로잉하지 않는 행태가 굳어진 것으로 짐작해볼 수 있다. 그러나 진보적 성향의 팔로어들의 경우 내집단 대 외집단 비율이 8.6 대 1(2010년)에서 약 5.4 대 1 (2012년) 정도로 자신의 정치성향과 비슷한 진보 의원들을 팔로잉하는 경향이 큰 폭으로 감소했다. 다시 말해서 이용자가 같은 진보 성향의 의원들을 팔로잉하는 경향이 자신과는 반대인 보수 성향의 의원들을 팔로잉하

〈표 5-4〉 지지정당별 평균 내집단 및 외집단 팔로어 숫자

(단위: 명)

구 분	진보		보수	
	내집단	외집단	내집단	외집단
2010년 트위터 이용자	10.83	1.25	4.45	2.05
2011년 트위터 이용자	28.75	5.37	14.73	7.21
2012년 트위터 이용자	45.92	8.44	26.53	11.56
2010~2011년 계속 이용자	25.77	2.36	7.40	8.10
2010~2012년 계속 이용자	26.71	4.77	4.46	13.46

는 것보다 2010년에는 8.6배 더 컸지만, 2012년에 와서는 5.4배 정도로 줄
어든 것이다.

이처럼 자신과 비슷한 성향의 정치집단에 대한 팔로잉 형태를 고수하려
는 경향은 얼마든지 시간이 지남에 따라 달라질 수 있다. 또한 선택적 노출
을 하게 되는 구조도 얼마든지 달라질 수 있다. 물론 트위터 이용자층이 두
터워진 것 때문에 진보적 성향의 이용자들이 단순히 더 많은 정보를 얻고
싶다는 생각으로 점차 보수적 성향의 의원들까지도 팔로잉하게 된 것은 아
닌가 하는 비판이 있을 수 있다. 하지만 아무리 자연스러운 변화에 의해 팔
로잉 관계에 있어 양극화가 완화된 것이라 하더라도 어떠한 이견에도 노출
되지 않는 고립된 유권자 집단이 계속 유지되지 않는 것은 분명하다. 양극
화가 시간에 따라 심화될 것이라는 각계의 우려는 사실상 무리가 있음을
알 수 있다.

트위터를 '지속적으로 이용한 이용자들'을 중심으로 같은 방식의 계산을
통해 더 확실히 양극화 정도의 변동 추이를 살펴볼 수 있다. 지속적으로 의
원들의 계정을 팔로잉하는 이용자 집단에서는 트위터를 정치적 정보를 습
득하는 주요 매체로 사용할 가능성이 높다. 이러한 지속적 이용자 집단에

속한 팔로어들의 경우 그들의 정치성향과 맞는 의원들만을 팔로잉할 수 있다. 그들에게 트위터는 정치정보를 획득하는 주요 창구이기 때문에 그들의 입맛에 맞는 정보만을 선별할 가능성이 매우 높다. 따라서 만약 이 지속적인 이용자들의 외집단 팔로잉에 대한 내집단 팔로잉의 비율이 줄어든다면, 트위터의 양극화가 더 심화되지 않는다는 주장에 더 힘이 실릴 수 있다.

〈표 5-4〉의 마지막 두 행을 보면 알 수 있듯이 지속적 이용자 집단 역시 이전 결과와 마찬가지로 양극화가 진행되지 않고 오히려 줄어들었다. 진보 진영의 경우, 2011년까지 지속적으로 정치인 계정을 팔로잉한 팔로어들의 내집단에 대한 평균 팔로어 수와 외집단에 대한 평균 팔로어 수의 비율이 8.6 대 1이었는 데 반해 2012년 마지막 조사 시기까지 지속적으로 정치인 계정을 팔로잉한 팔로어들의 경우는 그 비율이 5.6 대 1로 크게 감소했다. 보수 진영의 경우에는 2011년까지 지속적으로 정치인 계정을 팔로잉한 팔로어들의 경우 이 비율이 0.9 대 1로 감소하다 2012년까지 지속적으로 정치인 계정을 팔로잉한 팔로어들의 집단에서는 1 대 3.1로 내집단과 외집단의 비율이 역전되었다. 2010년부터 2012년까지 지속적으로 트위터를 이용한 보수적 성향의 팔로어들의 경우 2012년에는 진보적 성향의 의원들을 더 많이 팔로잉하게 되었다는 것을 뜻한다.

이제까지의 결과들을 요약하면, 진보-보수 양 진영 모두 자신과 비슷한 성향의 정치인들에 대한 뉴스만을 받는 경향이 분명히 존재하기는 하지만 이런 경향은 시간에 따라서 점차 줄어든다는 것을 알 수 있다. 완전히 고립된 정치적 집단이라는 것은 항상 여러 색깔의 정보가 교환되고 생성되는 인터넷에서 더 이상 가능하지 않다는 것을 알 수 있다. 그러므로 이러한 결과들을 통해 우리는 새롭게 등장한 미디어 서비스의 다양한 견해에 대한 노출이 곧 해당 정치사안에 대한 올바른 판단을 높인다는 측면에서 정치소통에 있어 긍정적인 기능을 담당할 수 있을 것이라는 나름의 기대를 충분히 가질 수 있을 것이다.

트위터는 공론장으로 진화 중인가?

국내 트위터가 성숙해나가는 과정에서의 지난 3년은 새로운 미디어 기술에 대해 자연실험적 환경 아래 있었던 시기로 그 집단의 편중화 및 집단 간 양극화가 진행되었는지를 시간적 추이에 따른 분석으로 살펴볼 수 있는 최적의 기간을 제공했다. 이를 잘 활용하여 연구팀은 간단한 조사를 수행했으며, 그 결과 소셜 미디어의 정치적 소통을 둘러싼 두 가지 논란거리였던 편중화와 양극화 모두 완화되는 방향으로 전개되고 있음을 알 수 있었다. 즉, 의원들의 계정으로부터 나오는 정치정보에 대한 노출이 이념별로 분리되기는 하나 그 분리 정도는 시간에 따라 완화되고 있다는 것이다. 결국 한국 트위터를 둘러싼 특정 집단에의 편중화 및 집단 간 양극화가 지속될 것이라는 우려는 조금은 과장된 측면이 있음을 알게 되었다.

이전의 미디어 기술에 의한 사회적 변혁들이 그랬듯이 새로운 온라인 미디어 기술과 서비스가 전파되고 대중화되면 이러한 기술적인 진보는 많은 사람들에게 이용되면서 더욱 다양한 정보가 생산되고 광범위하게 유통되게 된다. 이러한 과정을 통해 아주 확고한 진보-보수 색채를 가진 사람들조차 자신의 정치적 성향과 다른 의견 혹은 다른 성격의 정보와 부딪칠 수밖에 없으며 계속적으로 '다양한' 정보에 노출될 유인요인이 항상 존재하게 된다. 자신이 보수적인 성향의 사람이라고 하더라도 만약 특정 미디어 공간 안에서 진보적 성향의 의원이 왕성한 온라인 활동을 해서 유력한 정치 정보의 제공자로 떠오르게 되면 그 역시도 정치이념과 상관없이 진보적 성향의 의원이 생성하는 정보에 대한 노출을 허락할 가능성이 높아지게 된다. 이런 점에서 앞서 본 양극화 및 편중화의 완화에 대한 결과는 조금은 당연하고 지나치게 자연스러운 현상인 것으로 이해될 수도 있다. 그러나 정치적 정보를 받아 볼 대상을 선택한다는 것이 선택적 노출 과정의 가장 근간이 되는 이용행위라고 했을 때, 3년 동안 지속적으로 이용한 이용자들에게서조차도 선택적 이용의 양상이 많이 약화되었다는 결과는 충분히 양극화 완화가 되어가고 있다는 결과를 충분히 지지할 수 있다.

또한 '팔로잉'이라는 선택적 기제만 제한하여 조사했기 때문에 이용자의 정치정보의 질적 소비에 대한 편중성과 양극화 양상에 대해서는 설명할 수 없으므로 그들의 다른 미디어 이용행위에서도 이러한 양극화 완화 현상이 이루어지고 있는지에 대한 검토 역시 필요한 것이 사실이다. 하지만 '팔로잉' 기제가 이용자 개인의 뉴스피드 창을 구성하는 가장 기초적인 기제이므로 '팔로잉' 관계에서 양극화가 완화된다는 측면만으로도 양극화 심화에 대한 우려는 한 발짝 물러서서 다시 생각해보아야 한다는 주장을 충분히 뒷받침할 수 있다.

이상의 논의들은 사실상 반드시 트위터라는 매체에만 국한된다고는 할 수 없다. 사회학자 디마지오와 그의 동료들이(DiMaggio et al., 2001) 인터넷 도입 초창기에 수행한 메타 연구에서 인터넷이 하나의 실험실이라고 언급했듯이 아직까지도 온라인은 많은 서비스들이 시도되는 실험장이 되고 있으며, 앞으로 이러한 기존 서비스들을 토대로 다양한 기술적 개선이 시도되면서 온라인은 무궁무진하게 각양각색으로 발전할 것이다. 빠른 기술혁신이 일어나고 있는 상황 아래 정치소통에 있어 새로운 미디어 기술의 발전은 항상 위협과 기회의 요소를 동시에 가지고 있다. 이미 트위터가 낳은 여러 논란들을 통해 알 수 있듯이 그 위협과 기회는 양날의 칼처럼 공존한다. 그러므로 새로운 기술 변화 시도가 현대 민주주의 사회에서의 정치소통을 어떻게 변화시켜나가는지에 대해서는 지속적으로 관찰하여 앞으로 더 나은 소통 창구로서 미디어 기술들을 현명하게 활용할 수 있도록 해야 할 것이다.

chapter 6

소셜 미디어와 정치참여

윤성이

정치참여는 항상 좋은 것인가?

트위터나 페이스북과 같은 소셜 미디어가 확산되면서 개인이 자신의 생각을 표현하고 다른 사람과 공유할 수 있는 기회가 많아졌다. 대통령을 비롯한 정치인들과 정부기관들은 소셜 미디어를 통해 자신들의 활동을 홍보할 뿐 아니라 국민 여론을 수렴하고 있다. 과거 매스미디어 시대와 달리 이제는 소셜 미디어를 이용한 개인의 정치참여 기회가 대폭 확장된 것이다. 개인의 정치참여는 단지 투표에 그치지 않고 국정과정 전반에 대한 의견 표출과 집단행동참여와 같이 더욱 적극적으로 변화하고 있다. 정보 사회에 들어오면서, 특히 1인 미디어라 할 수 있는 소셜 미디어가 확산되면서 개인의 정치참여는 과거에 비해 훨씬 적극적이고 활발해졌다. 이러한 정치참여의 확대는 정치발전 나아가 민주주의의 발전을 가져올 것인가? 민주주의 제도에 있어 정치참여가 필수적 요소인 것은 분명하다. 민주주의(democracy)란 용어는 국민(demos)과 통치(kratos)가 합쳐진 것으로, 개념적으로 '국민에 의한 통치(government by the people)'를 의미한다. 따라서 민주주의 체제하에서는 국민 개개인이 자유롭고 동등한 입장에서 정치과정에 참여하여 자신들의 의사를 표현할 수 있어야 한다(이극찬, 1999: 489). 정치참여는 민주주의 체제의 정통성을 확보하고 효율성을 높이는 필수적 요소이기도 하다. 시민들이 직접 정책결정과정에 참여함으로써 정책에 대한 이해를 높이고 정책을 둘러싼 사회 내 갈등을 완화하면서 결과적으로 정부의 정통성과 정책집행의 효율성을 높일 수 있다. 또한 정책결정과정에 참여하면서 정책에 관한 더 많은 정보를 얻을 수 있고 이를 바탕으로 합리적인 정책대안을 제시할 수 있다. 정부 역시 정책과 관련한 다양한 의견을 수렴할 수 있는 기회를 갖게 된다. 무엇보다 이해관계가 첨예하게 걸린 정책의 경우 정책입안 첫 단계부터 이해당사자들의 의견을 청취하고 조정하는 과정을 거치게 되면 사회갈등을 최소화하고 정책결정의 정당성과 집행의 효율성을 높일 수 있다(윤성이, 2006: 190).

정치참여의 확대는 민주주의 질 향상, 사회갈등 완화, 정책의 효율성 및 정당성 제고, 시민의 민주적 역량 강화 등과 같은 긍정적 효과를 가져온다. 첫째로, 정책결정과정에 대한 시민들의 참여는 정부의 민주성, 정통성 그리고 책임성을 강화시킨다. 정책결정과정이 정치엘리트들에 의해 일방적으로 주도되지 않고 시민의 의견이 충실히 반영되면 정책에 대한 시민들의 지지를 높이고 또한 정책결정에 대한 정부의 책임성을 높이면서 정부 자체의 민주성을 높이는 효과를 불러온다. 둘째, 정책결정과정에서부터 시민들이 참여함으로써 정책을 둘러싼 이해관계를 조정하고 타협할 수 있는 기회를 갖게 되어 사회갈등을 완화시키는 효과를 얻을 수 있다. 그리고 정책에 대해 다른 의견과 이해관계를 가진 개인과 집단들이 상호 협의하고 이견을 조정하는 과정을 거치면서 사회구성원 간의 신뢰와 협력을 강화시키고 궁극적으로 건강한 사회의 지표라 할 수 있는 사회자본(social capital)의 증진을 가져올 수 있다. 셋째, 시민들이 정책결정과정에 적극적으로 참여하고 시민들의 이익과 요구가 반영된 공공정책이 수립되면서 결과적으로 정책의 효율성을 높이게 된다. 정책결정과정이 과거 엘리트 주도로 이루어질 때에 비해 시간과 비용이 더 들어갈 수 있으나, 결정된 정책에 대한 시민들의 동의와 복종을 쉽게 확보할 수 있어 결과적으로 정책집행의 효율성이 높아지고 정부역량이 강화된다. 넷째, 시민참여의 과정을 통해 개인들의 정치의식과 정치사회화 수준이 높아지면서 시민문화가 자리잡게 되고, 이는 참여민주주의의 발전을 가져오게 한다(INVOLVE, 2005: 20; 윤성이, 2006).

정치참여의 확대가 항상 민주주의 발전에 도움이 되는 것만은 아니다. 이에 따른 정치적 비용도 반드시 동반하게 된다. 정치참여의 확대가 초래하는 부작용 가운데 가장 많이 지적되는 부분은 정책효율성의 저하 문제이다. 과거 정책결정과정이 정치엘리트 집단과 소수의 전문가들에 의해 독점되던 시대에는 의사결정비용이 상대적으로 높지 않았다. 그렇지만 정책결정과정에 참여하는 행위자의 숫자가 증가하고, 무엇보다 정책과 관련된 이해당사자들의 의견을 수용하는 과정을 거치게 되면서 정책협의에 소요되는 시간과 비용은 대폭 증가하게 된다. 일반 시민과 이해당사자들이 정책결정과정에 참여하게 되면서 사회적 합의를 이끌어내는 데 많은 시간과 비용이 들게 되고 때로는 이러한 과정을 통해 사회갈등이 심화되기도 한다. 이러한 정치참여의 부작용은 집단의 규모가 클수록, 그리고 구성원들의 동질성이 낮을수록 더욱 심하게 나타날 수 있다. 소규모 지역공동체나 농촌부락과 같이 규모가 작고 구성원들 간의 동질성이 높은 집단의 경우 합의를 이끌어내기가 비교적 수월한 반면, 집단의 규모가 대도시 혹은 전국 단위로 확대될 경우 구성원들이 직접 참여하는 의사결정과정은 매우 복잡하고 어려워질 수밖에 없는 것이다. 이 경우 시민참여에 의한 정책결정이 공동체의 민주성과 정통성을 높일 수는 있으나 효율성은 매우 떨어지는 결과를 가져오게 된다(Ostrom, 1990; 윤성이, 2006).

다수의 시민이 정치과정에 참여할 수 있다면, 소수의 엘리트가 독단적으로 주도하는 것보다 통치행위의 대표성은 훨씬 높아질 것이다. 그렇지만 현실적으로 볼 때 정치참여의 기회가 확대된다고 하여 모든 시민들이 정치과정에 참여하는 것은 아니다. 시민들에게 정책결정과정이 개방되어 있더라도 실제 참여하는 시민의 비율은 매우 제한적이다. 대부분의 선진 민주주의 국가에서 투표율이 60~70%에 그치는 실정을 볼 때 투표보다 훨씬 적극적인 참여행위인 정책결정과정의 경우 참여율이 훨씬 낮을 수밖에 없다. 선거는 국민의 대표를 선출하는 정치행위인 까닭에 사실상 모든 국민의 이해관계가 걸린 정치참여행위이다. 그렇지만 정책결정의 경우 해당 정책이 자신들의 이익이나 관심과 직접적인 관련이 있는 시민은 제한적일 수밖에 없다. 또한 단순히 대표를 선택하는 투표에 비해 정책에 대한 견해와 입장을 밝히는 참여는 훨씬 많은 정치적 지식과 비용을 요구하게 된다. 따라서 정책결정과정에 시민참여가 보장된다 하더라도 자신과 직접적인 이해관계가 없거나 일상생활에 쫓기는 일반 시민의 입장에서 사실상 참여의 동기와 여유를 찾기가 쉽지 않다. 무엇보다 시민참여가 공동체 이익을 고려하는 공익적 측면에서 이뤄지기보다는 해당 정책과 직접적인 이해관계를 가진 특정 집단이 정책결정과정에 적극적으로 참여하고 자신들의 이익을 반영하는 결과를 낳기가 쉽다(Curry, 2001: 573~574; Kinsley, 1997: 40; 윤성이, 2006).

시민의 정치참여가 다수의 참여와 대표성을 확보하지 못할 경우 시민참여는 정부 혹은 엘리트 집단의 일방적 결정에 대해 정당성을 부여하는 수단으로 변질될 수 있다. 정부 혹은 엘리트 집단이 자신들에게 유리한 정보를 제한적으로 제공하면서 사회여론을 자신들이 의도한 방향으로 조성하고 나아가 시민참여를 통제 혹은 관리할 가능성이 있다. 또한 시민참여가 정부의 책임성을 높이기보다는 이를 회피하기 위한 수단으로 오용될 수도 있다. 정부가 정책의 결과를 확신할 수 없거나 격렬한 사회적 저항이 예상되는 경우 시민참여의 형태를 통해 정부는 자신의 책임을 회피할 수 있다 (INVOLVE, 2005: 12). 즉 외형상으로는 시민들의 직접적 참여에 의해 정책이 결정되었으나, 사실상 제한된 정보로 인해 시민들은 정부나 엘리트들이 의도한 정치적 결정을 하게 됨으로써 시민참여의 본래적 목적은 달성하지 못한 채 정부정책의 정당성만 높여주는 결과를 초래하게 되는 것이다. 한편 시민참여가 지나치게 높을 경우 정부가 정책을 결정할 때 본래의 목적이나 공공이익보다는 여론의 눈치를 보는 포퓰리즘의 위험도 있다(Coglianese, 2004: 28; 윤성이, 2006).

페이스북, 트위터 등과 같은 소셜 미디어의 발달은 필연적으로 시민참여를 확대시키게 된다. 시민들의 정치참여 확대는 이미 인터넷 시대부터 나타났지만, 1인 미디어 성격을 지닌 소셜 미디어는 개인의 정치참여를 더욱 용이하게 만들고 있다. 그렇지만 정치참여의 확대가 반드시 민주주의의 발전만을 가져오지는 않는다. 정치참여의 증가가 통치의 민주성과 정통성을 높이고 정책결정의 대표성과 효율성을 향상시키는 긍정적 효과가 있을 수도 있으나, 다른 한편으로는 오히려 사회 내 기득권 집단의 이익을 더욱 확대시키거나 포퓰리즘에 빠질 수 있는 위험성도 존재한다.

소셜 미디어의 확산과 롱테일 정치

소셜 미디어의 확산에 따라 정치참여의 행태와 주체가 변화하는 양상이 나타난다. 무엇보다 소셜 미디어는 그간 조직과 집단이 중심이었던 정치참여를 개인 중심으로 변화시키고 있다. 소셜 미디어의 확산이 필연적으로 개인의 정치참여를 확대할 수밖에 없는 것은 소셜 미디어의 네트워크로 인해 개인의 정치참여가 용이해지면서 엘리트와 개인 간의 권력구조가 변화하기 때문이다. 현대사회의 권력구조를 설명하는 대표적인 이론으로 미헬스(R. Michels)의 '과두제의 철칙(The Iron Law of Oligarchy)'이 있다. 그는 국가조직뿐 아니라 노동조합교회 등 어떤 종류의 단체를 막론하고 모든 조직은 소수에 의해 지배되는 과두제 경향이 뚜렷이 나타난다고 주장했다. 현대사회의 모든 조직이 거대해지고 복잡해지면서 조직의 운영과 관리를 위해서는 필연적으로 조직 내 소수의 엘리트 집단에 권력이 집중된다는 것이다. 엘리트 집단은 비록 숫자는 소수이지만 조직 운영에 필요한 정보와 통치기술을 독점하면서 다수 대중을 지배할 수 있는 능력을 갖게 된다. 소수의 엘리트 집단은 조직 운영과 관리에 필요한 대부분의 정보를 생산하고 독점적으로 관리하면서 자신들의 권력을 팽창시켜간다. 또한 엘리트 집단은 조직 운영의 경험을 통해 자연스럽게 통치기술을 습득할 뿐 아니라 자신들만의 견고한 네트워크를 형성하게 된다. 반면에 일반 대중들은 비록 숫자가 많기는 하나 뿔뿔이 흩어지고 고립되어 있어 하나의 개체로 힘을 발휘하기가 어렵다. 또한 대중들은 정보의 생산과 유통구조로부터 소외되어 있어 엘리트 권력을 견제할 수 있는 힘을 갖지 못한다. 이러한 조직 운영의 메커니즘으로 인해 소수의 엘리트가 다수의 일반 대중을 통치하고 자신들의 권력을 지속적으로 유지하고 강화하게 된다(윤성이, 2013a).

한편 인터넷의 등장과 개인 미디어 성격을 지닌 소셜 미디어의 확산으로 엘리트 독점의 권력구조는 커다란 도전에 직면하게 된다. 그간 엘리트 집단이 독점해오던 정보의 생산과 유통 과정에 일반 개인이 참여하게 되었을 뿐 아니라 소셜 미디어가 개인과 개인을 연결시키는 네트워크 기능을 하게 되었기 때문이다. 무엇보다 수많은 디지털 정보가 생산되면서 일반 대중은 더 이상 정보 부족이 문제가 아니라 오히려 정보 과잉의 환경에 처하게 되었다. 정보를 생산하는 주체도 더 이상 정부 혹은 소수의 엘리트 집단에 한정되지 않고 일반 대중도 손쉽게 정보를 생산하고 유통할 수 있는 환경이 되었다. 이제 개인은 정보의 소비자이자 생산자가 된 것이다.

무엇보다 소셜 미디어의 정보 파급력과 확산력은 매우 강하다. 개인의 소셜 미디어는 TV나 신문과 같은 전통 미디어보다 훨씬 빠르고 폭넓게 정보를 전파할 수 있다. 소셜 미디어의 확산과 함께 개인은 더 이상 분산되고 고립된 존재가 아니다. 이들은 디지털 네트워크를 통해 촘촘하게 그리고 광범위하게 연결되어 있다. 지난 2008년 석 달 넘게 계속되었던 촛불시위는 한 고등학생에 의해 촉발되었다. '안단테'라는 인터넷 필명을 쓰는 한 고등학생이 포털사이트 다음 아고라에 이명박 대통령 탄핵 서명을 제안하는 글을 올리면서 불과 한 달 만에 100만 명이 넘게 서명에 동참했다. 이는 디지털 네트워크로 인해 가능해진 개인의 정치적 힘을 보여주는 분명한 사례이다(윤성이, 2013a).

'롱테일 정치(long-tail politics)'는 디지털 네트워크를 활용한 개인의 정치 참여와 이로 인한 권력구조의 변화를 설명하고 있다. 본래 롱테일 현상(long-tail effect)은 가장 인기 있는 20%의 상품이 전체 매출의 80%를 차지한다는

80 : 20의 파레토 법칙을 반박하는 경제 이론이다. 즉 정보 유통비용이 거의 들지 않는 디지털 경제에서는 80%의 소량 판매상품이 전체적인 매출에서 차지하는 비중이 높아지게 되면서 소수의 인기 상품에 대한 의존도가 훨씬 줄어들게 된다는 것이다(강원택, 2007: 98). 소수의 비인기 상품이 차지하는 비중이 점차 커지는 롱테일 현상은 정치영역에서도 그대로 나타난다. 즉 과거에는 정치적으로 소외되어 있거나 제대로 대표되지 못했던 비정치집 단과 개인들의 목소리가 인터넷 네트워크를 통해 활발하게 표출되면서 여 론을 주도하는 정치세력으로 성장할 수 있는 환경이 조성된 것이다(강원택, 2007: 102).

이와 같은 롱테일 정치를 가능하게 한 것은 인터넷의 네트워크 혹은 소 셜 미디어의 힘이다. 이제 대중은 더 이상 흩어지고 고립된 개인이 아니라 인터넷 네트워크를 통해 서로 연결되고 생각을 공유하고 때로는 대규모 집 단행동을 만들 수 있는 힘을 갖게 되었다. 필리핀 민주화 운동에서 휴대전 화를 이용해 시위를 이끌어간 '영리한 군중(smart mobs)'은 롱테일 정치현 상의 좋은 사례 가운데 하나이다. 하워드 라인골드(Howard Rheingold)는 '영리한 군중'은 이동통신으로 무장한 대중의 힘을 보여주었고, 이들은 네 트워크 속에서 상호 소통하면서 운동 목표와 전략에 대한 공감을 만들어갔 다고 평가했다(정연정, 2004: 244; Rheingold, 2002). 영리한 군중은 기존에 만 들어진 조직이나 리더십이 없는 상태에서 집합행동을 만들어가기 때문에 일견 과거의 무기력한 대중과 유사한 모습을 보인다. 그러나 이들은 네트 워크를 통해 정보를 공유하고 상호 간에 공감대를 형성하고 있어 과거의 무기력한 대중과는 전혀 다른 모습을 보인다(김문조, 2005: 103; 윤성이, 2013a).

온라인 여론을 형성하는 데 있어 롱테일 정치의 영향력은 막강하다. 온

〈그림 6-1〉 롱테일 정치구조

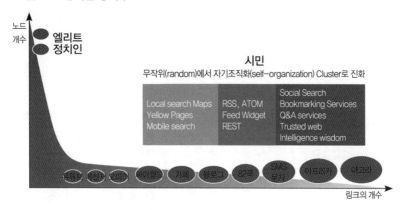

라인 여론은 이미 오래전부터 우리 사회 여론 형성의 주도적 역할을 하고 있다. 더욱이 모바일을 기반으로 한 1인 미디어가 확산되면서 온라인 여론이 우리 사회 전반에 미치는 영향은 더욱 커지고 있다. 롱테일 정치현상은 온라인 여론과 더불어 비제도적 정치참여 분야에서도 점차 확산되고 있다. 노리스(Norris, 2003: 198)는 네트워크 사회에서 정치참여의 범위와 내용은 과거 산업사회와 전혀 다른 양상을 보인다고 주장한다. 네트워크 사회에서는 제도 중심의 정치참여, 즉 정당, 선거, 국회 등 정치적 매개집단을 통한 이익표출체계는 점차 약화되고, 온라인 네트워크를 활용한 개인 중심의 비제도적 정치참여가 그 주를 이루게 된다. 네트워크 기반의 비제도적 정치참여에서 개인은 정치과정의 소비자 역할에 그치지 않고 적극적 생산자로서 정치과정 자체를 주도하고자 한다. 과거 정당이나 국회 등의 정치적 매개집단이 중심이 되는 정치참여양식을 공급자 중심 참여 모델이라 한다면, 네트워크 기반의 정치참여는 내용과 범위 그리고 형태에 이르기까지 전혀 새로운 수요자 중심 참여 모델이라 할 수 있다. 네트워크 기반의 정치참여

〈그림 6-2〉 온라인 권력구조의 변화

에서는 레비가 제안한 집단지성(collective intelligence)이 작동하게 되며(Levy, 2002), 이상적인 시민의 모습도 산업사회의 "생각하는 시민"이 아니라 네트워크 사회에서는 "참여하는 시민"으로 변모하고 있다. 네트워크 내에서는 개인의 의견을 자유롭게 표현하고 적극적으로 참여하는 능동적인 시민참여가 일상화된다. 네트워크 사회에서 시민 개인은 더 이상 분산되고 고립된 존재가 아니다. 이들은 독립된 노드(node)로 존재하나 필요에 따라 약한 연대의 링크로 이루어진 네트워크상에서 상호 연계되고 협력하는 약한 연대(weak ties)의 참여시민 또는 네트워크 개인주의(network individualism)의 모습을 보인다(송경재, 2008).

정치참여에서 네트워크 개인이 힘을 발하는 롱테일 정치양상이 처음부터 만들어진 것은 아니었다. 초기 온라인 공간은 오프라인의 권력과 마찬가지로 소수의 엘리트 혹은 집단에 그 힘이 집중되었다. 그러다가 온라인 공간의 중심이 포털사이트와 1인 미디어로 바뀌어가면서 온라인 공간의 권력구조도 점차 분산화되는 양상을 보였다. 온라인 공간에서의 권력구조의 변화는 행위자, 구조 그리고 커뮤니케이션 방식의 세 가지 차원에서 논의할 수 있다. 온라인 공간의 권력구조는 〈그림 6-2〉에서 보는 바와 같이 크게 네 단계, 즉 PC통신 시대, 웹진 시대, 포털 및 커뮤니티 시대, 그리고 현재의 1인 미디어 시대로 변화해왔다. 온라인 공간의 행위자와 구조의 측면에서 보자면 두 가지 모두 초집중화에서 탈집중화를 거쳐 현재 분산화의 단계에 이르고 있다.

1990년대 후반까지의 PC통신 시대에서는 인터넷 사용자가 극소수에 제한되어 있었기에 온라인 여론이 우리 사회에 미치는 영향은 미미했다. 그러던 것이 1990년대 후반부터 딴지일보, 대자보, 오마이뉴스 등과 같은 인터넷 웹진이 네티즌들의 관심을 받게 되었다. 이 시기에 인터넷 논객들의 영향력은 절대적이었다. 이들은 주로 정치이슈에 집중한 진지하고 논리적 글쓰기를 추구했다. 논객들은 우리 사회의 주요 쟁점들을 설정하고 이와 관련한 여론의 방향을 주도했다. 자연히 온라인 여론은 소수의 몇몇 인터넷 논객들에 의해 주도되는 초중집화 양상을 보였다. 2004년을 전후하여 인터넷 포털이 확산되면서 온라인 공간의 권력구조도 점차 탈집중화되는 양상을 보이기 시작했다. 온라인 여론 형성에 있어서 소수 논객들의 영향력은 점차 약화되었고, 대신에 다수의 네티즌들이 여론을 형성하는 포털과 블로그가 점차 온라인 여론을 주도하는 모습을 보였다. 다음 아고라와 같은 포털사이트들은 자체 서비스인 블로그와 연계하여 온라인 여론을 주도하는 영향력을 갖추어갔다. 소수 논객들에게 집중되었던 의제설정능력과 여론 주도권이 포털사이트를 이용하는 다수의 네티즌들에게로 분산된 것이다.

흥미로운 사실은 여론 형성의 주도권이 일반 네티즌에게로 이전된 것뿐만 아니라 이슈 영역별로 별개의 권력이 형성되기 시작했다는 것이다. 즉 정치영역뿐 아니라 경제, 사회, 문화, 예술 등 다양한 주제에 걸쳐 각자의 영향력을 행사하는 파워 블로그들이 자기 분야의 여론을 주도하게 된 것이다. 인터넷 논객과 파워 블로그 시기까지만 하더라도 여론 주도층은 비교적 소수로 제한되었다. 그러나 포털사이트의 경우 소수의 논객이나 파워 블로그가 지속적으로 여론 형성의 주도권을 행사하기 힘든 구조를 갖추었다. 비록 소수의 네티즌이 일시적으로 특정 분야의 여론을 주도하는 힘을 보유하고 있었다고 하더라도 그 지속성은 상대적으로 짧았으며 또한 이슈에 따라 쉽게 주도 세력이 바뀌는 양상을 보여 소수 집단이 온라인 권력을 독점하는 것은 더 이상 불가능했다. 예를 들면 2008년 촛불시위 정국에서는 82Cook, MLB Park, 쭉빵, 마이클럽, 엽혹진 등과 같은 비정치적 커뮤니티가 여론을 주도했지만, 2009년 노무현 전 대통령 서거 국면에서는 쌍코, 소울드레서, 화장빨로 구성된 삼국 카페가 주도적 역할을 했다.

2009년 이후 각종 소셜 미디어가 등장하면서 온라인 여론 형성의 주도 세력은 조직 혹은 집단에서 네트워크 개인(network individuals)으로 전이되는 양상을 보였다. 즉 온라인 공간의 주도 세력은 소수의 논객, 소수의 포털 사이트와 파워 블로그를 거쳐 다수의 개인들로 전이되는 탈집중화 및 분산화의 양상을 보였다. 여론 형성의 주도 집단이 점차 다양화되고 세분화되는 양상으로 변화해온 것이다. 웹진 시대는 물론이고 포털과 블로그 시대까지만 하더라도 중심이 되는 소수의 중심, 즉 허브 사이트가 존재했다. 그러나 소셜 미디어 시대에서는 각각의 노드만이 있을 뿐 허브는 존재하지 않는다. 설사 있다고 하더라도 그 지속성은 매우 짧아 과거 웹진 사이트나

〈그림 6-3〉 온라인 여론 네트워크의 변화

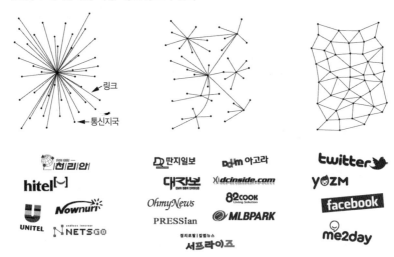

포털과 같은 영향력을 갖기는 매우 어렵다.

  온라인 공간의 권력구조가 다원화되면서 커뮤니케이션 양식도 많은 변화를 보였다. 웹진 시대에서 온라인 토론을 주도한 주제는 대부분 정치적 이슈들이었다. 소수의 논객이 설득력 있는 논리를 바탕으로 자신들의 주장을 펼쳐가는 이성적 공론장의 모습을 갖췄다. 그러나 다수의 네티즌들이 참여하는 포털에서의 토론에서는 이성과 논리보다 감성과 재미에 호소하는 글쓰기 방식이 더 큰 호응을 받았다. 온라인 토론의 주제 또한 정치이슈에 한정되지 않고 일상생활의 주제로까지 다양화되고 세분화되는 양상을 보였다. 여론 형성 주체의 분산화가 자연히 커뮤니케이션 양상과 소통 주제의 변화에까지 연결된 것이다.

  소셜 미디어의 확산과 더불어 여론 형성의 주도권이 소수의 논객과 파워 블로그에서 다수의 개인 네티즌으로 확산되면서 정치참여의 주체 또한 변화되는 양상을 보였다. 정치참여의 방식이 선거와 같은 정치제도 혹은 정당과 같은 정치적 매개집단을 통한 참여로 제한되어 있을 때에는 젊은 층의 정치참여율이 상대적으로 저조한 모습을 보였다. 그렇지만 소셜 미디어를 이용한 비제도적 정치참여가 일상화되면서 젊은 층들도 자신들의 정치적 견해를 적극적으로 표출하고 참여하는 모습을 보이기 시작했다. 과거 20대는 정치적으로 무관심하다는 평가를 받았다. 이러한 평가를 받은 것은 20대의 투표율이 가장 낮았기 때문이었다. 그러나 소셜 미디어 시대에 20대들은 선거가 아닌 다른 방식으로 자신들의 정치적 견해를 밝히고 정치적 활동을 한다. 현대경제연구소의 설문에 따르면, 투표를 통한 참여에 있어서는 20대(37.6%)가 30대(43.2%)나 40대(46.8%)에 비해 상대적으로 낮으나, 인터넷 및 SNS를 통한 간접 참여에서는 20대(19.8%)가 30대(11%)와 40대(6.8%)보다 훨씬 적극적인 것으로 나타났다. 한편 정치적 불만을 표현하지 않는다는 응답의 경우 30대 44.3%, 40대 46%, 50대 이상은 47.3%인 반면 20대는 40.5%로 가장 낮게 나타났다. 소셜 미디어 시대에는 20대가 비록 선거와 같은 제도적 참여에는 소극적이지만 1인 미디어 등 다양한 커뮤니케이션 수단을 통해 자신들의 정치적 불만과 주장을 표출하는 데 있어서는 가장 적극적인 참여집단임을 보여준다(현대경제연구원, 2012: 9; 윤성이, 2012).

소셜 미디어의 확산과 정치적 매개집단의 약화

소셜 미디어의 확산과 함께 나타나는 가장 뚜렷한 정치적 변화양상은 정당이나 언론과 같은 정치적 매개집단(intermediary organization)의 약화이다. 소셜 미디어 시대에서는 정당과 같은 매개집단을 통한 정치참여가 점

〈그림 6-4〉 세대별 정치적 불만 표출 방법

(단위: %)

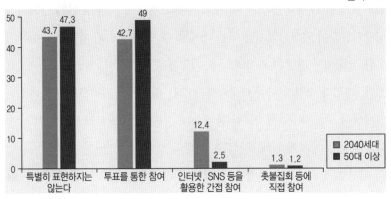

자료: 현대경제연구원(2012), 9쪽.

차 줄어들거나 매개집단의 영향력이 점차 약화될 것이고, 1인 미디어를 이용한 비제도적 정치참여가 활성화되는 양상을 보일 것이다. 과거 산업사회에서는 정당, 이익집단, 언론과 같은 정치적 매개집단이 정부와 시민의 중간에 위치하면서 이익을 대표하고 표출했으며 여론을 형성하고 결집하는 역할을 수행했다. 산업사회와 함께 출현한 대의민주주의 제도는 이러한 정치적 매개집단을 기반으로 작동할 수 있었다. 우리가 한 국가의 민주주의 수준을 평가할 때 정당, 의회, 언론 등의 제도가 제대로 작동하고 있는지를 보는 것도 이러한 이유 때문이다. 산업사회에서는 정당이 시민들의 다양한 이익을 결집하고 표출하는 기능을 수행했다. 사회구조 자체가 몇몇 소수의 정당만으로도 이해관계를 대표할 수 있을 정도로 비교적 단순했기에 정당 중심의 이익대표가 가능했다. 현재의 대중정당들이 대체로 좌파와 우파라는 이념정당의 모습을 갖추고 있는 것도 사회균열구조가 부르주아와 노동자 계급의 이익갈등으로 단순화될 수 있었기 때문이다.

산업사회에서 정당은 의제설정, 이익집약, 중개, 동원, 정치엘리트 양성 등의 기능을 수행해왔다. 이미 오래전부터 정당에 대한 불신이 높아지고 정당일체감이 약화되었지만 이를 대체할 수 있는 새로운 제도가 등장하지 못한 상태에서 정당은 과거의 고유 기능을 수행하면서 계속 유지될 수 있었다. 그러나 소셜 미디어 시대에서는 그간 정당이 독점적으로 수행해오던 의제설정, 이익대표, 정치동원 등의 고유 기능이 네트워크 개인들이 참여하는 롱테일 정치에 의해 대체되는 양상을 보이면서 정당의 독점적 지위는 더 이상 보장되기 어려워졌다. 정치의 롱테일 현상으로 인해 개인들은 더 이상 고립되고 분열된 다수가 아니다. 또한 과거에 정치적으로 소외되고 무력했던 집단들도 네트워크를 통해 모이고, 연결되고, 섞이면서 힘 있는 정치세력으로 거듭나게 되었다. 이는 디지털 네트워크의 속성이 개방적이고 분산적이기 때문에 가능한 것이다. 디지털 네트워크 환경하에서는 영역 간의 경계가 불분명해지고, 서로 이질적 요소들도 손쉽게 모이고, 섞이고, 바뀌면서 새로운 정치세력으로 거듭날 수 있다. 이러한 네트워크의 특성으로 인해 정치과정에서 중심 세력과 주변부의 구분도 더 이상 명확하지 않게 되었다. 따라서 과거 산업사회에서 정치과정을 주도하던 국회, 정당, 이익집단, 거대 언론과 같은 중심 세력의 영향력은 점차 약해지고, 대신 지금 껏 정치과정에서 소외되었던 일반 개인과 주변 세력들의 영향력이 커지는 롱테일 정치현상이 확대될 것이다.

정당을 비롯한 정치적 매개집단의 약화 현상은 여론조사에서도 분명히 드러난다. 정당에 대한 국민의 불신은 날이 갈수록 높아지고 있다. 2012년 9월 23일 발표된 ≪국민일보≫ 여론조사에서 새누리당 지지가 32.5%, 민주통합당 지지는 25.0%에 그친 데 반해 40.5%가 '지지하는 정당이 없다'라고

응답했다. 특히 60대 이상의 무
당파층이 30.8%인 데 반해 30대
는 48.8%, 20대는 57.1%에 달했
다. 이는 소셜 미디어에 많이 노
출된 세대일수록, 즉 롱테일 정
치를 많이 경험한 집단일수록 정
당에 대한 불신이 높다는 것을 말

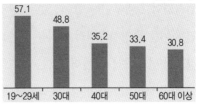

〈그림 6-5〉 연령대별 무당파 비율

(단위: %)

자료: ≪국민일보≫ 2012년 9월 25일자.

해준다. 대통령 직속 사회통합위원회의 2012년 연례보고서를 보더라도 국
회를 신뢰한다고 응답한 비율은 5.6%에 불과했고, 언론에 대한 신뢰율도
16.8%에 그쳤다.

이처럼 정치적 매개집단에 대한 국민의 불신이 날로 높아지고 있는 것은
무엇보다 그 본래의 기능을 제대로 수행하지 못하기 때문이다. 특히 대의
민주주의 제도의 근간이라 할 수 있는 정당과 국회에 대한 국민의 불신이
높다. 정당과 국회 모두 국민의 정치적 의사를 대표하기보다는 자신들의
기득권을 유지하는 것이 우선이다 보니 국민의 불만은 높을 수밖에 없다.

정당과 국회는 이익결집과 이익표출을 통해 정치적 대표기능을 수행하
는 기관이다. 사회 내의 충돌하는 이해관계와 선호를 잘 조정할 때, 무엇보
다 국민의 의사를 제대로 반영하여 법과 정책을 수립할 때 비로소 대의기
관으로서 역할을 제대로 할 수 있다. 정당과 국회가 대의기관으로서 제대
로 기능하지 못하는 이유가 정치인들의 무능력과 탐욕에서 비롯된 것인지,
아니면 소수의 정치엘리트가 다수의 국민을 대표하는 대의제도 자체가 더
이상 허용될 수 없는 것인지 따져볼 필요가 있다.

우선 소수의 정당이 현대사회의 복잡한 이해관계를 제대로 대표할 수 있

느냐의 문제가 있다. 지금의 대의민주주의 제도, 특히 대중정당 제도는 산업혁명의 결과물이라 할 수 있다. 산업혁명과 함께 노동자 계급이 양산되면서 이들의 정치경제적 이익을 대변하기 위해 노동당 혹은 사회당 계열의 정당이 만들어졌고, 한편으로는 부르주아 계급을 대표하는 보수당 계열이 형성되면서 이들 간의 경쟁을 근간으로 하는 정당체제가 자리잡았다. 사회경제적 변화와 함께 새롭게 등장한 좌우정당체제는 산업사회 수백 년간 정치적 이익을 대표하는 정치제도로 유지되어왔다. 이러한 좌우정당체제는 산업사회의 사회균열구조가 부르주아 계급과 노동자 계급의 갈등을 축으로 형성되었기에 정치적 대표체제로서 제대로 기능할 수 있었다. 또한 사회균열구조와 정당체제 간의 제도적 친화성이 높았기 때문에 서구 민주주의 국가들에서 국민들의 정당일체감은 오랫동안 높은 수준을 유지했다.

그렇지만 20세기 중반 이후 사회의 다양화 및 복잡화와 함께 좌우정당체제의 적실성이 점차 떨어졌고 유권자들의 정당일체감 역시 지속적으로 약화되는 양상을 보였다. 우선, 사회균열양상을 과거처럼 부르주아 계급 대 노동자 계급으로 단순화하기에는 자본주의와 시장경제가 너무나 복잡하게 발전했다. 계급분화 현상이 급속히 진행되면서 부르주아 계급뿐 아니라 노동자 계급 내에서도 차이가 발생하고 계급 내부의 이익충돌 현상이 빈번하게 발생했다. 또한 계급 외에도 환경, 인권, 여성 등 다양한 이슈가 사회갈등의 중심축으로 자리잡게 되었다. 결국 좌우정당체제만으로는 현대사회의 복잡다단한 이해관계를 대표하고 갈등을 조정하기에는 한계에 부딪힐 수밖에 없는 상황이 되었다.

정당에 대한 국민의 불신이 높아지는 것은 정치인들의 무능과 탐욕에서 비롯된 측면도 있지만, 그보다는 근본적으로 소수의 정당만으로 이익을 대표하기에는 현재의 사회구조가 너무나 복잡하고 세분화되어 있다는 사실에 주목할 필요가 있다. 즉 정당제도와 사회균열구조 간의 제도적 친화력이 매우 낮은 사회구조로 변모해왔다는 점을 인식할 필요가 있다(윤성이, 2013b: 14~15).

20세기 후반부터 진행된 정보화는 대의제도의 위기를 더욱 가속화시키는 결과를 가져왔다. 개인의 참여가 주를 이루는 롱테일 정치가 일상화된 정치과정에서 소수 엘리트 중심의 대의제도는 적실성이 떨어질 수밖에 없다. 대의민주주의는 우리가 잘 아는 바와 같이 유권자들이 선거를 통해 자신들의 정치적 권리를 대표들에게 위임하고, 권한을 위임받은 대표들이 국민을 대신하여 정치적 결정을 하는 시스템이다. 대의민주주의의 타당성에 대해서는 여러 가지 공방이 있지만 대체로 현실적 이유와 규범적 차원에서 필요성이 인정되었다. 우선, 현실적으로 모든 시민들이 정책결정과정에 참여하는 것이 물리적으로 불가능하기 때문에 대표를 선출할 수밖에 없다는 것이다. 규범적으로는 일반 시민들에 비해 대표가 공공선의 관점에서 정치적 판단을 할 수 있는 자질과 전문성을 갖추고 있기 때문에 대의민주주의가 바람직하다고 주장한다.

그런데 소셜 미디어 시대에는 이러한 대의민주주의의 타당성을 주장하는 두 가지 이유가 모두 더 이상 설득력이 없다. 디지털 기술의 발달로 일반 시민들이 정책결정과정에 직접 참여하는 것이 얼마든지 가능하게 되었다. 또한 디지털 정보의 확산으로 일반 시민들이 정치사회적 이슈들에 대해 손쉽게 정보를 얻게 되고 상호 간의 소통도 활발해지면서 정치적 대표들에 못지않게 높은 이해력과 판단력을 갖추게 되었다. 결과적으로 시민들이 자신들의 정치적 권한을 더 이상 대표들에게 위임하지 않고 스스로 행사하고

자 하는 욕구를 갖게 되는 것이다(윤성이, 2013b: 14~15).

200여 년 전 산업혁명과 함께 등장하기 시작한 대의민주주의 제도가 현재의 소셜 미디어 시대에도 여전히 유효한 정치 시스템인가에 대해서는 근본적으로 되짚어볼 필요가 있다. 소셜 미디어 시대의 시민들은 더 이상 대의에 만족하지 않을 뿐 아니라 스스로 참여하고 결정할 수 있는 능력을 갖추었다고 자신하고 있다. 모든 정치제도가 각각의 장단점을 지니고 있다. 결국 정치제도의 유용성 혹은 적실성은 제도와 환경 그리고 시민 간의 친화성에 의해 결정될 수밖에 없다. 정치환경과 사회구성원의 특성과 요구를 반영하고 수용하는 정치제도만이 안정적으로 기능할 수 있을 것이다(윤성이 2013b, 16).

소셜 네트워크 시대의 정치참여 모델

이상에서 살펴본 바와 같이 소셜 미디어 시대의 정치환경과 시민의 정치참여행태는 대표를 중심으로 하는 위계적 정치질서를 지향하는 대의민주주의와는 제도적 친화성이 매우 떨어진다. 그간 민주주의 모델을 둘러싸고 '대표'와 '참여'를 강조하는 두 가지 방식이 경쟁해왔다. '대표'를 중심으로 하는 정치제도는 정치과정의 효율성을 중시한다. 반면에 시민의 '참여'를 우선시하는 정치제도는 효율성보다 민주성을 더 중요한 가치로 여긴다. 두 모델은 집합적 의사결정방식에서 분명한 차이를 보인다.

사회구성원의 합의를 구하는 민주적 정치과정은 필연적으로 일정한 기회비용을 소요하기 마련이다. 집합적 의사결정에서는 '거래비용(transaction cost)'과 '순응비용(conformity cost)'이라는 두 가지 성격의 비용이 발생한다.

거래비용은 사회구성원의 최종적인 의사결정이 도출하기까지 발생하는 비용이고, 순응비용은 최종 의사결정에 불만을 갖는 정치행위자들이 감수해야 하는 비용을 말한다(Buchanan & Tullock, 1962). 집합적 의사결정에서 거래비용을 최소화할 수 있는 방법은 쟁점사안에 대한 토론 없이 다수결원칙에 입각하여 투표로 구성원의 의사를 확인하는 것이다. 비록 짧은 기간에 적은 비용으로 집단의사를 결정할 수 있겠지만 반대 집단의 불만은 여전히 남아 정책집행과정에서 그 불만이 표출될 가능성이 매우 높다. 한편 순응비용을 최소화할 수 있는 방법은 쟁점의제에 대하여 만장일치의 합의가 이루어질 때까지 끊임없이 논의하는 것이다. 모든 구성원들의 합의를 통해 집합적 의사결정이 이루어졌기에 순응비용은 최소화될 것이나, 합의 과정이 지난하고 비효율적일 수밖에 없다(윤성이, 2013b: 16~17).

결국 현실에서 집합적 의사결정은 거래비용과 순응비용에 대한 종합적인 고려 속에서 이루어지게 된다. 거래비용과 순응비용의 조합 속에서 그 합계비용이 최소로 설정된 지점에서 집합적 의사결정이 이루어질 때 최적의 결과를 도출할 수 있다(문우진, 2007). 즉 집합적 의사결정은 거래비용을 최소화하려는 효율성의 논리와 순응비용을 최소화하려는 민주성의 논리가 적절히 조화를 이룰 때 최선의 결과를 얻을 수 있다.

한편 거래비용과 순응비용의 절대 값은 정치환경과 구성원의 특성에 따라 달라질 것이다. 대표의 권위와 정치적 권력이 중시되는 위계적 정치질서가 자리잡은 정치환경하에서는 정책결정에 대한 시민의 복종을 구하는 순응비용은 상대적으로 적게 들 것이다. 그렇지만 대표의 권위를 인정하기보다 개인이 스스로 참여하고 결정하려는 수평적 네트워크 질서가 지배하는 상황에서는 순응비용을 줄이기 위해서 의사결정에 이르기까지의 거래비용을 많이 투입할 수밖에 없다. 따라서 거래비용과 순응비용의 최적 값은 정치환경과 시민의 특성을 고려하여 찾아야 한다.

디지털 시대라는 새로운 환경 속에서 시민은 더 이상 수동적이고 반응적인 소비자로 머물지 않고 능동적 파트너로서 정치과정에 참여하기를 원한다. 무엇보다 정치참여환경의 변화에 따른 시민들의 참여욕구 증가로 인해 대표 중심의 대의제적 의사결정방식은 사회구성원들의 동의도 얻지 못할 뿐더러 정부의 정통성과 신뢰를 훼손하는 결과를 낳는다. 달리 말하면 정부의 일방적 정책결정을 통해 얻을 수 있는 거래비용의 효율성보다는 시민의 저항으로 인해 발생하는 순응비용이 훨씬 클 가능성이 높다는 것이다(윤성이, 2013b: 16~17).

문제는 기존의 대의민주주의 제도와 최근에 확산되는 소셜 미디어 정치참여들 간의 조합을 어떻게 찾느냐는 것이다. 정치과정의 주체가 정치엘리트가 되어야 하는지 아니면 일반 대중이 주가 되어야 하는지에 대해서는 오랜 논쟁이 있었다. 샤츠슈나이더는 복잡한 현실세계에서는 대중이 통치에 관련된 충분한 지식을 갖추기 어렵기 때문에 대표가 필요하며, 대중의 자율적 참여보다는 대표의 선택이 더욱 중요하다고 주장한다(샤츠슈나이더, 2008). 슘페터 역시 대중은 자신의 일상과 관련된 것만을 현실적으로 다루며, 정치적 사안을 다루어야 할 경우라도 그 행위능력이 현저하게 떨어지기 때문에 선출직 대표의 역할이 중요하다고 말한다(Schumpeter, 1975; 윤성이, 2009: 152). 결국 민주주의 모델은 대표의 역할과 개인의 능력에 대한 이해와 해석에 따라 달라진다.

〈그림 6-6〉에서 보는 바와 같이 선출직 대표의 역할을 중시하고 시민의 참여의식과 능력을 높지 않게 평가한다면 대의민주주의 모델을 선호하게

<그림 6-6> 민주주의 유형과 대표자-시민 관계

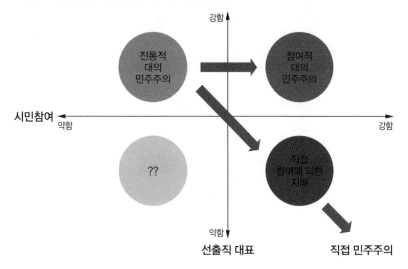

자료: POLITECH Institute(2005), p. 6.

된다. 한편 대표의 역할을 최소화하고 시민참여를 중시한다면 직접민주주의 모델을 취하게 된다. 수백 년간 유지해온 대표 중심의 대의민주주의 제도를 완전히 버리는 것은 현실적 대안이 되기 힘들 것이다. 그러나 디지털 네트워크 확산에 따른 정치환경의 변화는 행위자 즉, 시민의 의식과 능력의 변화를 가져왔다는 점을 주목해야 한다. 그렇지만 복잡한 정책사안이 산재해 있는 현대 국가에서 '완전한 협의절차(deliberative procedure)'는 사실상 불가능하다(Dahl & Tufte, 1974: 23). 하버마스가 언급한 대로 "토론이 통치할 수는 없다(discourses do not rule)"(Habermas, 1992: 453). 직접민주주의자들도 참여의 효과성을 구현하기 위해 어느 정도 제도가 필요하다는 사실은 인정한다. 그러나 그것은 제도화된 절차를 기반으로 하는 위계적 조직이 아니라 신뢰에 기반을 둔 수평적 네트워크, 느슨한 집단, 그리고 비공

〈그림 6-7〉 온라인 참여 유형

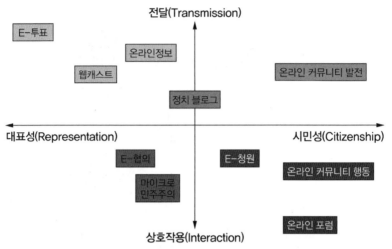

전달(Transmission)

E-투표

온라인정보

웹캐스트

온라인 커뮤니티 발전

정치 블로그

대표성(Representation)

시민성(Citizenship)

E-협의

E-청원

온라인 커뮤니티 행동

마이크로
민주주의

온라인 포럼

상호작용(Interaction)

자료: Pratchett(2007), p. 16.

식적 파트너십 등의 모습을 갖출 때 비로소 참여의 효과를 얻을 수 있다. 이러한 점에서 결국 디지털 시대의 민주주의 모델은 대표의 역할을 인정하면서도 개인의 참여를 적극 보장하는 참여적 대의민주주의로 발전해가야 할 것이다(윤성이, 2013a).

전통적 대의민주주의를 강화하기 위한 온라인 참여방식도 구체적 목표에 따라 달리 활용되는데, 이는 대표성(representation)과 시민(citizenship) 그리고 정보 전달과 상호작용이라는 두 축을 기준으로 구분할 수 있다(〈그림 6-7〉 참조). 대표성의 강화는 기존 대의민주주의를 보완하고 개선하기 위한 목적을 지닌다. 대표선출 과정의 정통성을 강화하기 위해서는 전자투표를 활용할 수 있으며, 선출된 대표들의 의정활동역량을 개선하기 위해서는 내부 인트라넷 웹사이트를 구축할 수 있고, 정부와 의원들의 투명성과 책임성을 제고하기 위해서는 정치블로그, 온라인 정보 제공, 웹캐스터 회의 등의 도구들이 활용된다.

한편 시민성을 강조하는 시각은 시민들의 참여를 더욱 활성화하여 기존의 대표-시민 관계를 엘리트 중심에서 시민 중심으로 바꾸고자 하는 목적을 지닌다. e-패널, 온라인 포럼, 그리고 e-청원과 같은 전자민주주의 장치들은 시민들의 참여를 지원하기 위해 활용되는 도구들이다. 엘리트 중심의 대의민주주의를 유지하고 발전시키고자 하는 경우 대표성을 강화하기 위한 참여 장치가 많이 활용될 것이며, 반대로 시민 중심의 참여민주주의로의 변화를 추구하는 경우 시민성을 강화하기 위한 도구들이 적극 활용될 것이다.

한편 정보통신기술을 활용한 커뮤니케이션의 목적을 시민들의 민주적 소양을 향상시키는 데 둘 것인지 아니면 시민들의 자발적 참여를 통한 건강한 커뮤니티 형성을 추구할 것인지에 따라 각각 정보 전달과 상호작용을 중요시하는 유형으로 구분하여 활용할 수 있다. 정보 전달은 주로 단방향 커뮤니케이션 양식을 활용하여 정부와 의회가 시민들에게 정보를 제공하거나 시민들의 의사를 청취하는 과정을 말한다. 이에 비해 상호작용은 쌍방향 커뮤니케이션을 중시하며, 특히 시민들의 적극적인 참여를 강조한다. 민주적 시민의식 함양을 목적으로 할 경우 온라인 정보 제공과 정치인과의 접촉을 강화하는 온라인 참여 장치를 활용하게 되며, 대표와 시민 그리고 시민 간의 상호작용을 활성화할 것이라면 온라인 포럼이나 e-청원과 같은 참여 도구가 더 효과적이다(Pratchett, 2007: 6~7; 윤성이, 2011: 47).

소셜 네트워크 시대의 여론 형성

조화순 · 김정연

미디어 매체와 여론 형성

소셜 네트워크 시대가 중흥기를 맞이했다. 우리는 과거에서 현재까지 특정 상황에서 일반 대중의 영향력을 확인했던 경우가 많았다. 대중의 의견은 미디어 매체나 기술에서 발산되었고 그 매체나 기술은 시간이 지남에 따라 변화·발전했다. 대중의 집단적 의견의 합이라고 하는 여론(public opinion)은 시민들의 주관적인 인식이 사회현실을 묘사하는 언론매체의 보도내용과 교차하는 지점에서 형성된다(김재범·이계현, 1994). 여론은 지속적으로 존재하는 것이 아니라 끊임없이 변화를 거듭하는 역동적인 현상이다. 우리는 여론이 소수의 의견과 다수의 의견으로 나눠지거나 첨예하게 대치되는 갈등의 지점에서 팽팽하게 대립하는 경우를 많이 보았다. 대중이 반응하는 이슈는 상황에 따라 다르지만 분명한 것은 미디어가 여론 형성에 큰 영향을 주기 때문에 여론을 올바로 반영하기 위해 애쓰는 것이 미디어 매체의 책임이자 의무가 된다. 물론 미디어 매체가 다양해지면서 매체마다 당파성에 따라 여론을 제대로 보도하지 않기도 한다. 또한 특정 시각에 편향된 선호를 보이면서 의견의 쏠림을 유도하는 경우도 있다. 미디어가 제공하는 여론의 방향성이 실제로 다수의 의견이 아니라 왜곡되어 보도되는 것이다.

일반 대중이 다른 사람들의 의견으로부터 어떠한 영향을 받는지에 대해 독일의 언론학자 노엘 노이만(Noelle-Neumann)은 흥미로운 현상을 발견했다. 즉, 투표행위를 관찰한 결과 선거에서 이길 것이라고 인식되는 후보자에게로 일반 시민의 표가 옮겨간다는 것이었다(Noelle-Neumann, 1974; 1991). 그는 이를 침묵의 나선 이론(the spiral of silence a theory)이라고 설명하는데, 그에 따르면 평범한 개인들은 대다수의 인식적 합의로부터 혼자만 이탈하는 것에 심리적인 부담을 느끼는데 이러한 경향이 개인으로 하여금 다수의 의견에서 고립을 느끼지 않게 행동하도록 한다. 그러므로 일반 개인들은 사회적으로 합의되는 의견과 그렇지 않은 의견이 무엇인지를 파악한 뒤에 의견 표명을 한다는 것이다. 결국 개인들이 여론의 향배를 관찰하고 인식한 결과가 의견 형성과 표현에 주요한 영향을 미친다. 여론 분위기를 자각하는 것이 의견 표현으로 이어지고 사람들의 입장이 다수 의견과 같을 때 자신의 의견을 더 적극적으로 공개한다.

미디어 매체는 여론 형성에 일정한 역할을 한다. 사안이 중요할 때 TV, 신문, 라디오, 잡지 등 여러 매체에서 이 사안을 다루게 되고, 이러한 일치된 보도가 반복적으로 지속될 경우 사람들은 각자가 접하는 매체의 영향을 받으며 일정한 여론이 형성된다. 일정 기간 동안 매체들이 동일한 이슈를 다룰 경우 매체와 매체, 매체 내부에 형성되는 통일된 의견이 있고 이것이 여론 형성에 강력한 영향력을 미치기 때문이다. 사람들이 여론의 변화에 관심을 갖는 정도는 사안의 정치적·사회적 경중에 따라 다른데, 중요도가 높은 사안일수록 주변의 여론 변화에 더 좌우된다. 일반적으로 사람들은 자신이 속한 집단의 영향으로 그 집단의 의견을 따르려는 경향을 가진다.

그런데 개인이 사회적 여론을 정확하게 파악하지 못하고 다른 사람들도 자신의 생각과 방향이 같을 것이라고 인지하는 경우도 충분히 있을 수 있다. 다수의 의견을 파악하는 과정에서 개인들은 소수의 의견이지만 다수의 의견처럼 확대해서 인식하기도 하고 다수의 의견을 소수의 입장으로 축소시키기도 한다. 이를 학술적 용어로 다원적 무지, 또는 잘못 공유된 인식으로 설명할 수 있는데, 개인은 사회가 의도하는 의견의 방향이나 태도, 개개인이 느끼는 심리적인 상황에 기인하여 소수의 의견을 다수의 의견으로 인지할 수 있다. 또한 개인은 자신의 가치나 신념 체계에 기초한 주관적 인식을 가지는데 이러한 주관적 인식은 다른 사람의 태도를 추론하는 근거가 되기도 한다. 사회적 분위기를 인지하는 과정에서 작용하는 이러한 심리학적인 성향을 '거울반사인지'라고 한다. 정치적 문제에서 찬반이 뚜렷할 경우 더 명확하게 집단의 의견이 양분되는 것은 거울반사인지의 영향이다 (Schanck, 1932; Miller & MacFarland, 1987).

대중여론의 형성에 미치는 미디어의 효과를 밝히기 위해서는 미디어의 내용이 개인에게 미치는 영향뿐만 아니라 여론을 구성하는 개인의 특성까지 복합적으로 고려해야 한다. 제3자 효과(the third person effect)에 따르면, 개인들은 자신이 타인보다 더 지식이 있다고 느끼므로 미디어에서 제공하는 정보에 덜 영향받는 반면, 타인은 커뮤니케이션의 영향에 좌우될 것이라고 인지한다. 선거과정에서 부정적 정보에 노출되거나 왜곡된 정치광고 등을 경험할 경우 자신보다는 다른 사람들이 더 많은 영향을 받게 된다고 생각한다(Davison, 1983). 미디어에서 제공하는 부정확한 정보에 대해서 자신은 저항할 수 있을 만큼의 지식수준을 가지고 있다고 보기 때문이다. 이러한 관점들은 현대인의 복잡한 심리 상태와 미디어 매체의 효과성, 그리고 여론 형성까지 이어지는 과정을 다차원적으로 보여준다.

일단 여론이 형성되려면 공공의 관심사가 존재해야 하며, 공공의 관심사를 쟁점화하는 매체와 특정 이슈에 관심을 갖고 있는 다수의 사람들이 있어야 한다(홍주현, 2010). 여론은 언론의 이슈 쟁점화에 의해 확산되었다가 시간이 흐르면서 점차 소멸하는데 이는 파동의 형태를 보인다. 매스미디어가 촉발한 의제를 사회구성원들끼리 토론하는 과정에서 여론이 형성된다(Dearing & Roger, 1998). 헤네시는 이 과정을 문제제기, 의견 형성, 의견 조정, 집단토의, 여론 형성의 단계로 구분했다(Hennessy, 1981). 여론은 이러한 단계에서 형성된 중요한 쟁점에 대한 많은 사람들의 선호 의견인데, 미디어가 전달한 쟁점에 대해 사람들이 주장하고 논평하는 과정 자체가 중요하다. 여기서 초기 의견 발화 지점 즉, 의제설정과 논의 공간이 어디인지는 무엇에 관해 논의할지를 결정하는 문제만큼 중요하다. 그렇다면 현 시점에서 여론이 소통되는 장소는 어디인가?

소셜 네트워크와 여론 형성

여론 형성의 조건은 미디어 매체기술이 발달하면서 계속 변화하고 있으며, 매체발달은 개인 간 상호작용을 강화시킨다. 새로운 미디어들은 뉴스 생산 과정에 일반 시민의 참여를 증가시킨다. 웹에 기반을 둔 개인 매체가 등장하는 등 여론 형성 환경 자체가 변화하고 있다. 과거에는 매스미디어를 통해 설정되던 의제가 이제는 뉴미디어 채널에서 정의되면서 여론 형성과 확산에 큰 변화가 생겼다. 인터넷 포털, 커뮤니티, 게시판, 유튜브, 블로그, 소셜 네트워크 서비스, 팟캐스트 등 수많은 뉴미디어 매체가 기존 매스미디어의 역할을 일부 이어받으면서 이용자들은 자발적으로 정보를 공유하고 대화하게 되었다. 인터넷은 언론의 매개 없이도 즉각적으로 서로 연결되어 정치정보를 생산시키는 유통구조를 만들어냈다(Bonchek, 1997).

여론 형성은 우선 정치적 의견이 생산되고 교환되면서 시작된다. 개인은 새로운 정보를 발화할 수도 있고 인터넷에서 얻은 정보를 재편집하거나 가공하고 해석하여 정치적 의견을 공개하며 스스로 하나의 언론 역할을 할 수도 있다. 의견이 옮겨지는 과정은 개인의 선택과 판단에 의한 것이며 여론을 반영하는 것과 여론을 형성시키는 과정이 동시에 이뤄진다. 정보 교환이 전통적인 미디어 매체나 정당 홈페이지 등의 공적인 공간에서 이뤄질 때보다 개인 홈페이지, 채팅 등 사적인 관계망을 통해 이루어질 경우 정보 확산이 훨씬 빠르고 광범위해진다(Granovetter, 1973).

소셜 네트워크 서비스의 등장은 보이드와 엘리슨이 소개하는 시스템의 정의를 보면 이해하기 쉽다(Boyd & Ellison, 2007). 소셜 네트워크 사이트는 웹 기반의 서비스인데, 개인들이 제한된 시스템 내에서 자신을 일반 대중 혹은 일부 대중에게 소개하고, 공유하는 연결망 내의 다른 이용자들에게 생각을 표현하는 특성을 가진다. 또한 다른 이용자들의 관계망을 보거나 이동할 수도 있다. 소셜 네트워크 서비스는 인터넷이 처음 등장했던 시점에 많이 사용된 게시판 형태의 웹페이지와는 다른 개념이다. 게시판을 활용하는 온라인 커뮤니티들 — 포털사이트의 카페나 클럽 — 은 게시글이 올라오면 댓글을 다는 방식이었다. 이후 블로그나 미니홈피, 페이스북, 트위터 등의 개인 미디어 시스템이 점차 등장했고, 댓글 기능이 강화되었으며 이용자들의 접근성도 높아졌다.

소셜 네트워크 서비스는 인터넷과 휴대전화의 접속이 결합되어 특별한 기동성과 긴밀한 네트워킹 기능을 지닌다. 개인들은 상황의 변화를 동영상, 사진을 링크한 단문으로 즉각적으로 알리고 페이스북이나 트위터의 촘촘한 인적 관계망을 통해 일거에 확산시킬 수 있다. 개인은 정보를 생산하고 소비하는 프로슈머로서 정치사회적 입장표명이 자유롭다. 소셜 네트워크 서비스는 현상을 변화시키고 싶은 사안에 대해 사람들을 결집하는 도구로써 그 역할을 충실히 해낸다. 사회공동체 문제나 정치참여에 무관심했던 사람들이라 하더라도 사회변화를 이끄는 주체가 될 수 있는 잠재력을 보유한다. 온라인에서의 창의적이고 자발적인 생활양식과 개방적인 태도, 웹 활용에 드는 저렴한 비용 때문에 새로운 참여적 네트워크 서비스는 환영을 받았다.

인터넷 여론 형성은 다양한 과정으로 이루어지고 있다. 기존 언론과 무관하게 사이버상에서 이슈가 촉발되어 여론화되는 경우와, 기존 언론에서 관련 사안이 보도된 후 인터넷에서 토론이 확장되는 형태, 기존 언론에서 보도되었을 당시에는 바로 이슈가 소멸되었지만 추후 인터넷에서 다시 부각되는 경우 등이 있다. 2004년의 '대통령 탄핵' 사례나 '미선·효순양 추모 촛불시위' 등은 기존 언론보다 인터넷을 통해서 여론이 폭발적으로 집결되었다. 대통령 탄핵 문제가 언론사에서 보도된 후 인터넷 게시판은 탄핵을 비방하는 게시글들이 짧은 시간 내에 몰려 서버가 다운되기도 했고 이후 촛불시위로 이어졌다. 미선·효순양 추모 촛불시위 역시 인터넷 게시판에서 제안된 것이 주한미군지위협정(Status of Forces Agreement: SOFA) 개정과

반미의제와 합치되어 전국적인 시위행동으로 진행되었다. 2011년 '반값등록금' 문제의 이슈화는 여론의 형성 과정을 되짚어보았을 때 기존의 미디어가 더 이상 의제설정을 독점적으로 할 수 없다는 것을 보여주었다. 전통 미디어 매체에서 사안을 부각시켜 견인하지 못하더라도 일반 개인이 적극적으로 이슈를 전파할 수 있게 된 것이다.

이러한 현상들에서 나타나는 여론의 형성은 의제설정의 관점에서 해석할 수 있다. 라자스펠드의 여론 확산과 관련된 설명은 수많은 연구들의 기반이 되어왔다(Lazarsfeld, Berelson & Gaudet, 1948). 커뮤니케이션의 2단계 유통 이론(two-step flow of communication)은 여론이 뉴스미디어와 대중 간의 커뮤니케이션과 대중 안에서 발생하는 대인 커뮤니케이션의 두 단계로 형성된다고 본다. 뉴스미디어의 영향력은 대중에게 직접적으로 행사되기보다 의견 지도자들(opinion leaders)이 미디어에 빈번하게 개입하여 대인을 설득하는 효과를 낳고 있는 것이다. 와츠와 더즈는 라자스펠드의 연구에 네트워크 밀도의 개념을 덧붙여서 여론이 확산되는 현상을 정리했는데, 네트워크의 밀도가 낮은 경우보다 높은 경우에 여론이 급속하게 확산된다고 보았다(Watts & Doss, 2007). 네트워크의 구조적인 요인을 중요하게 생각할 때 특정 소수에 의해 여론이 확산되는 현상을 더 잘 설명할 수 있다고 판단한 것이다.

인터넷이 생기면서 우리는 여론 형성의 구조적 변화에 주목했다. 의제제기의 주체가 엘리트나 이익집단에서 일반 시민으로 확대되고 있는 사실이 가장 반가운 부분이다. 미디어 선거 시대의 가장 큰 변화는 선거공론장의 확대이다. 인터넷은 기존의 후보자 중심이었던 선거의 수직적 구조를 참여 지향적으로 변화시켰다. 투표, 유세참여, 정당활동 참가 등의 행위가 인터

<그림 7-1> 네트워크 영향력의 도식 모델

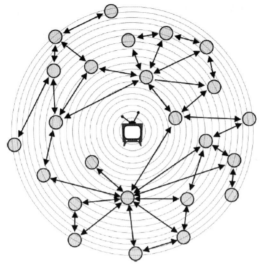

자료: Watts & Doss(2007), p. 444.

넷 개인 미디어에서 상시 이루어지며 정치적 토론사안이 생활 이슈처럼 논의될 수 있다. 장우영 교수는 사이버 행동주의(cyber activism)의 개념으로 풀뿌리 공론장의 가능성을 이야기했다(장우영, 2010). 온라인 공간에서는 사회적 이슈가 미디어 의제로 전이되는 과정에서 전통 미디어의 역할이 생략되어도 공공의제로 진행될 수 있다.

웹과 트위터 등 소셜 네트워크의 효과를 분석하는 데 있어 광범위하게 늘어난 시민참여에 집중하는 것 이상으로 소셜 네트워크 서비스의 내부 구조와 여론 확산 과정을 살펴보는 것은 중요하다. 라자스펠드와 와츠와 더즈의 연구 역시 특정 여론 지도자나 발화자(initiator)의 의견이 주변 환경에 영향을 미친다는 점에서 유사한 관점을 가지고 있다. 〈그림 7-1〉을 보면, 개인들은 미디어 환경에서 활동하지만 정보를 받아들이는 수준에서는 타인에게 영향을 주는 특정 개인이 있고 이들을 중심으로 모일 수 있다. 정치 여론이 실제로 현실을 변혁한 사례들을 살펴보면, 서로 다른 특징을 지닌 개인들을 하나의 목표로 연결시키는 유력한 발화점, 강력한 노드가 존재한다. 다시 말하면 온라인에서 정치여론의 형성은 개별 행위자들의 활동과 참여수준에 따라 계층적으로 발전하기 쉽다. 여론과 선거행태에 영향을 미치는 온라인 영향력자들이 정보의 생산과 유통능력에서 우세하고 촘촘한 소통망을 바탕으로 여론을 주도할 때 이들의 영향력은 증폭된다. 따라서 선거과정에서 사회 전반적인 여론과 인터넷 공간에서 유통되는 여론은 차이가 있을 수 있다.

신 여론 형성자는 누구인가?

인터넷이 여론의 향방을 읽는 데 주요한 역할을 하고 있고 이 과정에서 영향력을 미치는 행위자도 이미 등장했다. 온라인상에서는 기본적으로 하이퍼링크를 통해 사용자들이 연결된 네트워크가 제공된다. 네트워크를 통해 사회적인 의제설정과 토론이 가능한 의사소통의 공간이 만들어진다. 여론 형성에 영향을 미치며 새롭게 의제를 설정하는 주체로는 인터넷 포털과, 블로그와 트위터의 파워 유저(power user)가 있다.

먼저, 인터넷 이용자들이 포털사이트를 활용해 뉴스 콘텐츠를 소비하는 경우가 늘어나면서 온라인 공간에서 일종의 관문, 입구나 정문의 역할을 하는 포털이 지대한 영향력을 행사하고 있다. 2012년 인터넷 이용자의 92% 정도가 인터넷을 통해 TV, 신문(뉴스기사), 라디오, 서적 등을 이용하는 '인터넷 미디어 이용자'이며, 인터넷 미디어 중에서도 신문(뉴스기사)을 보거나 이용하는 경우가 86.4% 정도이다(방송통신위원회 · 한국인터넷진흥원, 2013). 특히 인터넷 뉴스미디어 중에서 포털 뉴스 섹션의 이용률은 지배적이다. 포털은 대부분의 뉴스를 언론사나 통신사로부터 받고 있으며 다른 뉴스미디어들의 기사를 재매개하는 독특한 뉴스 생산방식을 가지고 있다.

포털은 여러 방식으로 사회에서 논의되는 의제에 영향을 미칠 수 있다.[1] 포털이 특정 이슈와 관련된 뉴스를 많이 제공하면 온라인 이용자가 이를 중요한 이슈로 인지해서 해당 이슈에 대한 토론이 증대한다. 이것은 매체가 제시하는 의제가 공중의 의제로 결정되는 의제설정효과로 나타난다. 즉, 포털은 게이트키핑 기능을 통해 새로운 방향성을 함양한 매체로의 발전 가능성을 보여주고 있으며, 오프라인과는 다른 차원의 의제설정과 확산 과정을 보이고 있다. 또한 포털 뉴스의 재매개적 역할과 매체적 특성은 포털에 게재되는 뉴스의 판단과 편집이라는 새로운 역할을 창조하고 있다. 즉 포털사이트는 직접 뉴스를 생산하지는 않더라도 이를 다시 뉴스 이용자들에게 전달하는 과정에서 편집을 통해 영향력을 발휘할 수 있으며 이러한 의미에서 새로운 형식의 여론 형성 기능을 수행하고 있다(조화순 외, 2012).

국내 주요 포털은 언론사 뉴스를 포털 내부의 편집 인력이 직접 배치해서 내보내는 소위 '배치 모델' 혹은 '뉴스캐스트' 방식을 채택해왔다. 포털사이트에서는 뉴스 편집자가 뉴스 박스의 기사 선정에 미치는 영향력이 강하게 나타난다. 포털사이트들이 차별적인 뉴스 서비스를 제공하면 이용자는 이에 따라 의제설정을 다르게 하고 있는 것으로 나타났다(최민재 · 김위근,

----

1 포털이 의제설정이 미치는 이러한 영향력은 조화순 외(2012)를 토대로 수정 · 보완되었음.

2006). 배치 모델의 경우 포털의 편집자가 뉴스를 게시하면서 기사를 편집하고 뉴스 댓글을 관리하기 때문에, 포털 뉴스가 여론과 의제설정에 영향을 미치는 사회적 효과가 나타난다. 이 과정에서 포털은 헤드라인을 편집하거나 콘텐츠를 변형하고, 의제설정을 선정적으로 한다. 따라서 포털 이용자들은 뉴스의 유통 과정이 공정한 절차에 따른 것인지에 대한 의구심을 갖기 쉽다. 바로 이런 이유 때문에 포털의 기사 제목에 대한 편집권과 포털로 집중되는 트래픽(traffic)은 비판의 대상이 되어왔으며 포털과 기존 언론사의 갈등은 심해졌다.

그래서 네이버는 언론사들과 공동으로 뉴스캐스트 서비스를 시작했는데 언론사가 자신이 만들어낸 뉴스 기사의 제목을 스스로 편집하여 네이버 첫 페이지에 노출할 수 있게 한 것이다. 이러한 뉴스 서비스 방식은 기존 미디어도 흥미로운 뉴스를 생산하도록 유도하고 있다. 초기 인터넷 뉴스를 조사한 결과를 보면, 기존 언론들이 정치, 사회, 경제와 같은 경성 뉴스를 중심으로 보도하고 있으나 인터넷 신문 매체들은 문화, 생활과 같은 연성 뉴스를 중심으로 보도하고 있음을 알 수 있다(박선희, 2001). 이러한 연구들은 기존의 언론들로부터 배제된 뉴스들을 인터넷에서 다루고 있다는 점에서 대안미디어로서의 인터넷 언론의 잠재력에 주목했다.

그러나 최근의 연구결과들은 포털에 게시되는 뉴스들이 전반적으로 연성화되고 있음을 보여준다. 조선닷컴(http://www.chosun.com) 관찰한 최영 외(2009)의 연구에서 뉴스의 연성화와 선정성 경향을 확인할 수 있었다. 선정적인 제목을 달지 않았음에도 연성화된 기사의 비중이 분석된 기사의 과반을 넘어섰다. 이들은 특히 연성화의 정도가 뉴스 조회 수와 밀접한 상관관계가 있다는 것을 강조했다.. 또한 포털사이트 이용자들의 성향을 조사

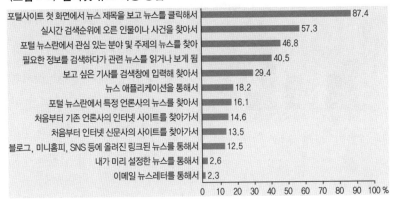

〈그림 7-2〉 인터넷 뉴스 이용 방법

포털사이트 첫 화면에서 뉴스 제목을 보고 뉴스를 클릭해서	87.4
실시간 검색순위에 오른 인물이나 사건을 찾아서	57.3
포털 뉴스란에서 관심 있는 분야 및 주제의 뉴스를 찾아	46.8
필요한 정보를 검색하다가 관련 뉴스를 읽거나 보게 됨	40.5
보고 싶은 기사를 검색창에 입력해 찾아서	29.4
뉴스 애플리케이션을 통해서	18.2
포털 뉴스란에서 특정 언론사의 뉴스를 찾아서	16.1
처음부터 기존 언론사의 인터넷 사이트를 찾아가서	14.6
처음부터 인터넷 신문사의 사이트를 찾아가서	13.5
블로그, 미니홈피, SNS 등에 올려진 링크된 뉴스를 통해서	12.5
내가 미리 설정한 뉴스를 통해서	2.6
이메일 뉴스레터를 통해서	2.3

0 10 20 30 40 50 60 70 80 90 100 %

자료: 한국언론진흥재단(2012), 32쪽.

한 보고서에 따르면, 뉴스를 선택할 때 사이트 화면에서 제공되는 뉴스 기사를 클릭해서 이용하는 사람들이 87.4%로 대부분을 차지했다. 이는 뉴스 기사 제목의 영향력을 짐작할 수 있는 부분이다. 이용자 스스로 키워드나 기사 검색을 통해 뉴스 기사를 본 경우는 많지 않았다. 그만큼 인터넷 뉴스 이용은 우연히 이뤄지는 경향이 많다는 것이다(〈그림 7-2〉).

그렇기 때문에 자연스럽게 정치, 사회, 경제와 같이 다소 무거운 뉴스보다는 연예, 문화, 생활과 관련된 뉴스가 더 많이 소비되는 동향이 포털에서도 반복되고 있다. 포털은 인기 검색어용 기사로 트래픽을 높이거나, 자극적인 헤드라인을 게시하는 방식으로 트래픽을 증가시키려 시도한다. 특히 뉴스캐스트를 통해 일반 이용자들이 언론사의 사이트로 직접 들어가 뉴스를 제공받는 것이 오히려 뉴스의 선정성을 촉진하는 계기가 된다. 뉴스를 클릭해서 해당 언론사로 이동하면 선정적이고 자극적인 광고를 볼 수 있다. 네이버의 뉴스캐스트를 통해 뉴스를 공급하는 언론사들 중에서도 특히

<그림 7-3> 포털별 헤드라인 편집 유무

(단위: %)

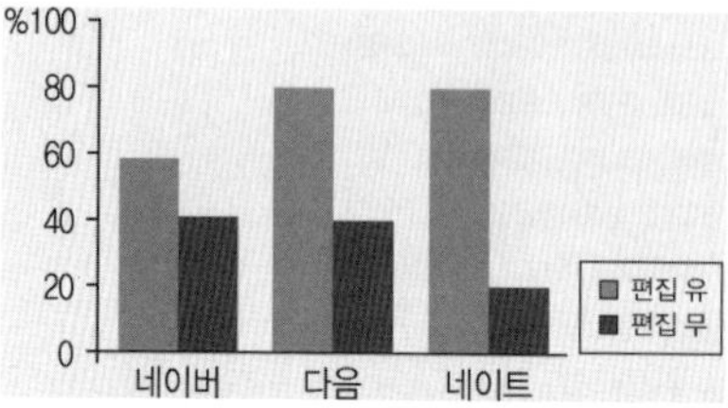

자료: 조화순·장우영·오소현(2012), 28쪽.

엔터테인먼트 전문 미디어들이 제공하는 뉴스가 네이버 첫 화면에 가장 많이 게시되었다. <그림 7-3>에 나타난 것처럼, 약 70%에 가까운 기사들의 헤드라인이 원래 언론사가 설정했던 헤드라인을 편집하여 포털에서 제공되고 있었다(조화순 외, 2012).

포털을 통해 소비되는 수많은 연성화되고 편집된 기사는 시민들이 객관적이고 다양한 뉴스와 정치정보를 접할 가능성을 축소함에도 포털은 정보사회의 새로운 정보 매개자 기능을 수행함으로써 새로운 여론 지도자가 되고 있다. 한국과 같이 특정 포털에 대한 의존도가 높은 상황에서는 여론의 거점이 되는 포털사이트가 일반 대중의 생활 전반에 영향을 줄 수 있다. 의견의 쏠림 현상과 질 문제는 포털사이트와 이에 연계된 미디어 매체들이 해결해야 하는 기술적 문제이자 여론 형성의 플랫폼으로서의 정치·문화적 문제가 된다.

대중동원적 기능에서 강점을 보이는 트위터와 담론을 생산하고 발전시키는 숙의적 기능에서 강점을 지닌 블로그에서도 여론 지도자의 역할이 두드러진다. 트위터는 특정 정보를 공론화하는 여론 지도자들의 역할이 여전히 유효하게 기능할 수 있는 구조이다. 예를 들어, 트위터는 다른 소셜 네트워크처럼 사용자 쌍방 간의 친구 신청과 수락이라는 형태의 과정이 필요하지 않기 때문에 신속한 소통의 네트워크를 만들 수 있다. 트위터에서의 팔로우 관계는 대칭적이지 않으므로 다른 소셜 네트워크 서비스에서보다 더

제2부 소셜 네트워크 시대 선거정치의 변화

쉽게 관계가 형성될 수 있고 개인별 소통의 채널이 만들어진다.

일부 학자들은 개인화된 대중참여의 방식들이 변화함에 따라 네트워크를 소수가 지배하는 것은 더 이상 불가능하다고 주장한다. 즉, 소수의 매체 이용자를 대다수의 시민이 팔로잉한다고 해서 그것이 의견의 독점을 말하는 것은 아니라는 것이다. 그런데 바라바시는 인터넷 공간에서 사용자들 간에 형성된 네트워크는 정상적인 분포가 가니라 멱함수에 가까운 형태를 가지고 있으며, 이러한 네트워크에서 링크들이 집중된 허브들이 노드들(node) 간의 연결 단계를 크게 줄여준다는 것을 보여주었다(Barbasi, 2001). 소셜 미디어로서의 블로그 공간에 대한 실증 연구들은 많은 링크들을 가진 블로그가 시간이 지날수록 더 많은 링크를 갖게 된다는 점을 뒷받침하고 있다.

파웰과 드레즈너가 주목한 것도 이와 같은 내용이다(Farrell & Drezner, 2008). 블로그들이 하이퍼링크를 통한 네트워크를 구성하고 있으며, 네트워크 안에서 링크들의 분배는 무작위하게 분포된 것이 아니라 한쪽으로 쏠려 있다는 사실이다. 블로그들의 네트워크에서 대부분의 블로그들은 적은 수의 링크를 가지고 있으나 일부 블로그들이 다수의 링크를 확보하고 있는 편향된 형태의 구조가 나타나고 있는 것이다. 셔키 또한 3% 미만의 블로그가 전체 링크의 약 20% 정도를 차지하고 있음을 발견했다(Shirky, 2003). 개인들이 선택할 수 있는 블로그의 범위가 넓어도 상위에 랭크(rank)되어 있는 블로그에 쏠리는 경향이 심하다(〈그림 7-4〉). 많은 시민들이 블로그를 사용하고 있지만, 수많은 블로그 중에도 특히 인기를 얻고 많은 방문자를 끌어들여 영향력을 발휘하는 블로그가 있는 것이다(Park et al., 2008). 다른 블로거들은 파워 블로거들의 의견이나 글에 대해 논의하고 그들의 생각을 확

〈그림 7-4〉 링크 수에 따른 순위로 배열된 블로그

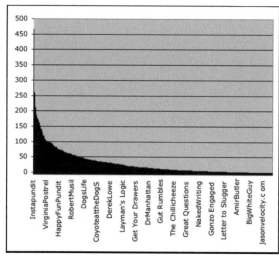

자료: Shirky(2003), p. 47.

산하면시 일종의 문지기(gate keeper) 역할을 수행한다.

트위터에서의 여론 형성 과정은 기존의 소통방식의 흐름과는 다른 새로운 전환점이 되었다. 기존에는 여론조사를 통해 변화하는 여론 상황을 파악했다. 그러나 여론조사로는 실시간으로 변화하는 여론의 흐름을 파악하기 어려웠고 개별 시민의 의견을 감지할 수 없었다. 반면 트위터에서는 이용자들의 의견이 팔로어들에게 전달되는 순환 과정에서 개별 의견을 실시간으로 알 수 있다. 이 의견을 기록으로 보관할 수 있고 의견들은 팔로어들에 의해 쟁점화된다. 이용자들은 서로 게시한 트윗에 댓글을 달고 리트윗하는 방식으로 반응한다. 여론의 즉각적인 반응성은 무작위적이며 대표성이 없다는 비판에 대해, 트위터 여론은 사안의 발생 후 주기성(periodicity)을 띠면서 규칙적인 파형을 형성하기도 한다는 반론이 가능하다(Diakopoulos & Shamma, 2010).

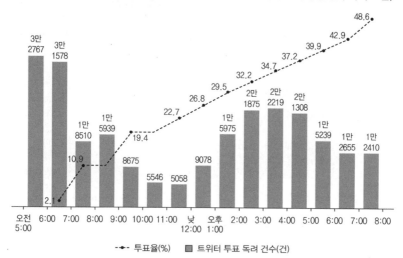

〈그림 7-5〉 투표독려 트윗과 투표율의 관계 자료
(2011년 10월 26일 서울시장 보궐선거 당일 시간대별 트위터 투표독려 글 건수와 투표율)

-■- 투표율(%) ■ 트위터 투표 독려 건수(건)

자료: 동정민·정세진(2011).

트위터의 강한 여론 전파력은 파워 트위터리언을 통해서 실감할 수 있다. 파워 트위터리언은 트윗에 대한 리트윗 횟수에 따라 영향력을 매길 수 있는데, 140자 단문을 단기간에 퍼뜨릴 수 있다는 점에 주목해야 한다. 이는 특정 개인이 단문 하나로 불특정 다수에게 영향력을 끼칠 수 있음을 의미한다. 실제로 2011년 1~11월 한국 트위터 가입자 중 1%가 작성한 글이 약 4억 7,000만 개를 넘어 전체 트윗 약 7억 8,000만 개의 60.7%를 차지하고, 10%의 가입자가 트위터의 글 95%를 작성할 정도로 쏠림 현상이 강하게 나타난다고 한다(차병석, 2011).

2011년 서울시장 재보궐선거 때는 당시 오프라인 선거운동에서 여론 조사 결과를 공표하지 못하게 되어 있었다. 그런데 박원순 후보 측 대변인이 투표 당일 나경원 후보에게 밀리고 있다는 발표를 소셜 네트워크를 통해

제7장 소셜 네트워크 시대의 여론 형성 217

내보냈고 이로써 투표가 급증하는 현상이 관찰되었다(〈그림 7-5〉). 투표독려 메시지가 증가함에 따라 투표율도 함께 영향을 받았다. 이와 관련한 트윗을 생산한 트위터리언은 약 3,000여 명이었으나 이들의 1차 메시지가 여론을 좌우하는 현상이 벌어졌다. 즉, 블로그와 트위터 사용자들은 여론을 단순히 매개하는 존재가 아니라 여론을 직접 생산하고 선도한다.

  그렇다면 다양화된 소셜 미디어 환경에서 여론 지도자 역할을 하는 이들은 누구이며 이들의 여론 지도성은 어떻게 나타나고 있을까? 인터넷이 등장하기 이전 시대에는 언론매체, 정치인, 정부기관 등이 수많은 정보 가운데 그 중요성을 가리고 유통 여부를 결정하는 역할을 수행했다. 거대 자본과 전문성을 가지고 있는 소수 엘리트 집단이 여론 지도자로서 기능했다. 그런데 인터넷은 정보의 생성과 유통에서 소수의 독점권이 유지되지 못하도록 만들었다. 개별 시민들도 사회 현상에 관심을 가지고 의제설정에 참여할 수 있게 되었고, 사회적으로 유의미한 의제설정 권한이 일반 시민들에게까지 확대되었다. 이들은 정치, 사회 분야에 국한되지 않고 일상적이고 실용적인 주제에도 관심을 보였다. 2008년의 미네르바 사건, 미국산 쇠고기 수입 반대 촛불시위, 2011년 반값등록금 논쟁 등 여론을 형성하고 주도하는 세력이 개별 시민 또는 시민 집단이 되는 경우가 나타난 것이다. 소셜 미디어는 1인 미디어로서의 역할을 하면서 개인이 의제설정의 주체가 되고 의제의 내용을 변화시키며 사회적 관심을 전파, 결집시킴으로써 정책결정과정에 미치는 영향력을 확대할 수 있게 했다.

  그러나 매체 다양화와 정보의 홍수 속에서 개인이 처리할 수 있는 정보의 정도는 한계가 있으며 새로운 미디어의 불확실성은 오히려 전문가의 위상과 역할에 주목하게 한다. 정보의 홍수 속에 대중은 오히려 신뢰할 수 있

〈그림 7-6〉 티핑 포인트+소셜 미디어 네트워크

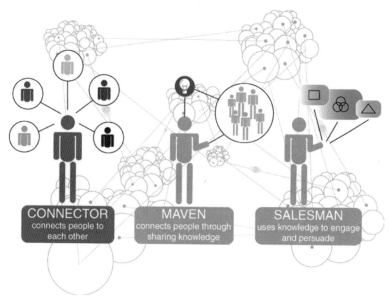

자료: 말콤 글래드웰(2000).
이미지 출처: http://www.empowernetwork.com/karll07/files/2013/02/gladwell-tipping-point-.jpg

는 권위를 갖춘 전문가의 의견을 필요로 하게 되었고, 불확실한 정보의 전
파를 우려하게 되었다. 말콤 글래드웰(2000)은 『티핑 포인트』라는 책에서
소수의 법칙을 언급하며 영향력을 발휘하는 사람들을 세 부류로 나누었다.
커넥터(connector), 메이븐(maven), 세일즈맨(salesman)이다. 커넥터는 허브
로서 사회적 연줄이 많아 입소문 전파자의 역할을 하는 사람이다. 메이븐
은 특정 분야의 전문가, 지식인으로 방대한 정보를 축적한 것을 바탕으로
타인과 공유하고자 한다. 세일즈맨은 타인을 설득하고 행동변화를 유도하
는 사람이다(〈그림 7-6〉).

커넥터의 역할을 수행하는 공간이 전통 미디어에서 소셜 미디어로 이전

된 것은 분명하다. 그런데 트위터 공간 내에서의 여론 전파자 층을 살펴보면 인기 정치인, 기자, 소설가, 대학 교수 등으로 오프라인 공간에서도 전문가로서 여론을 주도하는 역할을 하는 이들이 대부분이다. 이들의 온라인에서의 의견이 오프라인 언론매체에도 보도되면서 사실상 여론을 주도하는 오피니언 리더들은 매체의 다양성과는 상관없이 기존의 여론 지도층이 그대로 옮아오는 모습이 된다. 자신의 계정이 많은 사람들에게 알려져 있어 대중을 모을 수 있을 때 트위터나 페이스북에서 팔로어나 친구의 규모가 커지게 되며, 이들을 대상으로 의견지도력을 행사할 수 있게 된다. 그러므로 오프라인에서의 인지도나 의견지도력은 온라인 세계에서의 의견지도자 자리에 오르기 위해 중요한 요소가 된다. SNS 등의 커뮤니케이션 환경이 일반 시민들로 하여금 과거보다 다양하고 일상적인 정보들을 생산하고 공유할 수 있도록 하고 있지만 그 안에서 대중의 의견을 모으고 이끌며 여론을 주도하는 역할은 여전히 현실세계 속 지식인들이 수행하고 있는 것이다.

이들 엘리트 계층을 중심으로 한 의견의 수렴, 전파, 소통이 이어질 때 반드시 소외되는 계층이 생기게 된다. 소셜 미디어에서 교환되는 편향된 의견은 편향된 정치참여로 이어지는 결과를 나타낸다. 2011년 〈나는 꼼수다〉 열풍은 여론 지도성이 새로운 유형으로 나타난 대표적인 사례라 할 수 있다. 이 팟캐스트는 이명박 정권의 비리와 실정, 무상급식, 서울시장 선거 등을 소재로 풍자, 패러디, 욕설을 동원해 젊은 세대가 견해를 표출하는 창구 역할을 했다. 소셜 미디어상에서 집중적으로 논의한 의견을 집결하여 오프라인에서의 정치적 행사 참여로까지 연결하는 도화선이 되었는데, 당시 이슈와 의제를 설정하고 쟁점화하는 데 큰 역할을 했다. 그러나 정치를 지나치게 희화화하고 검증이 안 된 정보를 정치적으로 편향된 입장에서 전달해 객관적인 여론을 형성하는 데 한계를 보여주었다. 이러한 사례는 뉴미디어 환경 속에서 여론 주도 세력에 의해 파생될 문제를 고민하게 한다.

소셜 네트워크를 통한 여론은 민주주의를 발전시킬 것인가?

소셜 네트워크 공간은 시간적, 기술적 장벽이 제거된 이상적인 공론장을 구현하고 정치발전의 틀을 제공하지만 민주주의의 발전을 저해하는 요소들이 존재한다. 소셜 네트워크가 선거 관련 정보의 공유를 촉진하며 참여를 증진하는 효과가 의미가 있는 것인지, 인터넷 공간에서 논의되는 담론이 좋은 후보를 선택하고 민주주의를 발전시키는 것인지 여전히 논란이 존재하는 이유이다.

한국에서 소셜 네트워크는 편파적인 여론 형성이 이루어지는 매체이다. 진보적인 성향을 가진 네티즌일수록 많이 이용하고, 당파적 친밀감에 기초해 소셜 미디어의 편향적 선택이 이루어지고 있는 것이다. 한국에서는 이념적으로 편향된 성향이 어떠한 매체를 선택하는지를 결정하고 그에 따라 폐쇄적인 정보 소비와 유권자들의 상호작용이 이루어지고 있다. 편향적 상호작용과 정보 소비는 세대갈등과 이념갈등의 상승작용을 불러일으키며 한국 사회의 균열구조를 더욱 부각시킬 수 있다.

소셜 네트워크의 신속한 정보 파급력과 익명성은 또한 과도한 정보의 홍수에 내재한 위험을 증가시킨다. 트위터에서는 평균 4명을 거치면 대부분의 사람들이 연결되는 네트워크를 구축할 수 있을 정도로 정보 파급력이 빠르다(Kwak, H. et al., 2010). 소셜 미디어의 파급력은 루머와 결합할 때 선거에서 큰 해악이 될 수 있다. 소위 인포데믹스(infodemics) 현상은 돼지 인

플루엔자 확산에 관한 사망 루머, 연평도 포격 사건과 관련한 허위 군대소집 명령 루머, 가짜 연평도 위성사진 확산까지 다양한 이슈에 걸쳐 나타나고 있다. 특히 선거과정에서는 정치적인 목적을 가지고 허위 사실이 유포되고 여론을 선동하기 쉬운 문구들이 확산되기 쉽다.

인포데믹스는 개인이 수많은 정보를 마음대로 고를 수 있는 무한의 선택권은 가지고 있지만 정보의 홍수 속에서 판단력을 상실하는 현상을 가리킨다. 온라인을 통해 개인에게 쏟아지는 정보는 기하급수적으로 늘어난 반면 사이버 공간의 정보를 판단하는 문제는 전적으로 이용자의 몫으로 남겨지게 되면서, 개인은 다수의 의견을 따르거나 인터넷의 내용을 그대로 믿어버리는 현상이 발생하게 되는 것이다. 선스타인은 사람들이 소문을 믿게 되고 이를 퍼뜨리는 과정을 사회적 폭포 효과(social cascades)로 설명한다(Sunstein, 2007). '사회적 폭포 효과'는 네트워크 사회와 더불어 인류가 꿈꾸어왔던 민주주의 발전에 도사리고 있는 위험성을 드러낸다. SNS에서 진정한 의미의 공론장이 형성되려면 시민들은 다양한 의견을 개진하고 숙의의 과정을 통해 올바른 정치적 판단을 내릴 수 있어야 한다. 이를 위해서는 무엇보다 고립된 숙의(enclave deliberation)의 위험에 대해 시민사회가 자각하고 문화적이고 제도적인 대응책을 마련해야 할 것이다.

소셜 네트워크 서비스가 발달하면서 정보 격차는 오히려 증가해 민주주의 발달에 역행할 수 있다. 정보 격차는 인터넷이나 정보 기술 활용능력의 차이가 경제적, 사회적 격차로 연결될 수 있음을 시사하고 있다. 즉 다양한 정보가 사이버 공간에 존재해도 사회경제적으로 유리한 집단과 개인이 자신의 경제적 부와 정치권력을 바탕으로 정보를 이용하는 현상은 줄어들지 않는다. 네트워크 사회에서는 초기 진입자가 정보의 소유자로서 큰 혜택을

누리게 되는 네트워크 효과가 발생하기 때문에 오히려 불평등이 강화될 수도 있다. 노리스(Norris, 2002)는 디지털 기술은 현재의 지위를 더욱 강화시키며, 정보 사회에서도 자료제공이나 웹디자인 등에서 돈이 많은 후보자가 유권자를 설득하는 데 유리하다고 주장하고 있다. 소셜 네트워크 사용자와 비사용자 간의 격차, 기술적 능력에 따른 정보 격차는 민주주의 발전을 저해할 수 있어 국가적인 대책이 필요하다.

소셜 네트워크 서비스는 개인이 다양한 네트워크를 소유할 수 있도록 한다는 점에서 소통의 도구이면서 동시에 사회적 자본(social capital) 축적의 도구가 된다. 사회적 자본은 공동체 유지를 위한 기제로, 온라인 상호작용은 정보 교환과 사회정서 측면에서 상당히 유용하고 풍부한 사회관계가 형성되도록 하여 사회적 자본의 형성에 기여할 수 있는 측면이 있다. 하지만 피상적이고 일시적이며 몰인격적인 온라인 상호 관계는 유연한 사회적 상호작용을 가로막을 수 있다. 그동안 형성된 온라인 사회관계는 정보 교환과 온라인 토론에서 약한 유대관계에 기초한다는 평가가 나타나고 있다. 소셜 네트워크를 통해서 사회적 신뢰, 호혜적 규범, 생산적 네트워크가 형성되기 위해서는 소셜 네트워크가 오락이나 여가의 도구적 목적을 넘어 공동체와 관련된 다양한 사안들을 교환하는 공적 영역으로 사용되어야 할 것이다.

참고문헌

강원택. 2005. 「한국의 이념 갈등과 진보·보수의 경계」. ≪한국정당학회보≫, 4(2), 193~217쪽.

_____. 2007. 『인터넷과 한국정치』. 서울: 집문당.

_____. 2009. 「2007년 대통령 선거와 네거티브 캠페인의 효과」. ≪한국정치학회보≫, 43(2), 131~145쪽.

권혁남. 2002. 『미디어 선거의 이론과 실제』. 서울: 후마니타스.

금혜성. 2011. 「정치인의 SNS 활용: 정치적 소통 도구로서의 트위터」. ≪한국정당학회보≫, 10(2), 189~220쪽.

_____. 2012. 「소셜 시대의 참여 민주주의」. ≪스마트 정보문화 리포트≫, 3, 3~28쪽.

김문조. 2005. 『IT와 새로운 사회질서의 형성』. 서울: 정보통신정책연구원.

김상배. 2010. 『정보혁명과 권력변환』. 서울: 한울.

김유향. 2011. 「소셜 미디어와 인터넷공간에서의 정치적 소통」. ≪평화연구≫, 19(2), 199~222쪽.

김재범·이계현. 1994. 「여론과 미디어: 다원적 무지와 제3자 가설에 대한 연구」. ≪한국언론학보≫, 31, 63~86쪽.

김재한. 2006. 「정치적 세대갈등의 오해와 이해」. ≪의정연구≫, 22, 135~156쪽.

동아시아연구원. 2012. 『EAI·SBS·중앙일보·한국리서치 공동 2012 총선·대선 3차 패널조사』. 서울: 동아시아연구원.

동정민·정세진. 2011.10.29. "10·26 재보선/선거를 바꾼 SNS, (하)투표율과 상관관계". ≪동아일보≫.

류석진·장우영·이소영. 2012. 「소셜스피어로 대의정치 초대하기」. 국회연구용역과제 보고서.

류정호·이동훈. 2011. 「소셜 미디어로서 마이크로 블로그 공론장의 정치적 의사소통에 대한 탐색적 연구: 네트워크 동질성 개념을 중심으로」. ≪한국언론학보≫, 55(4), 54~75쪽.

마크 세스 본체크. 1998. 『브로드캐스트에서 넷캐스트로: 인터넷과 정치정보의 흐름』. 원성묵 옮김. 서울: 커뮤니케이션북스.

말콤 글래드웰. 2000. 『티핑 포인트』. 임옥희 옮김. 파주: 이끌리오.

문우진. 2007. 「대의민주주의의 최적화 문제와 헌법 설계: 정치거래 이론과 적용」. ≪한국정치학회보≫, 41(3).

박선희. 2001. 「인터넷 신문의 뉴스 특성과 대안 언론의 가능성」. ≪한국언론학보≫, 45(2), 117~155쪽.

_____. 2010. 「정치인의 퍼스널 커뮤니티와 네트워크 공론장으로서 트위터 가능성」. ≪정치 커뮤니케이션연구≫, 18, 81~115쪽.

박승관. 2006. 「인터넷 게시판에서의 이견 읽기와 논변구성과 정치적 관용에 미치는 영향」. ≪한국언론학보≫, 50(5), 160~183쪽.

박재창. 2010. 『한국민주주의와 시민사회』. 서울: 아르케.

반 현·이현주. 2011. 「소셜 미디어 이용자 집단의 정치적 인지구조의 특성」. ≪언론정보연구≫, 48(2), 309~418쪽.

방송통신위원회·한국인터넷진흥원. 2013. 「2012년 인터넷 이용 실태조사」.

배 영. 2012. 「SNS의 사회적 의미」. 조화순 엮음. 『소셜 네트워크와 정치변동』. 서울: 한울.

샤츠슈나이더. 2008. 『절반의 인민주권』. 현재호 외 옮김. 서울: 후마니타스.

송경재. 2008. 「네트워크 시민운동의 동학」. 한국정치학회 건국60주년 기념세미나 자료집.

_____. 2011. 「지구 사회운동의 동학: 글로벌 사이버 행동주의(cyber activism)를 중심으로」. ≪21세기 정치학회보≫, 21(1), 79~99쪽.

신현기·우지숙. 2011. 「트위터에서 일어나는 정치적 담론활동에 대한 탐색적 연구: 2010 6·2 지방선거 관련 트윗글 내용 분석을 중심으로」. ≪언론과 사회≫, 19(3), 45~76쪽.

≪연합뉴스≫. 2012.11.18. "오바마 대선 때 온라인 기부로만 7천500억 모금".

오택섭·설진아·마동훈·김해영. 2012. 「SNS 정치 발언의 사실검증」. 한국언론학회 엮음. 『정치적 소통과 SNS』. 서울: 나남.

우승용·이준웅. 2002. 『선거보도와 정치적 냉소주의: 2002년 대통령 후보 경선보도를 중심으로』. 서울: 한국언론재단.

유효정. 2013.1.22. "오바마 '입' 되준 페이스북…재선에 미친 영향은?" ≪전자신문≫.

윤성이. 2006. 「정책과정에서 온라인 시민참여의 제도화 방안」. ≪사회이론≫, 30, 187~211쪽.

_____. 2009. 「민주주의 패러다임의 재성찰」. ≪현대정치연구≫, 2(2), 149~172쪽.

_____. 2011. 「지역정보화 연구의 정치학적 접근」. ≪한국지역정보화학회지≫, 14(2), 33~56쪽.

_____. 2013a. 「디지털 기술과 권력구조의 변화」. ≪지식의 지평≫, 13.

_____. 2013b. 「디지털 시대의 정치개혁」. ≪자치의정≫, 통권 89호(3~4월).

이극찬. 1999. 『정치학』. 서울: 법문사.

이동훈. 2010. 「온라인 개인 미디어 공론장의 구조적 재개념화 연구: 소셜 미디어화 현상을 중심으로」. ≪언론과 사회≫, 18(3), 110~145쪽.

이소영. 2012a. 「소셜 미디어는 정치적 지식을 어떻게 확대하는가?」. 조화순 엮음. 『소셜 네트워크와 정치변동』. 서울: 한울.

_____. 2012b. 「4.11 총선과 소셜 네트워크 정치캠페인: 총선 후보자의 SNS 선거 캠페인을 중심으로」. ≪21세기 정치학회보≫, 22(3), 87~111쪽.

이원태. 2012. 「소셜 미디어에서 온라인 정치담론의 가능성과 한계」. 조화순 엮음. 『소셜 네트워크와 정치변동』. 서울: 한울.

이원태·차미영·양해륜. 2011. 「소셜 미디어 유력자의 네트워크 특성: 한국의 트위터 공동체를 중심으로」. ≪언론정보연구≫, 48(2), 44~79쪽.

이종혁·최윤정. 2011. 「온라인 뉴스 사이트에서의 기사 선택에 관한 연구」. ≪한국언론학보≫, 55(4), 54~75쪽.

임영호. 2012. 「저널리즘과 SNS」. 한국언론학회 엮음. 『정치적 소통과 SNS』. 서울: 나남.

장덕진. 2011. 「트위터 공간의 한국정치」. ≪언론정보연구≫, 48(2), 80~107쪽.

_____. 2012. 트위터, 「누가 누구와 왜 어떻게 하나」. 조화순 엮음. 『소셜 네트워크 와 정치변동』. 서울: 한울.

_____. 2012.11.12. "트위터에서 친박 성향 글이 60% 이상인 까닭". ≪한겨레≫.

장덕진·김기훈. 2011. 「한국인 트위터 네트워크의 구조와 동학」. ≪언론정보연구≫, 48(1), 59~86쪽.

장우영. 2010. 「네트워크 개인주의와 시민저항: 2008년 촛불시위를 사례로」. ≪한 국정치연구≫, 19(3), 25~54쪽.

_____. 2011. 「소셜 네트워크와 선거캠페인: 2011년 서울시장 재보궐선거를 중심 으로」. 『IT정치연구회 월례발표회 자료집』.

_____. 2012. 「온라인 공론장과 정치참여: 2008년 촛불시위에서의 아고라」. ≪한 국정치연구≫, 21(1), 1~26쪽.

장윤재·이은주. 2010. 「온라인 토론 게시판에서 메시지의 질과 의견 극단성에 따른 이견 읽기의 효과」. ≪한국언론학보≫, 54(6), 422~443쪽.

조화순. 2012. 「SNS와 한국 사회의 정치변동」. 조화순 엮음. 『소셜 네트워크와 정치변동』. 서울: 한울.

조화순·김정연. 2012. 「소셜 미디어의 매체 특성과 참여의 커뮤니케이션: 반값등록 금 관련 블로그와 트위터 내용분석」. ≪사이버커뮤니케이션학보≫, 29(2), 95~130쪽.

조화순·장우영·오소현. 2012. 「포털 뉴스의 연성화와 의제설정의 탐색」. ≪정보화 정책≫, 19(3), 19~35쪽.

조희정. 2009. 「네트워크 사회의 선거운동 전략에 관한 연구」. ≪국가전략≫, 15(2), 89~121쪽.

차병석. 2011.12.26. "소수 1%가 장악한 트위터…여소야대 '여론 쏠림' 극심". ≪한국경제≫.

차재권·장우영. 2012. 『19대 총선에서의 SNS의 영향력 평가 및 정책과제』. 서울: 국회입법조사처.

최민재·김위근. 2006. 「포털사이트 뉴스서비스의 의제설정 기능에 관한 연구: 제공된 뉴스와 선호된 뉴스의 특성 차이를 중심으로」. ≪한국언론학보≫, 50(4), 437~463쪽.

최 영·박창신. 2009. 「온라인 뉴스 이용에 관한 연구: 조선닷컴 뉴스의 연성화 및 제목 선정성과 조회수 간의 상관관계」. ≪커뮤니케이션학 연구≫, 17(1), 31~53쪽.

최지호·한동섭. 2011. 「정치인 트위터와 신문·방송뉴스의 의제 상관성에 관한 연구」. ≪언론정보연구≫, 11(2), 501~553쪽.

통계청. 2012. 『한국의 사회동향 2011』. 한국개발연구원.

피에르 레비. 2002. 『집단지성: 사이버 공간의 인류학을 위하여』. 권수경 옮김. 서울: 문학과지성사.

한국언론진흥재단. 2012. 「언론수용자 의식조사」.

한종우. 2012. 『소셜 정치혁명 세대의 탄생: 네트워크 세대는 어떻게 21세기 정치의 킹메이커가 되는가?』. 전미영 옮김. 서울: 부키.

한혜경. 2010. 「온라인 공론장과 오프라인의 대인/대중매체 공론장의 연계성」. ≪언론과학연구≫, 10(3), 618~661쪽.

홍주현. 2010. 「인터넷 토론 환경이 여론의 변동성에 미치는 영향 연구: 인터넷 여론 모델을 중심으로」. ≪언론과학연구≫, 10(4), 603~643쪽.

홍주현·이창현. 2012. 「트위터에서 형성된 정치적 의견 분석을 통한 분화된 공중 연구: 10·26 서울시장 재보궐선거를 중심으로」. ≪한국언론정보학보≫, 59, 138~161쪽.

황유선. 2011. 「트위터 이용이 사회 정치 참여에 미치는 영향」. ≪한국언론학보≫, 55(6), 56~81쪽.

_____. 2012. 「트위터에서 누구를 만나고 무엇을 소통하는가?」. 조화순 엮음. 『소셜 네트워크와 정치변동』. 서울: 나남.

황유선·심홍진. 2010. 「트위터에서의 의견 지도력과 트위터 이용패턴」. ≪한국방송학보≫, 24(6), 365~404쪽.

황유선·이재현. 2011. 『트위터에서의 뉴스 생산과 재생산』. 서울: 한국언론진흥재단.

Adamic, L. & N. Glance. 2005. "The political blogosphere and the 2004 U.S. election: Divided they blog." Paper presented at the proceedings of WWW 2005, Chiba, Japan.

Barabási, A. L. 2001. "The physics of the Web." *Physics World*, 14(7), pp.33~38.

Benkler, Y. 2006. *The Wealth of Networks: How Social Production Transforms Markets and Freedom*. New Haven, Conn: Yale University Press.

Best, S. J. & B. S. Krueger. 2005. "Analyzing the representativeness of Internet political participation." *Political Behavior*, 27(2), pp.183~216.

Blumler, J. G. & M. Gurevitch. 2001. "The New Media and Our Political Communication Discontents: Democratizing Cyberspace." *Information, Communication & Society*, 4(1), pp.1~13.

Boyd, D. M. and N. B. Ellison. 2007. "Social network sites: Definition, history, and scholarship." *Journal of Computer Mediated Communication*, 13(1), pp.210~230.

Boyd, d., S. Golder & G. Lotan. 2010. "Tweet, Tweet, Retweet: Conversational Aspects of Retweeting on Twitter." HICSS-43, IEEE: Kauai, HI(January 6).

Brooks, D. J. 2006. "The Resilient Voter: Moving Toward Closure in the Debate over Negative Campaigning and Turnout." *Journal of Politics*, 68(3), pp.684~696.

Bruns, A. 2005. *Gatewatching: Collaborative Online News Production*. New York: Peter Lang.

Buchanan, James M. & Gordon Tullock. 1962. *The Calculus of Consent: Logical Foundation of Constitutional Democracy*. Ann Arbor: The University of Michigan Press.

Chang, W. Y. & H. W. Park. 2012. "The Network Structure of the Korean Blogosphere." *Journal of Computer-Mediated Communication*, 17, pp.216~

230.

Chang, H. C. 2010. "A new perspective on Twitter hashtag use: Diffusion of innovation theory." *The American Society for Information Science and Technology*, 47(1), pp.1~4.

Clinton, J. D. & J. S. Lapinski. 2004. "'Targeted' Advertising and Voter Turnout: An Experimental Study of the 2000 Presidential Election." *Journal of Politics*, 66(1), pp.69~96.

Coglianese, C. 2004. "The Internet and Citizen Participation in Rulemaking." *Journal of Law and Policy*, 1(1).

Conover, M. D. et al. 2011. "Predicting the Political Alignment of Twitter Users." in Proceedings of the International Conference on Social Computing.

Conover, M. D. et al. 2011. "Political Polarization on Twitter." *Networks*, 133(26), pp.89~96.

Curry, N. 2001. "Community Participation and Rural Policy: Representativeness in the Development of Millennium Greens." *Journal of Environmental Planning and Management*, 44(4).

Dahlberg, L. 2007. "Rethinking the fragmentation of the cyberpublic: from consensus to contestation." *New Media & Society*, 9(5), pp.827~847.

Davison, W. F. 1983. "The third person effects in communication." *Public Opinion Quarterly*, 47, pp.1~15.

Dearing, J. W. & M. E. Roger. 1998. *Agenda setting*. Thousand Oaks, CA: Sage.

Diakopoulos, N. A. & D. A. Shamma. 2010. "Characterizing debate performance via aggregated twitter sentiment." in Proceedings of the 28th international conference on Human factors in computing systems, 1195-1198.

DiMaggio, P., E. Hargittai, W. R. Neuman & J. P. Robinson. 2001. "Social implications of the Internet." *Annual Review of Sociology*, 27, pp.307~336.

Djupe, P. A. & D. Peterson. 2002. "The Timing and Impact of Negative Campaigning: Evidence from the 1998 Senatorial Primaries." *Political Research Quarterly*, 55(4), pp.845~860.

Eatona, M. 2010. "Manufacturing Community in an Online Activist Organization." *Information, Communication & Society*, 13(2), pp.174~192.

Edelman. 2009. "2009 Edelman Trust Barometer." http://edelmaneditions.com/wp-content/uploads/2010/11/edelman-trust-barometer-full-report-2009.pdf

Entman, Robert M. 1993. "Framing: Toward Clarification of a Fractured Paradigm." *Journal of Communication*, 43(4), pp.51~58.

Farrell, H. & D. W. Drezner. 2008. "The power and politics of blogs." *Public Choice*, 134(1-2), pp.15~30.

Finkel, S. & J. Geer. 1998. "A Spot Check: Casting Doubt on the Demobilizing Effect of Attack Advertising." *American Journal of Political Science*, 42(2), pp.573~595.

Freedman, P. & K. Goldstein. 1999. "Measuring Media Exposure and the Effects of Negative Campaign Ads." *American Journal of Political Science*, 43(3), pp.1189~1208.

Freedman, P., W. Wood & D. Lawton. 1999. "Do's and Don'ts of Negative Ads. What Voters Say." *Campaign & Elections*, 20(4), pp.20~36.

Gandy, O. 2002. "The real digital divide: Citizens versus consumers." in L. A. Lievrouw & S. Livingstone(eds). *Handbook of New Media: Social Shaping and Consequences of ICTs*. London, England: Sage, pp.448~460.

Gentzkow, M. & J. M. Shapiro. 2011. "Ideological Segregation Online and Offline." *The Quarterly Journal of Economic*, 126(4), pp.1799~1839.

Gimmler, A. 2001. "Deliberative Democracy, the Public Sphere and the

Internet." *Philosophy and Social Criticism*, 27(4), pp.21~39.

Gladwell, M. 2010. "Small change: Why the revolution will not be tweeted." *The New Yorker*(retrieved August 11, 2011). http://www.newyorker.com/ reporting/2010/10/04/101004fa_fact_gladwell

Granovetter, M. 1973. "The strength of weak ties." *American Journal of Sociology*, 78, pp.1360~1380.

Gruzd, A. 2012. "Investigating political polarization on Twitter: A Canadian perspective." Paper presented at Internet, Politics, Policy 2012: Big data, Big challenge?(September 20~21, 2012, Oxford, UK.).

Habermas, J. 1992. "Further Reflections on the Public Sphere." in edited by C. Calhoun. *Habermas and the Public Sphere*. Cambridge, MA: MIT Press.

Hahn, K. S., D. J. Lee, J. Y. Park & H. L. Lee. 2011. "Dualities of Social Network Sites and the Real World: A Cross-national Assessment of Ideological Distribution on Twitter." Paper presented at the annual meeting of the World Congress for Korean Politics and Society (August, Incheon, Korea).

Hanna, A., B. Sayre, L. Bode, H. Y. Jung & D. Shah. 2011. "Mapping the Political Twitterverse: Candidates and Their Followers in the Midterms." Proceedings of the Fourth International AAAI Conference on Weblogs and Social Media.

Haragittai, E., J. Gallo & M. Kane. 2008. "Cross-ideological discussions among conservative and liberal bloggers." *Public Choice*, 134, pp.67~86.

Hennessy, B. C. 1981. *Public Opinion*. Books, WI: Cole Publishing Co.

Henry, A. D., P. Prałatb & C. Q. Zhang. 2011. "Emergence of segregation in evolving social networks." in Proceedings of the National Academy of Science, 108, pp.8605~8610.

Houston, D. A. & K. Doan. 1999. "Can You Back that Up?" *Media Psychology*,

1(3), pp.191~206.

INVOLVE. 2005. *People and Participation: How to put citizens at the heart of decision-making*. London: Involve.

Iyengar, S. & K. S. Hahn. 2009. "Red Media and Blue Media: Evidence of ideological selectivity in media use." *Journal of Communication*, 59, pp.19~39.

Jennings, M. K. & V. Zeitner. 2003. "Internet use and civic engagement: A longitudinal analysis." *Public Opinion Quarterly*, 67(3), pp.311~334.

Johnson, T. J. & B. K. Kaye. 2009. "In blog we trust? Deciphering credibility of components of the internet among politically interested internet users." *Computers in Human Behavior*, 25(1), pp.175~182.

Johnson-Cartee, K. S. & G. A. Copeland. 1991. *Inside Political Campaigns: Theory and Practice*. Westport, CT: Praeger.

Kahn, K. & P. Kenney. 1999. "Do Negative Campaigns Mobilize or Suppress Turnout? Clarifying the Relationship Between Negativity and Participation." *American Political Science Review*, 93(4), pp.877~889.

Kaid, Lynda Lee, Mitchell S. McKinney & John C. Tedesco. 2007. "Political Information Efficacy and Young Voters." *American Behavioral Scientist*, 50(9), pp.1093~1111.

Katz, M. L. & C. Shapiro. 1994. "Systems Competition and Network Effects." *Journal of Economic Perspective*, 8(2), pp.93~115.

Keniston, K. 1970. "The sources of student dissent." in P. Mussen, J. Conger, & J. Kagen(eds). *Readings in child development and personality*. New York: Harper & Row.

Kenix, Linda J. 2009. "Blogs as Alternative." *Journal of Computer-Mediated Communication*, 14(4), pp.790~822.

Kinsley, Michael J. 1997. *Economic Renewal Guide: A Collaborative Process for Sustainable Community Development*. Snowmass, CO: Rocky Mountain

Institute.

Kwak, H., Lee, C., Park, H., & Moon, Sue. 2010. "What is Twitter: A social network or a news media?" Proceedings of the 19th International Conference on World Wide Web. Raleigh, North Carolina.

Lau, R. R. & G. M. Pomper. 2002. "Effectiveness of Negative Campaigning in U.S. Senate Elections." *American Journal of Political Science*, 46(2), pp.47~ 66.

Lau, R. R., L. Sigelman & I. B. Rovner. 2007. "The Effects of Negative Political Campaigns: A Meta-analytic Reassessment." *Journal of Politics*, 69(4), pp.1176~1209.

Lawerence, E., J. Sides & H. Ferrell. 2010. "Self-Segregation or Deliberation? Blog Readership, Participation, and Polarization in American Politics." *Perspectives on Politics*, 8(1), pp.141~157.

Lazarsfeld, P. F., B. Berelson & H. Gaudet. 1948. *The people's Choice: How the voter makes up his mind in a presidential election.* NY: Columbia University Press.

Lazer, D. et al. 2009. "Computational Social Science." *Science*, 323, pp.721~ 723.

Lemert, J. B., W. Wanta & T. Lee. 1999. "Party Identification and Negative Political Advertising in a U.S. Senate Election." *Journal of Communication*, 49(2), pp.123~134.

Leshner, G. & E. Thorson. 2000. "Overreporting Voting: Campaign Media Public Mood, and the Vote." *Political Communication*, 17(3), pp.263~ 278.

Levenson, H. & J. Miller. 1976. "Multidimensional locus of control in socio-political activists of conservative and liberal ideologies." *Journal of Personality and Social Psychology*, 33(2), pp.199~208.

Levine, P. 2002. "Can the Internet Rescue Democracy?: Toward an On-line

Commons." in Ronald Hayduk & Kevin Mattson(eds). *Democracy's Moment: Reforming the American: Political System for the 21st Century.* Lanham, MD: Rowman & Littlefield, pp.121~137.

_____. 2009. *New new media.* Boston, MA: Pearson Education.

Martin, Paul S. 2004. "Inside the Black Box of Negative Campaign Effects: Three Reasons Why Negative Campaigns Mobilize." *Political Psychology,* 25(4), pp.545~562.

McLuhan, Marshall. 1994. *Understanding Media: The Extensions of Man.* Cambridge: The MIT Press.

Miller, D. T. & C. MacFarland. 1987. "Pluralistic Ignorance: When similarity is interpreted as dissimilarity." *Journal of personality and social psychology,* 53(2).

Mutz, D. C. 2002. "The Consequences of Cross-Cutting Networks For Political Participation." *American Journal of Political Science,* 46, pp.838~855.

Napoli, P. M. 2011. *Audience evolution: New technologies and the transformation of media audiences.* New York: Columbia University Press.

Niven, D. 2006. "A Field Experiment on the Effects of Negative Campaign Mail on Voter Turnout in Municipal Election." *Political Research Quarterly,* 59(2), pp.203~210.

Noelle-Neumann, E. 1974. "The spiral of silence: A theory of public opinion". *Journal of communication,* 24, pp.43~51.

_____. 1991. *Communication Yearbook,* 14. Newbury Park, CA: Sage.

Norris, Pippa. 2002. *Democratic Phoenix: Reinventing Political Activism.* Cambridge, UK: Cambridge University Press.

Noveck, B. S. 2000. "Paradoxical partners: Electronic communication and electronic democracy." in P. Ferdinand(ed.). *The Internet, democracy and democratization.* London: Routledge, pp.18~35.

Ostrom, Elinor. 1990. *Governing the Commons.* New York: Cambridge University

Press.

O'reilly, T. 2007. "What is Web 2.0: Design Patterns and Business Models for the Next Generation of Software." *Communications& Strategies*, 1(17). (Retrieved from http://ssrn.com/abstract=1008839)

Park, H. W. & M. Thelwall. 2008. "Developing Network Indicators for Ideological Landscapes from the Political Blogosphere in South Korea." *Journal of Computer-Mediated Communication*, 13, pp.856~879.

Park, N., J. Jeong & J. H. Han. 2008. "Who are the power bloggers as potential target public in PR?: Public issue involvement-production of messages model." in Proceedings of 11th International Public Relations Research Conference.

POLITECH Institute. 2005. "eDemocracy Award Report 2005".

Pratchett, L. 2007. "Local e-Democracy in Europe: Democratic X-ray as the basis for comparative analysis." Prepared for the International Conference on Direct Democracy in Latin America. Buenos Aires, Argentina, 14-15 March.

Rahn, W. M. & R. M. Hirshorn. 1999. "Political Advertising and Public Mood: A Study of Children's Political Orientations." *Political Communication*, 16(4), pp.287~407.

Rheingold, H. 2000. *The Virtual Community: Home steading on the Electronic Frontier*. Cambridge, MA: MIT Press.

_____. 2002. *Smart Mobs: The next social revolution*. Basic Books.

Robins, K. & F. Webster. 1986. *Information Technology: A Luddite Analysis*. Norwood: Ablex Publishing Corp.

Rolfe, B. 2005. "Building an Electronic Repertoire of Contention." *Social Movement Studies*, 4(1), pp.65~74.

Romero, D. M., B. Meeder & J. Kleinberg. 2011. "Differences in the mechanics of information diffusion across topics: idioms, political hashtags, and complex contagion on twitter." in Proceedings of the 20th international conference on World Wide Web. Hicc, Hyderbad, India, 28 March-1 April 2011.

Schanck, R. L. 1932. "A study of a community and its groups and institutions conceived of as behaviors of individuals." *Psychological Monographs: General and Applied*, 43(2), pp.i~133.

Schelling, T. C. 1969. "Models of Segregation." *The American Economic Review*, 59, pp.488~493.

Schiller, H. 1989. "Information for What Kind of Society." in Jerry L. Salvaggio(ed.). *The information Society: Economic, Social and Structural Issues*. Hilsdale: Lawrence Erlbaum Associates.

Schultz, C. & S. M. Pancer. 1997. "Character Attacks and Their Effects on Perception of Male and Female Political Candidates." *Political Psychology*, 18(1), pp.93~102.

Schumpeter, J. A. 1975. *Capitalism, Socialism and Democracy*. New York: Norton.

Selnow, G. W. 1998. *Electronic Whistle-stops: The Impact of the Internet on American Politics*. Westport, CT: Praeger.

Shapiro, A. 1999. *The Control Revolution: How the Internet Is Putting Individuals in Charge and Changing the World as We Know it*. New York: Public Affairs.

Shirky, C. 2010. *Cognitive Surplus*. New York: Penguin Press.

_____. 2003. "Power laws, weblogs, and inequality." first published on the "Networks, Economics, and Culture" mailing list on Feb 8, pp.46~52.

Stroud, N. J. 2008. "Media use and political predispositions: Revisiting the concept of selective exposure." *Political Behavior*, 30, pp.341~366.

Sunstein, C. R. 2001. *Republic.com*. Princeton, NJ: Princeton University Press.

_____. 2007. *Republic.com 2.0*. Princeton, NJ: Princeton University Press

Trent, J. S. & R. V. Friedenberg. 2000. *Political Campaign Communication: Principles and Practices*. Westport, CT: Praeger Publishers.

Viguerie, R. & D. Franke. 2004. *America's Right Turn: How Conservatives Used New and Alternative Media to Take Power*. Chicago & LA: Bonus Books.

Wall, M. A. 2003. "Social Movements and the Net: Activist Journalism Goes Digital." K. Kawamoto(ed). *Digital Journalism*. Rowman & Littlefield Publishers, pp.113~122.

Wattenberg, Martin P. & Craig Leonard Brians. 1999. "Negative Campaign Advertising: Demobilizer or Mobilizer?" *American Political Science Review*, 93(4), pp.891~899.

Watts, J. D. & S. P. Doss. 2007. "Influentials, Network, and Public Opinion Formation." *Journal of Consumer Research*, 34, pp.441~458.

Wojcieszak, M. & D. Mutz. 2009. "Online groups and political discourse: Do online discussion spaces facilitate exposure to political disagreement?" *Journal of Communication*, 59, pp.40~56.

Yardi, S. & D. Boyd. 2010. "Dynamic debates: An analysis of group polarization over time on Twitter." *Bulletin of Science Technology Society*, 30, pp.316~332.

지은이

조화순(정치학) 연세대 교수
금혜성(정보학) SBS 책임연구원
이소영(정치학) 대구대 교수
한정택(정치학) 연세대 전임연구원
장우영(정치학) 대구가톨릭대 교수
한규섭(언론학) 서울대 교수
이혜림(언론학) 서울대 박사과정
윤성이(정치학) 경희대 교수
김정연(정치학) 연세대 박사과정

한울아카데미 1578

소셜 네트워크와 선거
ⓒ 조화순, 2013

엮은이 ┃ 조화순
펴낸이 ┃ 김종수
펴낸곳 ┃ 도서출판 한울

편집 ┃ 염정원

초판 1쇄 인쇄 ┃ 2013년 8월 10일
초판 1쇄 발행 ┃ 2013년 8월 20일

주소 ┃ 413-756 경기도 파주시 파주출판도시 광인사길 153(문발동 507-14)
　　　 한울시소빌딩 3층
전화 ┃ 031-955-0655
팩스 ┃ 031-955-0656
홈페이지 ┃ www.hanulbooks.co.kr
등록번호 ┃ 제406-2003-000051호

ISBN 978-89-460-5578-0 93340

* 책값은 겉표지에 있습니다.